# QUÉ ME CUENTAS

## ANTOLOGÍA DE CUENTOS Y GUÍA DE LECTURA PARA JÓVENES, PADRES Y PROFESORES

VOCES / ENSAYO

COLECCIÓN VOCES / ENSAYO



Nuestro fondo editorial en www.ppespuma.com

*Primera edición: noviembre de 2006*

ISBN: 84-95642-88-3
Depósito legal: M-45473-2006


c/Madera 3, 1º izq. 28004 Madrid
Tel. 915 227 251 Fax: 915 224 948
E-mail: ppespuma@arrakis.es

Cubierta: equipo editorial
Composición: equipo editorial
Fotomecánica FCM
Impresión: Omagraf
Encuadernación Seis, S. A.
Impreso en España, CEE. Printed in Spain.

AMALIA VILCHES (ed.)

# QUÉ ME CUENTAS

ANTOLOGÍA DE CUENTOS Y GUÍA DE LECTURA
PARA JÓVENES, PADRES Y PROFESORES

PÁGINAS DE ESPUMA

## NOTA PREVIA

Cuando Juan Casamayor, Gran Maestre de Páginas de Espuma, me encargó esta antología, tuve claro adónde quería llegar y cuáles serían mis objetivos, a pesar de envergadura de la tarea que se me encomendaba: nada menos que divulgar entre los estudiantes y los docentes de las dos orillas atlánticas la realidad del cuento tanto de España como de Hispanoamérica, y ello a través de una selección que incluyera a los autores más representativos del momento en cuanto a la cantidad o a la calidad de su obra narrativa. Mostrar la maravillosa comunidad del español de España y de América, la fuerza de una lengua vivida en tan diversas circunstancias –distinta y a la vez confluyente, respetando orígenes y transcursos– fue como un guante que te reta y que se recoge al vuelo con la seguridad de acertar en la elección de los textos y de los escritores.

No puede ser más acertada la elección del relato como arma didáctica, pues se trata de un género que, a causa de su brevedad, es muy cómodo para trabajar en las aulas, más atractivo para el escolar que puede leerlo en poco tiempo y ser receptor de una pieza completa que se ajusta al ritmo de la vida moderna. Cada relato, un universo cerrado en sus manos, un chispazo rotundo, ya sea un cuento esférico, a la manera tradicional, o un espacio abierto a lo Carver. Y me baso para afirmarlo en una dilatada y fructífera experiencia docente, tanto a nivel de enseñanzas obligatorias, post obligatorias como universitarias.

A la hora de elegir a los cuentistas que incorporaría a este libro, me ha interesado más rastrear las voces del presente que, por sus modos y por su temática, pueden estar más cerca de los lectores a los que esta antología va dirigida. Los mayores, las grandes figuras que se obvian, están ahí como telón de fondo ineludible, como referencia implícita. Decidí, pues, divulgar a escritores españoles e hispanoamericanos de las últimas hornadas, para ver lo que se hace hoy, cuál es la problemática que plantean, qué técnicas son las que más frecuentemente utilizan.

Esta antología persigue un objetivo que considero clave para la educación de la juventud a la que va dirigida: ser un apoyo educativo para los padres que deseen acercarse a la problemática de sus hijos y compartir con ellos unas experiencias enriquecedoras. El ritmo de vida actual, que no es precisamente caldo de cultivo para grandes reflexiones, somete al individuo a prisas que no son el medio idóneo para fomentar las relaciones familiares. Estoy convencida de la enorme importancia de este libro para educar, no sólo culturalmente, sino también en valores a la juventud, porque en él se exaltan el respeto a los mayores, la necesidad de la comunicación entre padres e hijos, el rechazo de la xenofobia y del racismo, las consecuencias negativas del alcohol y de las drogas, el elogio de la amistad y la templanza, el rechazo de la violencia. Esta antología, pues, permitirá que los padres lean con los hijos, que les ayuden a reflexionar sobre la vida y sobre la muerte, sobre sus vivencias y sobre sus afectos. A penetrar, en una palabra, en un universo que les puede servir de ayuda para comprender sus carencias, sus gustos, sus aptitudes, y para colaborar con ellos en su enfrentarse al mundo lleno de riesgos en el que crecen.

Ha sido también mi intención acercar a los escritores a las aulas con una finalidad especialmente atractiva: animar a las escuelas y a las instituciones para hacer que los autores antologados acudan en persona a los centros de enseñanza para dialogar con los estudiantes acerca de su obra, para comentar con ellos sus historias, para desvelarles los secretos que, como narradores, les depara la creación literaria, lo que supone un proceso de desacralización de la literatura, una vivencia más real de la palabra escrita, una difusión próxima, lejos del academicismo de los estudios teóricos sobre escritores ausentes o inaccesibles. Ahora, las páginas tienen un rostro, tienen detrás hombres con una vida real que sienten y luchan con sus obsesiones como seres que son de carne y hueso. A lo largo de mis largos y ricos años de docencia, he gozado de hermosas experiencias de este tipo, pues muchos de los escritores vivos que he estudiado con mis alumnos han acudido a nuestras aulas para intentar contagiar de literatura a jóvenes que quizá no olviden una experiencia que más de uno quisiéramos haber vivido.

Fomentar la lectura en los estudiantes que no se acercan a ella con la frecuencia deseada, entre otras causas por la competencia de los medios audiovisuales y de la cibernética; servir de apoyo al profesor para la enseñanza de la literatura; despertar el espíritu creador en los alumnos con actividades amenas y variopintas, han sido otras de las metas propuestas con esta antología.

Por otra parte, he intentado contribuir a la superación del aislamiento entre escritores de los países iberoamericanos cuyos libros son difíciles de conseguir, no sólo en España sino entre ellos a causa de las deficiencias del mercado editorial que no favorece los intercambios ya que, en Hispanoamérica, generalmente, sólo se garantiza la difusión de las obras publicadas por editoriales españolas.

No están en este libro todos los autores que por sus méritos hubiera querido incluir. Antología es siempre sinónimo de elección, elegir supone renunciar y ello, en este caso, ha sido muy difícil, dado lo rico del panorama cuentístico español e hispanoamericano actual. Mi criterio de selección se han ajustado no sólo a la calidad literaria de los relatos seleccionados, sino también a su variedad formal y temática, a los valores que propugnan y de los que el público juvenil puede extraer provechosas enseñanzas.

Recomiendo la lectura de otros libros de cada autor antologado, aconsejo que los centros dispongan de ellos en sus bibliotecas, para que los alumnos puedan consultarlos. Es más, considero que el profesor no debe limitarse a trabajar los cuentos que elija de esta selección, sino que debe implicarse en un conocimiento más amplio del autor elegido.

Dada la extensa nómina de los países de habla hispana, he tenido que acortar la selección por motivos de espacio, ya que, en un principio, fue mucho más amplia, pues incluía a toda Centroamérica. Guatemala será ahora su representante. El Caribe tendrá como exponente a Cuba. Del centro y sur, Argentina, Bolivia, Chile, Colombia, Ecuador, México, Paraguay, Perú, Venezuela, Uruguay, todos con una tradición cuentística importante. Por cada uno de estos países habrá un narrador o dos, según se ofrezca un relato más extenso o varios microrrelatos. A España la representan cinco autores que son –no los únicos, pero había que decidir– de lo más granado de nuestro relato actual.

El libro está estructurado como sigue:

1. Un corto paseo por los orígenes del cuento y una exposición de sus características fundamentales.
2. Un breve recorrido por su situación en los países de los escritores antologados.
3. Una nota biobibliográfica de cada escritor.
4. El relato elegido.
5. Una propuesta de actividades didácticas sobre el mismo, que abarca tanto aspectos lingüísticos y literarios como propuestas creativas, lúdicas, reflexiones y debates sobre temas transversales.
6. Una propuesta de taller literario para el profesor que decida profundizar en la naturaleza del cuento y desee enganchar al alumno al carro de la literatura. Algo con seguridad tentador para más de un docente, disponer de un instrumento –totalmente novedoso– que ofrecer a alumnos que quizá despierten, gracias a él, alguna vocación dormida.
7. Un glosario de voces hispanoamericanas
8. Unas referencias bibliográficas.

# I. EL CUENTO: GÉNESIS Y CARACTERÍSTICAS

La palabra cuento deriva del latín *computare*, contar en el sentido numérico. En la antigüedad, las historias contadas recibieron el nombre de fábula, fablilla, apólogo, ejemplo, proverbio, hazaña, castigo. Como dice Anderson Imbert (1996, 18), este género, nacido hace miles de años y transmitido oralmente, se mezcló con otros en forma de mitos, leyendas, fábulas, apólogos, chistes, etc. En su inicio, los fines del cuento son didácticos y pretenden ofrecer una visión del mundo y un modelo de conducta. Según Baquero Goyanes, el término cuento surge en 1870 para referirse a los relatos orales.

El cuento es la narración de un suceso singular que mantiene vivo el interés del oyente o del lector, que se caracteriza por su brevedad y condensación y que, partiendo de un punto, lleva a un final inesperado. En un buen relato, principio y fin han de estar cuidadosamente engarzados de manera que se justifiquen mutuamente. Hoy en día, muchos de los que lo cultivan se niegan a dar definiciones, porque piensan que es un género difícilmente encorsetable, y que lo que es válido para unos, deja de serlo para otros. No cabe duda de que el cuento es un género que camina en múltiples direcciones, que tiende al hibridismo, a romper las fronteras.

Andrés Neuman incluye en su antología (2003) las cuentísticas de treinta y un escritores, todos nacidos a partir del sesenta. A pesar de lo dicho más arriba, queremos traer aquí algunas de sus opiniones que pueden ayudar a comprender en qué consiste. Así, el cuento será «esa capacidad vertiginosa para ahondar en lo nimio con apenas unas pocas pinceladas», «capaz de evocar toda una sinfonía con una sola nota», «equilibrio entre lo que se vela y lo que se desvela» (Mercedes Abad); ese lugar del que salimos igual que de un poema «conmovidos, con la sensación de que alguien ha metido sus dedos en el lugar exacto» (Graciela Baquero); «hay algo heroico en el relato: el deseo de decir mucho con escasas palabras y en un momento», «inmediatez, espectacularidad, intensidad» (Nuria Barrios); «parece el género ideal» para el lector moderno que carece de tiempo pero que no está dispuesto, sin embargo, «a un esfuerzo de concentración tan intenso y tan breve» (José Manuel Benítez Ariza); «debe hacer visible un pedazo de vida, sugerir mucho más de lo que muestra», enseñar «una realidad plural» que es «tanto la superficie de las cosas, inevitablemente teñida del tono de la mirada, como lo que asoma bajo ella» (Carlos Castán); «Un cuento –como un poema– es una escalera por la que hay que ascender implacablemente, sin mirar atrás, sin pausas ni interrupciones» (Almudena Grandes); «El cuento comprime el universo», «El cuento: los senos de una mujer, nítidos y opacos bajo la transparencia de una blusa. La imaginación y el deseo completando esas formas que la mirada apenas atisba» (Juan Carlos Méndez Guédez); «Los cuentos suceden siempre ahora, aun cuando hablen del pasado. No hay tiempo para más, y ni falta que hace», «El excesivo desarrollo de la acción es la anemia del cuento», «En la primeras líneas un cuento se juega la vida», «Los personajes no se presentan: simplemente actúan», «La atmósfera puede ser lo más memorable de un argumento», «Terminar un cuento es saber callar a tiempo», «Narrar es seducir a cualquier precio», «Cállate: dime» (Andrés Neuman); «El cuento no tolera el material superfluo», «La primera línea de un cuento debe dar pie a la última», el final debe ser «digno, un cierre que dé sentido a lo anterior» y arranque del lector «un gesto de asombro» (Félix J. Palma); «no importa tanto lo que se nos cuenta como el fermento imaginativo que su lectura deja en nosotros», «importa, mucho más que lo que se relata, lo que se queda dormido entre líneas», un buen cuento debe «eliminar situaciones intermedias, sacrificar frases que propenden al desvelamiento del enigma» (Juan Manuel de Prada); «El cuento exige lo breve, la concisión, lo que está depurado de ripios», «La riqueza del cuento, por paradoja, es lo que tiene de pobreza voluntaria», es «un lujo de la prosa», «Cuanto menos, mejor» (Eloy Tizón); un «discurso insuficiente, nunca pleno» (Ángel Zapata). Y habrá quienes como Juan Bonilla, Ana Rossetti o Felipe Benítez sostengan que no se pueden establecer reglas ni definiciones que encorseten un género tan polifacético. Eduardo Hojman[1] cita opiniones de Abelardo Castillo quien considera que los cuentistas son «más geómetras, más matemáticos, que lo novelistas», habla del «breve encapsulamiento temporal que ofrece el cuento» y cita a Cortázar quien defi-

---

1 Ver bibliografía, págs. 9 y 10.

nió el cuento como «una semilla que contiene el árbol en estado latente», a Giardinelli que dice que «el cuento escapa a prefiguraciones teóricas, pero su única e inmutable característica es la brevedad» y a Denevi quien cree que la manera de distinguir cuento de novela es contando las páginas de los textos, para acabar cuestionando todas estas definiciones que pueden ser destrozadas pues hay relatos, a veces, más extensos que algunas novelas.

Para sintetizar, y por exigencias didácticas, podríamos decir que:

1. El cuento debe sugerir más que explicitar.
2. Principio y final deben justificarse mutuamente.
3. El relato es condensación.
4. Es intensidad.
5. Es algo incompleto.
6. Debe ser conciso.
7. Ha de mantener viva la expectación del lector.

## II. EL CUENTO ESPAÑOL E HISPANO-AMERICANO EN LOS ÚLTIMOS AÑOS

En España, tras la atonía de la inmediata posguerra, allá por los cincuenta, aumenta la calidad y la cantidad de los títulos publicados. Edad de Oro del relato para muchos, que se sustenta en publicaciones de revistas, prensa, editoriales y premios literarios, el cuento de este periodo entra en una etapa de realismo social, aunque haya autores que continúen en la línea de los años cuarenta. El Grupo del 50, niños de la guerra, comienza empuñando la literatura como arma, ofreciendo la visión de un mundo en el que dominan el miedo y la injusticia, pero luego renuevan sus plantemientos, y entran en juego lo introspectivo, el deseo de cambio en relatos que beben de Heminway, de Kafka, de Faulkner –a pesar de la fuerte censura– y también se acercan al cine neorrealista italiano. Entre sus cultivadores habría que citar a Sánchez Ferlosio, Fernando Quiñones, Ignacio Aldecoa, Juan y Luis Goytisolo, Ana María Matute, Carmen Martín Gaite, Medardo Fraile, por mencionar a algunos de ellos.

Del realismo social y el costumbrismo se pasa a una narrativa experimental que en novela tiene su punto de arranque en 1962 con *Tiempo de silencio* de Luis Martín Santos. Introspección, intimismo, técnicas más complejas, caracterizan al cuento de esta época. Juan Benet, Juan García Hortelano, José María Guelbenzu, Francisco Umbral se encontrarían entre los autores de este periodo, en el que no desaparece por completo el realismo social.

En los ochenta, y pasada la crisis de la transición, crece el gusto por el género, se reaviva el interés por parte de crítica, editoriales, lectores, y proliferan las antologías y las colecciones de relatos dedicadas a un solo autor. Predomina el gusto por la brevedad: todo lo accesorio debe suprimirse, el tiempo y el espacio se reducen, el asunto se concentra al máximo. Hay que dejar en el lector una impresión única. La narración ha de ser redonda, sea su final abierto o cerrado y ese final será, si es posible, imprevisto. Priman el poder evocador, el misterio, lo sugeridor, la intensidad, la creación de mundos en miniatura. Todo girará en torno a un momento crucial de la vida del personaje a veces con un fin didáctico y sin olvidar su dosis de lirismo[1]. Pese a todo, el género sigue siendo el hermano menor de la novela, aunque surgen editores que apuestan por él, se hacen libros colectivos por encargo. Los periódicos incorporan relatos en los suplementos semanales –*ABC, El País, Diario 16*– que contribuyen a su difusión.

El escritor se enfrenta al mundo con mirada escéptica y, desengañado, refleja la vida cotidiana. La fantasía, el sentimentalismo, el terror, la historia, la re-

---

1. José Luis Jurado Morales, «Las mil y una metáforas del cuento literario en la Crítica Hispánica», Cádiz, *Draco, Revista de Literatura Española,* Universidad de Cádiz, nº 7. págs. 101-122.

flexión sobre la literatura, serán el común denominador de los cuentos de este periodo.

Pedro M. Domene (2001, 8) habla de que cobran especial relieve el absurdo, lo fantástico, la realidad, el erotismo, los enfoques paródicos, irónicos, humorísticos; de que en ellos late el mundo contemporáneo y triunfa la calidad expresiva. Lo cierto es que, a medida que se avanza en el tiempo, proliferan las colecciones de relatos, se crea la revista «Lucanor», exclusivamente dedicada al cuento, se publican números monográficos en revistas y se editan múltiples antologías. Siguen imperando la fantasía, el horror, lo psicológico y lo sentimental, el deseo sin más de contar historias, la autocrítica de la escritura, el mundo de la mujer que se afirma ante los nuevos presupuestos sociales. En los noventa, el panorama es esperanzador: en el 89 se publican más de treinta títulos de libros y es muy importante la labor de editoriales como Alfaguara, Anagrama, Espasa-Calpe, Mario Muchnik, Endimión, Mondadori, Grijalbo, Alianza Editorial, Aguilar, Destino, Tusquets, a las que se unen hoy otras como Lengua de Trapo, Páginas de Espuma, Thule, Menoscuarto, Calembé que continúan apostando fervientemente por el relato. Aunque a veces se mercantiliza el fenómeno cultural, las editoriales hacen de la literatura un producto industrial: es el momento de la creación de nuevos premios literarios –Ojo Crítico, Nuevos Narradores, etc.–, de colecciones específicas, de editoriales que fomentan y protegen a los escritores noveles. Sabas Martín[2] con-

---

2 En *Páginas amarillas*, Madrid, Ediciones Lengua de Trapo 1993, págs 13-14, se habla del aumento de escritoras femeninas, debido, entre otras cosas, al cambio del papel de la mujer en la sociedad actual.

sidera que se publica demasiado y que, no siempre, lo que se publica es lo mejor.

El microrrelato experimenta un gran auge y supone novedad de temas y de composición en un momento en que domina lo experimental, pudiendo hablarse de hibridez de géneros. «Al deshacerse de sus ligaduras, el cuento exhibe una nueva sensibilidad. Se configura como un género radicalmente abierto; un espacio discursivo que se presta al más absoluto de los juegos» (Ana Rueda, 1992, 27).

Son muchos los escritores que cultivan lo fantástico, con un aire heterogéneo: terror, humor, sugerencia, misterio, la posibilidad de mundos de espanto que no dejan de lado lo real –Hipólito G. Navarro, «Semillas, simientes y pilatos»–. Es en el XIX cuando nace el concepto moderno de literatura fantástica que debe llevar a los territorios del miedo, conseguir el sobrecogimiento del lector y reflejar los aspectos más oscuros de la vida. Lo fantástico es transgresión y escándalo, destruye el orden del mundo, tiene el don de inquietar. Como quiere Cortázar, lo fantástico ha de incorporarse a la realidad de manera que parezca verosímil porque el hombre necesita traspasar lo real y acceder a lo imaginario. Y se oscila entre el relato a lo Cortázar, de planteamiento, nudo y desenlace o a lo Carver, costumbrista, fragmentario, apenas trozos de vidas cotidianas que hacen del lector un creador. Habrá quien prime el argumento, quien se dirija a un final sorpresivo, quien prescinda de la anécdota, ofreciendo a veces al lector retazos sin sustancia argumental.

Los maestros –no podemos incluir a todos los que son–, Cortázar, Bryce Echenique, Álvaro Mutis, Onetti, Borges, Ribeyro, Monterroso, Poe, Hoffmann, Maupassant, Lovecraft, Conan Doyle, De Quincey, Fitzgerald, Nabokov, Kabawata, pero también *Las mil y una noches*, *La Iliada* y *La Odisea*. De Poe –el cuento literario moderno nace con él– y Bécquer heredan el gusto por el final inesperado; de Borges los laberintos; de Onetti el lenguaje al servicio de la trama; de Kafka la sorpresa desde el comienzo de la misma. De Cortázar toman el argumento preciso, el final inesperado, el protagonista antihéroe, lo inexplicable y misterioso de la existencia humana, la reflexión metaliteraria, y de él heredan también la ironía ante lo patético, la ambigüedad, la anulación del tiempo y del espacio, el motivo del doble, a veces en cuentos que integran novelas, o en novelas formadas por cuentos[3] desmarcando los géneros.

El cuento surge en América Latina ya en el siglo XIX, pero será a partir del Modernismo cuando empiece una nueva andadura. La historia de este continente en las últimas décadas está señalada por los conflictos internos y por el intervencionismo norteamericano y ello, de un modo u otro, no puede dejar de marcar su literatura. De 1960 data la creación de la Asociación Latinoamericana del Libre Comercio y la del Mercado Común Centroamericano. La presencia norteamericana como fondo, dedicada en un tiempo al desarrollo y a la seguridad en la América Latina, derivará a actuaciones guiadas por su conveniencia. La política cubana que amenaza con extender la revolución al continente hace que en Hispanoamérica se rechace el socialismo, se vuelvan los ojos a EEUU, y se acepte que participe en sus destinos internos. El ejér-

---

3. Remito al artículo de Irene Andrés Suárez, «El cuento fantástico actual: la influencia de Julio Cortázar» en *Lucanor* (Pamplona), nº 14, págs. 131-151.

cito de los países en vías de desarrollo toma cada vez más conciencia corporativa, animado por las clases sociales que rechazan los planteamientos marxistas. Los sistemas vigentes sobreviven a los desórdenes del 68 y a la Revolución cultural china que revitalizan, para algunos, las esperanzas revolucionarias. Puede decirse que, al comenzar la década del 70, los países se encuentran en la misma situación que diez años antes[4]. Guerrilla, guerras civiles cruentas e ininterrumpidas, políticas dictatoriales en países como Guatemala, Nicaragua, El Salvador, Honduras, Chile, Argentina y tantos otros, la invasión brutal de Panamá por Norteamérica en 1989, no han servido precisamente para fomentar ni la creación, ni la divulgación de los que, a pesar de todo, están empeñados en la tarea de contar. Hispanoamérica sigue en situaciones de neocolonialismo cuyas consecuencias llegan hasta nuestros días e impiden su desarrollo. Quizás por ello la literatura, en estos países, siga dos corrientes: la testimonial y la que marcha por derroteros más universales y subjetivos[5]. Por lo que respecta a la salud del relato, debido a la pésima situación social, política y económica de los países de habla hispana, a la escasez de editoriales, a la ausencia de una crítica seria y a la mala distribución de los libros, dista mucho de ser la deseable, sobre todo en países que sufren duras situaciones sociales y políticas. En los últimos años, parece que la situación cambia a mejor, porque las editoriales españolas contribuyen a paliar el ma-

---

4. Ver Halperin Donghi, Tulio, *Historia contemporánea de América latina*, Alianza Editorial, Madrid, 2005, 3ª reimpresión.

5. Ver *Pequeñas resistencias /2. Antología del cuento centroamericano contemporáneo*, edición de Enrique Jaramillo Levi, Páginas de Espuma, 2003.

rasmo que conlleva la escasez de medios de los escritores para salir de su país y darse a conocer más allá de sus límites.

Andrés Neuman[6], habla de mestizaje en Argentina y en toda Sudamérica. Como en España, los escritores oscilan entre carverianismo y barroquismo. Triunfan lo fantástico, la micronarrativa. Un país que vive a saltos, da buenos cuentistas, de ahí que se pueda hablar de una renovación del cuento. Como dice Eduardo Hojman[7], Argentina ha dado a luz mejores cuentistas que novelistas y ahí están Borges, Cortázar, Abelardo Castillo o Fogwill para atestiguarlo. Los escritores actuales fueron al colegio en la dictadura y tienen experiencias vitales que los agrupan. Son eclécticos y desconfían de las identidades colectivas. Más que politizarse, pasan de la denuncia explícita a la alusión, del discurso social a la parábola íntima. Reescriben sigilosamente el tema de la persecución y del miedo. Como en casi toda la América latina, hay que hablar de crisis editorial. Los autores necesitan ser publicados en España para ser leídos en Hispanoamérica. Al cambio, los libros son allí inaccesibles.

Carmen de Mora[8] considera que, en el país del tango y la milonga se buscan nuevos objetivos, con actitudes a veces de rechazo a los textos de los maestros,

---

6. Ver *Pequeñas resistencias /3. Antología del nuevo cuento sudamericano,* edición al cuidado de J.C. Chirinos, C. Dávalos, M. Gayoso, A. Neuman, X. Oquendo, P. Padilla Osinaga, G. Peveroni, M. Valdés, J. G. Vásquez, Páginas de Espuma, Madrid, 2004.

7. Ver bibliografía, Eduardo Hojman, *Cuentos argentinos,* págs 11-18.

8. Ver Carmen de Mora, «El cuento argentino de los últimos años», *Tinta china, Revista de Literatura,* http:/geocities.com/r_tintachina/cdmora.htm

aunque sin olvidar los logros precedentes lo que conlleva parodia e intertextualidad. La literatura refleja la tragedia de los años del golpe militar del 76, la implantación del régimen totalitario, la guerra de las Malvinas, el regreso de la democracia en 1983, pero sin caer en el compromiso por más que los escritores reflejen el deseo de que vuelvan los exiliados y condenen las desapariciones y los abusos del poder. Unos exiliados que se fueron porque «era quizá la única manera de seguir con vida»[9], lo que habría de reflejarse en la literatura en textos que se dejan de adornos y ofrecen una visión dura de la realidad en relatos en los que vive el desencanto, la violencia, el amor, la pérdida, la imposibilidad. Hay que hablar de la presencia cada vez más fuerte de la mujer en el ámbito creador junto con la ruptura y la experimentación de formas nuevas, la inclusión del lenguaje coloquial que se recrea en los relatos de Fontanarrosa y de Aguirre. Siguiendo a Hojman, pensamos que, gracias a ello, el español «crece y se nutre gracias a esas diferencias mal que les pese a los puristas, policías de una lengua ideal e impoluta que no existe». Los escritores de los 90 buscan modelos de otros países, en especial Norteamérica, y aunque el cuento sea testimonio de su realidad cotidiana, se prefieren el caos, la incertidumbre, la fragmentación, y se cuestiona el realismo mágico. Se mezcla lo nacional con lo internacional, se reflexiona sobre el acto de narrar, se parodia lo anterior: en síntesis, hay un distanciamiento crítico, una actitud lúdica. Como en España, en el relato se plasman los nuevos recursos tecnológicos: entran en juego la cibernética, el *zapping*, personajes y mundos virtuales,

---

9. Ver nota 9, pág. 14.

un tiempo discontinuo. Los escritores mantienen relaciones de amistad, los periódicos y las editoriales cobran importancia. Se habla hoy de generación escindida: neotradicionalistas y experimentalistas pero no todo el mundo está de acuerdo con esa división. Rechazan los espacios rurales, el localismo, y dominan los temas personales e individuales. La magia, la fantasía, la guerra y sus consecuencias negativas, el hombre y sus problemas desmitificados a través del humor, la metaliteratura, los finales abiertos, lo existencial, la injusticia, la imperfección de la vida, la represión brutal, la infancia, el hombre y sus fantasmas, temas universales que unen mundos porque es frecuente que en Argentina se escriba sobre el horror del nazismo. Se aproximan los géneros –novela y cuento–, y es frecuente que personajes de cuentos sean retomados en novelas o en relatos que pueden ser abiertos o esféricos[10]. Entre los narradores actuales citaríamos a Eduardo Berti, Marcelo Birmajer, Esther Cross, Ana Kazumi Stahl, Martín Kohan, Guillermo Martínez, Gustavo Nielsen, Ana María Shua, Andrés Neuman y Patricia Suárez.

Frente al costumbrismo y el indigenismo precedentes –Néstor Taboada y Óscar Alfaro–, el relato en Bolivia es ahora más desenfadado, más universal. Los escritores bolivianos quieren estar lejos de los temas

10. Tanto para Argentina como para los demás países que se incluyen en esta antología consultar *Pequeñas resistencias /3. Antología del nuevo cuento sudamericano,* Madrid, Páginas de Espuma 2004 y *Pequeñas resistencias /4. Antología del nuevo cuento norteamericano y caribeño,* Madrid, Páginas de Espuma, 2005. En ellas se podrán encontrar los nombres de los autores actuales más representativos de cada país.

políticos y de las cuestiones sociales. Dice Paz Padilla que «los nuevos escritores bolivianos tienen rudimentos técnicos y saben algo de estructuralismo, conocen un poco de semiótica y tienen idea de las tendencias nuevas en el campo de la filosofía y, por eso, construyen sistemas verbales a partir de signos y buscan nuevos sentidos en las palabras, las frases, las oraciones, los párrafos o los cuentos. Su contenido es la forma, esencialmente»[11]. Más experimentales y formales, los escritores huyen de la política y el cuento no depende del momento histórico en el que nace. Como en la mayoría de los países hispanoamericanos, los temas ahora son el hombre y sus sentimientos: soledad, amor, muerte, intimismo, vejez, sexo. En lo formal, experimentalismo. El creador está inmerso en una búsqueda solitaria, sin iconos, en un país en el que la producción es limitada y la crítica inexistente. Paz Padilla Osinaga, Claudia Peña, Giovanna Rivero, Urrelo Wilmer, Edmundo Paz Soldán, escriben cuentos en los que hay intimismo, sexo, vida, muerte, política, amor y soledad, a veces con técnicas transgresoras –«Habitando el inadvertido mundo de los microsotgs» de Urrelo Wilmer–. Paz Padilla habla de generaciones desenfadadas que «van a producir literatura en todo el sentido de la palabra», a pesar de los obstáculos a los que se enfrentan: no hay más concursos literarios, los medios de comunicación apenas se fijan en ellos. Son escritores que tienen más oportunidades que sus predecesores, a pesar de todo y los más jóvenes –«Generación del cemento» los llama Padilla– tienen la fuerza suficiente para sacar adelante lo que escriben.

---

11. Son declaraciones de la autora en *Pequeñas Resistencias /3,* págs. 15 a 38. Ver bibliografía.

Como cuenta Danilo Manera[12], Chile ha vivido la experiencia de la Unidad Popular, de Salvador Allende, y de la dictadura de Pinochet que acabó con la democracia –golpe militar del 73– a lo largo de 17 años. Desde el 90, la democracia se impone de nuevo y culmina con la llegada a la presidencia de la república de una mujer, Michelle Bachelet. Un país que cuenta con una tradición literaria tan fuerte –dos premios Nobel: Pablo Neruda y Gabriela Mistral– reúne a narradores de la categoría de un Jorge Edwars, un Alejandro Jodorowski, o un Antonio Skármeta.

De entre ellos, los nacidos, aproximadamente, desde el 35 al 49, constituyen el grupo de lo Novísimos, que empiezan a publicar bajo Salvador Allende. Poli Délano, Fernando Jerez y Francisco Rivas, entre otros, estarían en este grupo. Los nacidos entre el 50 y el 64 –Diego Muñoz Valenzuela, Pía Barros, Sonia González– constituyen el grupo de los 80, que crecen bajo la dictadura y se enfrentan a la represión, la censura, y tienen que desarrollar su labor a escondidas, atenazados por el miedo. Comprometidos humanamente, estos escritores cultivan el cuento que les permite experimentar y reflejar con rapidez lo que les rodea.

Hay que hablar de la mujer chilena y de su incursión masiva en el campo de la literatura y hay que hacer referencia a nombres como Alejandra Costamagna, Nona Fernández, Andrea Maturana o Lina Meruane.

Al contemplar la evolución del cuento en Colombia desde los setenta en adelante, se aprecia el tránsito de lo rural a lo urbano, el rechazo del realismo mágico –*Doce cuentos peregrinos* de García Márquez ya se ins-

---

12. Ver Bibliografía.

criben en una nueva visión del cuento y del mundo– y el acercamiento a la concepción actual de la vida y a la ciudad que se convierten en materia de creación. En los ochenta, priman el experimentalismo, el tono escéptico e irónico y en ellos hay nombres tales como Fanny Buitrago, Fernando Vallejo, o Parra Sandoval. Los noventa derivan hacia problemáticas existenciales, sociales, políticas y estéticas. Se cultiva la literatura fantástica, la ciencia-ficción, la narrativa policial. Casi todos los escritores colombianos de esta generación escriben para los medios, pero otro tipo de textos: crónicas, reportajes, reseñas, columnas de opinión, pero ningún medio de circulación normal compra cuentos. Entre los escritores, Enrique Serrano, Antonio Ungar, o Luis Noriega, por citar algunos, que son muy políticos. Y desde que gobierna en Colombia Álvaro Uribe, más políticos si cabe. Son formas nuevas de ser políticos, su literatura vestida con metáforas nuevas. Otros nombres que tener en cuenta serían los de Pedro Badrán Padaui, Juan Carlos Botero, Jorge Franco, Enrique Serrano o Juan Gabriel Vásquez.

Aislada del resto de Latinoamérica, en la que la radicalización de la revolución provocó el éxodo de las clases medias y altas hacia EEUU, Cuba sufre graves problemas económicos provocados por la crisis azucarera del 62, que no logrará superar hasta que elija el modelo soviético que mejorará la enseñanza, la sanidad y la vivienda. La emigración y el exilio posteriores al 59 conllevan la emigración ilegal, los balseros, las discrepancias en las familias que mantienen opiniones divergentes –los que se van y los que se quedan–. A fines de los 70, los que se han marchado se dejan oír y son escuchados, pero esta situación dura poco y continúan las tensiones que dan un fruto literario que es testimonio de un proceso y unas vivencias dolorosas.

Tras la desaparición de la Unión Soviética, y en consecuencia, de su ayuda económica, el país soporta condiciones de vida infrahumanas: hambre, miseria, prostitución. Una situación que atenta contra la dignidad humana y en donde parece que la evasión se refugia en la droga, el alcohol y el sexo.[13]

Del 59 al 72 aparecen obras esenciales de escritores de anteriores generaciones tanto de narradores como Lezama, Carpentier o Piñera como de escritores que empiezan a escribir propiamente en esos años, tales Cabrera Infante, Jesús Díaz y Norberto Fuentes. Del 66 al 70, se habla de Quinquenio de Oro, sólo igualado en los últimos años. Los que van del 72 al 80, titulados oficiosamente como Quinquenio Gris, son años que más bien debían conocerse como la década negra en la que muchos de los principales escritores fueron silenciados y marginados e intentó implantarse el realismo socialista como norma estética. Del 80 al 85 aproximadamente, se vuelve a lo cotidiano de un modo poético, el hombre y su intimidad como tema cada vez más frecuente. Sobre el 87, coincidiendo con la crisis del papel, violentos y exquisitos preludian a los Novísimos de finales del siglo. Cuento existencial, violencia, pastiche, realismo sucio, rock, acaban con la estructura tradicional –cuento esférico– y dan cabida a ciencias como la Física, la Anatomía, las Matemáticas, etc. Hoy en día, a pesar de la crisis económica que sume a los cubanos en la miseria, el cuento vive una etapa de esplendor que supone la confluencia genera-

---

13. Recomendamos la lectura de la obra del cubano Pedro Juan Gutiérrez –*Trilogía sucia de la Habana, El Rey de la Habana, Animal tropical*–, testimonio cruel de unas formas de vida silenciadas por el aparato del régimen castrista.

cional de autores desde los 40 hasta la actualidad. Citaríamos como cuentistas de estos últimos años a Zoé Valdés, Rolando Sánchez Mejías, Roberto Uría, Ronaldo Menéndez, Ena Lucía Portela, Enrique del Risco, una pequeña muestra que abarca muchos nombres más que no incluimos por razones de espacio[14].

Si es cierto que los predecesores lo consolidaron todo, hoy puede hablarse de una literatura ecuatoriana en la que el cuento es el género mimado por lectores y editoriales. A partir de la década del sesenta, el cuento ecuatoriano se vuelve urbano como en la obra de Miguel Donoso Pareja, Abdón Ubidia y Jorge Velasco Mackenzie. También ha explorado una veta fantástica y existencial en cuentos de Francisco Proaño Arandi y Carlos Béjar. No hay intercambio bibliográfico entre los nuevos autores, pero tienen en común la lucha por llegar y conquistar, su individualización total, su deseo de acercarse al lector porque, como es tónica en los países hermanos, el cuento sufre problemas de difusión. La nueva generación está en proceso de formación y hay que destacar, como en otros países, la fuerte presencia femenina como una promesa firme. Hay una globalización temática que huye del convivir nacional y enfrenta su realidad de modo universal. El relato tiene una función social en los 90, pero es una literatura invisible en cuanto a divulgación en el país y en el exterior. Características del último cuento son la preocupación por el lenguaje, la aparición del antihéroe y del personaje femenino en toda su amplitud

14. Para la literatura en Cuba, remito a Michi Strausfeld, *Nuevos narradores cubanos*, y a Omar Felipe Mauri Sierra, *Cuentos desde La Habana*, recogidos en la bibliografía.

en historias llenas de frustraciones. Sus temas, la soledad, el insomnio, la incursión de elementos marginales que se entretejen sobre elementos cultos, lo fantástico, el cine, la música, los deportes, el humor, la religión, el mundo juvenil. Y personajes de todos los estratos, tanto populares como burgueses, en un cuento en el que caben lo presente y lo por venir, lo local y lo foráneo, evidencia de una crisis general que se ha venido dando en Ecuador desde los 70. Sus ingredientes son humor, ironía, juego, reflexión, intertextualidad, ambigüedad, la superación de las normas, la condición humana, la participación activa del lector que supone una pluralidad de lecturas. Denuncia social, violencia en las calles, sociedad de consumo, música, amor, soledad, carne, experimentalismo, el hombre y sus deseos de libertad, la opresión del sistema que aniquila al hombre, en cuentos que se cierran a veces con finales inesperados. El fuerte proceso migratorio experimentado en Ecuador ha abierto una nueva línea de trabajo cosmopolita en la narrativa ecuatoriana como la desarrollada por Javier Vásconez, Galo Galarza, Gabriela Alemán y Leonardo Valencia –*La luna nómada*[15]–.

El cuento actual mexicano juega con el tono lúdico, la brevedad extrema y la experimentación que borra los límites y las fronteras genéricas del cuento tradicional. Oscila entre la tradición local y la tendencia extranjerizante y sus temas tocan, a veces, sectores marginales, problemas urbanos, la incomunicación, en ocasiones con una visión muy cruda de la realidad.

---

15. Son palabras del autor antologado, Leonardo Valencia, cuya información es fundamental para acercarse al cuento ecuatoriano actual.

Se combinan los tintes clásicos con la experimentación desmesurada. Como ocurre también en España y en otros países del continente, la ausencia de límites está en la narrativa de los últimos años. Esperanza López Parada habla de que el cuento mexicano actual es una escritura deshecha en voces diversas que no son otra cosa que el retrato de un México cada vez menos reconocible[16].

Hay que hablar del Crack Mexicano, iniciado por un grupo de escritores que no pasan de los 40 años, y que han revolucionado la literatura mexicana. Pretenden sacudir las conciencias del «*establishment* cultural mexicano» que oscila entre la tradición indígena, la influencia de Estados Unidos y la de los mayores como Rulfo.

Este grupo intenta analizar el México de hoy, tanto en sus aspectos más silenciados pero tremendamente reales –Chiapas– o ese otro de las grandes empresas. Son escritores que persiguen con sus obras, en palabras de Ricardo Chávez Castañeda, «desbrozar una estética olvidada en la literatura de México». Los autores que iniciaron el Manifiesto del Crack Mexicano son Vicente Arrasti, Ricardo Chávez, Ignacio Padilla, Pedro Ángel Palou, Jorge Volpi (México) y Eloy Urroz (Estados Unidos).

Los últimos narradores son parcos, no pretenden la denuncia, quitan importancia a lo costumbrista, a la tradición. Se escriben cuentos que se evaden en el espacio y en el tiempo, se pierden en la ciencia ficción y en lo futurista. Se podría hablar de hibridez, variedad y hete-

---

16. López Parada, Esperanza, «El cuento mexicano entre el libro vacío y el informe negro», *El cuento en Red*, nº 4, otoño 2001, http://usuarios. lycos.es/wemilere/méxico.htm

rogeneidad, del gusto por contar propio de la tradición oral, en una escritura que juega con las fronteras entre el relato tradicional y otros géneros en prosa, especialmente el ensayo, la viñeta y la crónica. Humor, ironía, desmitificación se alternan con el erotismo, la imaginación y la memoria de la historia inmediata, la reflexión sobre la escritura, el testimonio de lo urbano y «el registro de los terremotos íntimos y colectivos»[17]. Todo ello resumiría lo que es el cuento mexicano actual entre cuyos representantes citaríamos, además de los mencionados con anterioridad, a Mario Bellatín, Rosa Beltrán, Ana Clavel, Álvaro Enrigue, Ana García Verruga, Javier García Galiano, Eduardo Antonio Parra, Cristina Rivera-Garza.

En Paraguay, la voz del escritor es silenciada por las dictaduras. Se lee poco, pero se intenta acabar con esta situación gracias al esfuerzo de la escuela y de los escritores. Nuevas voces, muchas de ellas de mujeres, buscan temas sociales e intimistas. Quieren darse a conocer incluso autoeditándose. Es enorme la preocupación por la difícil situación socioeconómica del país. Se denuncian la miseria, el hambre, la tiranía; la literatura refleja la realidad de los países asolados por las catástrofes naturales y sin medios para sobrevivir, el hombre abandonado a su destino miserable. Quizás sean los escritores más duros de toda Hispanoamérica. Entre sus voces narrativas más destacadas habría que citar a Nelson Aguilera, Milia Gayoso, Claudia María González Forteza o Mabel Pedroso.

---

17. Lauro Zavala, *Nouvelles cuentos, Short histories, Cuento mexicano actual*, www.fl.ulaval.ca/cuentos/mexcontemplz.html–22k– y *La experimentación en el cuento mexicano actual*, riie.com.mex/?=31170–25k–

Perú, igual a mestizaje que convoca todo lo bueno, lo malo, lo feo y lo hermoso del continente. En los 90, puede hablarse de más realismo. Influidos por Internet y por otros medios de comunicación modernos, los escritores intentan adaptarse a la velocidad imperante. En Perú, basta con escribir cuentos para ser considerado escritor, lo que no ocurre en España. Las pequeñas editoriales son efímeras pero fundamentales así como la labor de los talleres literarios. Se deja un poco de lado el tema político porque izquierda y derecha conviven de modo más pacífico y priman las historias más personales, por más que la realidad social y política se denuncie pero sin renunciar al juego del misterio y del terror. Sus temas tienen mucho que ver con el realismo sucio: drogas, sexo en las clases privilegiadas, finales sorpresivos, humor, el doble, la identidad. Cuentistas del momento serían Jorge Eduardo Benavides, Carlos Dávalos, Sergio Galarza, Pedro José Llosa Vélez, Santiago Roncagliolo, Ricardo Sumalavia, Fernando Iwasaki.

Antes de la dictadura del 70, el cuento en Uruguay goza de gran predicamento, pero la novela lo desplaza pudiendo decirse que hoy es el marginado por las grandes editoriales y por la mayoría de los lectores. Los escritores se inscriben en una narrativa alejada de lo social, más bien fantástica aunque también quepa lo rural, de tradición oral, sin connotaciones políticas. Sería poco oportuno hablar de nueva generación: los más jóvenes tienen la sensación de actuar en el vacío. Entre ellos, Inés Bortagaray, Amir Hamed, Helvecia Pérez, Gabriel Peveroni, Gabriel Sosa, Henry Trujillo.

En la Venezuela de los últimos años, la denominación de generación del noventa (más conocidos como los escritores de los noventa) no obedeció estrictamente a un tema cronológico, sino a la afinidad que se produjo entre ciertos autores nacidos entre 1958 y 1970 que publican sus primeros libros en esos años, pero afinidad que no venía dada por las fechas de nacimiento sino por la identificación que se produjo entre algunos autores (y no en todos) en torno a la necesidad de que la narrativa venezolana se separara de sus complejos, de su seguimiento acrítico y enaltecedor de la narrativa de los años sesenta, y que aspirara a ser parte del conjunto del idioma español y no de un segmento nacional y provinciano. En ellos, un cosmopolitismo ávido de saber cosas de fuera los lleva a veces a olvidar lo de dentro. Presentes, las fluctuaciones políticas del país y del continente, la tremenda situación general. Muchos estudios y antologías, sí, pero poco apoyo editorial: sólo los que acceden a editoriales españolas tienen posibilidad de ser leídos. La política, el sexo, la corrupción, la reconstrucción de la historia antigua, el humor, la ambigüedad, los finales abiertos, lo sobrenatural, la fantasía, el experimentalismo en cuentos en los que casi todo cabe.[18] Entre los cultivadores del relato habría que referirse a Alberto Barrera Tyszka, Juan Carlos Chirinos, Roberto Echeto, María Celina Núñez, Milagros Socorro, Slavo Zupcic y Juan Carlos Méndez Guédez.

Podríamos condensar la situación del relato actual en Hispanoamérica en una serie de rasgos que casi to-

---

18. Gran parte de las opiniones sobre el relato en estos países está basadas en *Pequeñas resistencias* 3. *Antología del nuevo cuento sudamericano,* Edición al cuidado de J.C. Chirinos, C. Dávalos, M. Gayoso, A. Neuman, X. Oquendo, P. Padilla Osinaga, G. Peveroni, M. Valdés, J.G. Vásquez, Páginas de Espuma, Madrid, 2004. En el caso de Venezuela, es inestimable la información que nos ha proporcionado el propio Méndez Guédez.

dos los países comparten: cierto rechazo de formas pasadas; la fluctuación entre lo tradicional y la experimentación; el reflejo de los desmanes políticos y sociales; la incursión en mundos cibernéticos y la influencia de los medios de comunicación más avanzados; ambigüedad del género, en novelas que son una suma de cuentos –Iwasaki, *Libro de mal amor*–; el protagonismo del individuo con sus vivencias, sus fracasos, un hombre zarandeado por circunstancias personales y las que le impone una sociedad sin ley; el terror y lo fantástico teñidos a veces de ironía. Libros como *Ajuar funerario* de Fernando Iwasaki son breves chispas de horror inesperado, como protagonista el hombre con su mente y el desconocimiento de los límites. Los escritores crean nuevos universos acordes con los tiempos (Francisco Alejandro Méndez, 2004, 73), que conllevan un lenguaje técnico, contraliterario e inusual en historias virtuales y deshumanizadas.

Queremos recordar a los padres literarios reconocidos por escritores y estudiosos, que coinciden en gran medida con los de los españoles: Julio Ramón Ribeyro, Julio Cortázar, Gabriel García Márquez, Juan Carlos Onetti, Mario Vargas Llosa, Juan Rulfo, Horacio Quiroga, Augusto Monterroso, Roa Bastos, Adolfo Bioy Casares, Benedetti, Alfredo Bryce Echenique, Roberto Arlt, Arreola. Los cuentistas actuales tienden al parricidio persiguiendo lo universal. A partir del 60 buscarán sus modelos en otras literaturas, estadounidenses y europeas.

# III. ANALIZAR UN CUENTO

A la hora de analizar un relato, deben tenerse en cuenta varios aspectos del mismo –sugerimos a los alumnos que, antes de entrar de lleno en la disección del cuento que vayan a trabajar, numeren las líneas por la izquierda de cinco en cinco para mejor poder citar los aspectos que se analicen del mismo–:

1. EL NARRADOR, esa voz que cuenta, que trasciende al autor y que no debe confundirse con este. Un escritor real puede poner su historia en boca de una mujer, de otro hombre, del propio escritor, pero nunca será este mismo.

2. EL PUNTO DE VISTA. Siguiendo a Imbert (1996, 57), cuatro son los básicos:

a) Narrador-protagonista que cuenta su historia.

b) Narrador-testigo, personaje secundario que participa en ella.

c) Narrador-omnisciente que lo sabe todo de sus personajes.

d) Narrador-cuasi omnisciente que sólo cuenta lo que cualquiera podría observar.

En los dos primeros casos, es normal el uso de la primera persona; en los últimos, el empleo de la tercera. Pero puede ocurrir que este esquema se adultere y podemos encontrar casos en que un él sirva de hilo en el que se enhebren las voces de varios yo que cuentan; que el narrador pase a ver los hechos desde la mirada del protagonista o de otro personaje; que se nos relate algo con muchas voces en primera persona; que unos mismos hechos se nos ofrezcan desde distintos puntos de vista; que el protagonista hable de sí mismo en el pasado, un yo que se autoevoca desde la madurez; que el narrador se dirija a un tú que es el lector u oyente, a otro personaje, a sí mismo-tú autorreflexivo. Las técnicas que se pueden utilizar para narrar varían dependiendo del grado de subjetividad que el autor elija para contar su cuento. Vamos a estudiar una serie de ellas.

3. LAS VOCES NARRATIVAS.

a) El estilo directo consiste en reproducir las palabras de alguien tal y como las emite: Pepito dijo: *No pienso ir al campo.*

b) El estilo directo libre: Se reproducen textualmente las palabras del personaje sin verbo introductor (dijo, pensó, opinó, etc.), incrustándolas en el discurso del narrador omnisciente: Ella cantaba a pleno pulmón porque no soportaba tener la boca cerrada y él le quitó el plumero con que limpiaba el polvo *para que dejes de cantar de una vez, caramba.*

c) Estilo indirecto: consiste en reproducir las palabras o pensamientos de alguien en forma de discurso traspuesto seguido de conjunciones o locuciones conjuntivas (que, si): Pepito decía *que no quería ir al campo.*

En el estilo indirecto e indirecto libre, los tiempos verbales sufren una transformación:

Él dijo: Iré al cine/ Él dijo que iría al cine/ Iría al cine porque le apetecía.

d) Monologar es hablar con uno mismo. En literatura, el monólogo interior es una táctica que finge presentar el pensamiento de un personaje, lo que se viene haciendo desde muy antiguo. Un pensamiento que respeta las estructuras gramaticales correctas. Es lo que Anderson Imbert llama monólogo tradicional.

e) Por el contrario, el monólogo interior posterior a 1910, innovador, consiste en la reproducción de los pensamientos caóticos y desordenados de los personajes. Se conoce con el nombre de monólogo interior narrado o estilo indirecto libre, estilo vivencial, etc. El narrador omnisciente cuenta, pero, sin previo aviso, asistimos a los pensamientos del personaje también en tercera persona. Al expresar el fluir de la conciencia, el narrador debe tener la habilidad de que el discurso no sea muy lógico, desordenar y desquiciar el mensaje. Los recursos de que se puede valer para conseguir dicho efecto serían elipsis y anáforas, uso del imperfecto, exclamaciones, gerundios que expresan coincidencia temporal con respecto al verbo principal de la oración, pleonasmos, anacolutos, la supresión de signos de puntuación, el cambio en los tipos de letra que puede indicar incluso la interrupción del monólogo interior.

Son técnicas que exploran los rincones más oscuros de la personalidad. Sensaciones, miedos, deseos, represiones, sueños anteriores a la verbalización del pensamiento. El narrador parece ausentarse, dejar libertad al fluir de la mente, pero eso es tan sólo una artimaña, porque está detrás eligiendo el desorden y haciéndonos creer que todo surge de un modo espontáneo. El monólogo interior desnuda al personaje.

f) El monólogo interior directo supone la desaparición del narrador y el hecho de que sólo oímos la voz del personaje en un estadio anterior a la consciencia. Ello supone que hay que quitarse los corsés, romper los esquemas sintácticos, dejar que entren en la escritura lo ilógico, lo inusual, lo irracional. El monólogo interior directo es un discurrir por el inconsciente que no sabe de reglas ni de compromisos.

Los surrealistas –Breton, Eluard, Supervielle, Sarraute– juegan a conseguir este tipo de monólogos y se esfuerzan en reproducir estados vitales por los que pasamos a lo largo del día: esa seminconsciencia del despertar o de los prolegómenos del sueño en los que nuestro cerebro camina por senderos difusos en los que no hay normas ni fronteras. Esos momentos en los que nos dejamos llevar por el cansancio y nuestra mente se libera de las leyes de la lógica y salta, dispersa, por los más variados recovecos que, en ocasiones, desconoce nuestro yo más íntimo.

En el siglo XX, un irlandés, James Joyce, convierte en paradigma lo que debe ser un monólogo interior con el *Ulises*. En España, en 1962, Luis Martín Santos publica *Tiempo de silencio*. Otros maestros en el arte del monólogo serían Virginia Wolf, Samuel Beckett, Juan Goytisolo, William Faulkner, Miguel Delibes, etc.

Resumiendo, podríamos decir que el monólogo interior:

a) Aumenta la verosimilitud del relato.

b) Consigue potenciar multiplicidad de registros lingüísticos, pues cada personaje se expresará en su idiolecto-uso personal e intransferible que cada hablante hace de la lengua.

c) Perspectivismo, es decir, pluralidad de puntos de vista, ya que los personajes, además de dejar que se oiga la voz del autor, dejan escuchar la suya propia, lo que enriquece indudablemente el mensaje.

d) El personaje se retrata a sí mismo y, de camino, puede contar hechos, describir, etc.

4. EL TEMA de un texto es la abstracción que realizamos sobre el mismo, la interpretación que hacemos de él. En un relato, además del tema, que tiene que estar presente explícita o implícitamente, pueden encontrarse temas parciales que no dominan la totalidad de la narración: son los motivos, definidos por Todorov como la parte más pequeña de material temático. Cuando un motivo se repite, se llama *leitmotiv*; si lo hace a lo largo de la historia de la literatura estamos ante el tópico.

5. En una historia se cuentan acciones; esas acciones son realizadas por los PERSONAJES quienes se enfrentan con el mundo –el ambiente, la sociedad, otros seres humanos, ellos mismos–. Dotarlos de una personalidad es tarea del escritor que debe armonizar su actuación con la acción que se cuenta. El personaje se nos puede dar de una vez si se nos dice cómo es o dejarlo actuar para que se vaya definiendo; lo podemos conocer por su físico, por su actuación ante su entorno, por su modo de hablar, por lo que los demás digan de él, por su gustos, por sus procesos mentales.

Los personajes pueden ser principales o secundarios –estos, junto con las descripciones, aflojan la tensión propia del cuento y la equilibran– según que su papel sea fundamental o no para el desarrollo de la acción; estáticos o dinámicos si sólo se nos da de ellos una información externa o si los conocemos por sus acciones y por su manera de pensar; simples o complejos si se definen por un solo rasgo de carácter o por varios, a veces contradictorios; redondos o planos, cambien o no a lo largo de la historia (Anderson Imbert, 1998: 236 y siguientes). Roland Barthes considera que deben experimentar un cambio a lo largo del relato, porque siempre vivirán un antes y un después.

6. EL TONO, que responde al estado de ánimo del narrador, a su postura ante la situación descrita, la actitud que muestra hacia los conflictos que plantea. El tono puede ser alto, medio o bajo y no es lo mismo que registro, que es el nivel de lengua utilizado por el narrador y por los personajes. Además podrá ser positivo o negativo, irónico, sentimental, triste, trágico, etc.

7. LA TRAMA es el desarrollo de los acontecimientos en el relato, su interconexión, su caminar hacia un fin que el lector espera con impaciencia. Una trama bien llevada evitará todo lo que, por superfluo, perjudique a la rotundidad de la historia.

8. En el relato, los personajes viven en unas COORDENADAS ESPACIO-TEMPORALES. El tiempo se puede considerar desde el fluir de los acontecimientos o desde la subjetividad: un largo periodo puede acortase o un breve momento puede alargarse en una descripción exhaustiva. Algunos cuentos pueden fecharse gracias a alusiones cronológicas, pero no es lo mismo el momento en que se sitúa una acción, que el tiempo que esa acción ocupa ni la duración subjetiva a que pueden ser sometidos los hechos[1]. Para Bergson, sólo la intuición es adecuada para captar la vida en toda su complejidad e interpreta el tiempo como duración subjetiva de lo vivido. Al analizar un relato tendremos que fijarnos en la época que refleja, cuánto dura la acción, si los hechos se narran antes o después de que ocurran, si el tiempo de la historia, desde que empieza hasta que acaba, coincide con el tiempo de la narración –la duración de su lectura–, si los aconteci-

---

1. Aunque el concepto de tiempo es de gran complejidad, no es este el lugar para profundizar en él. Remito a Anderson Imbert, *Teoría y técnica del cuento*, Barcelona, Ariel, 1996, págs. 179-208.

mientos se nos ofrecen de modo lineal o cronológicamente desordenados, si el narrador se ajusta al tiempo de lo narrado, si, por el contrario, se recrea en determinados momentos o los obvia. El tiempo verbal ideal para la narración es el pretérito perfecto simple.

9. EL ESPACIO es el lugar donde se desarrolla la acción. Teniendo en cuenta la condensación que debe caracterizar un buen cuento, no suele abundarse en descripciones que puedan afectar negativamente al feliz desarrollo de la trama, pero la descripción del espacio puede cumplir un papel importante si sirve para convencer al lector de que lo que está ocurriendo es probable, para poner de relieve los sentimientos de los personajes, para crear una atmósfera. Como dice Guillermo Samperio[2], «la atmósfera es el espacio concreto donde se desarrollan las acciones del cuento» y deberá albergar colores, perfumes, sabores, sonidos, luces y sombras, y contribuye a hacer más eficaz la historia. Pero no hay que olvidar que crear una atmósfera es describir y que las descripciones, en un buen cuento, han de ser escasas y, sobre todo, exactas.

10. Lo que Ángel Zapata (2002, II; 43-46) llama el «PUNTO DE GIRO»[3], esas pequeñas bisagras, ese tránsito e inflexión que marca el paso de una parte a otra en la estructura de un relato. Aunque no todos los cuentos obedecen a esta estructura, lo habitual es que presenten un planteamiento, un nudo y un desenlace. Como postula Ángel Zapata (2002, II; 47), el plantea-

2. Samperio Guillermo, *Manual para nuevos cuentistas*, Madrid, Páginas de Espuma 2005, págs. 99-100.

3. El autor ejemplifica con un relato de Medardo Fraile, «El álbum», en el que analiza las frases que sirven para pasar del planteamiento al nudo y de este al desenlace.

miento debe presentar a los personajes, esbozar el conflicto y hacer arrancar la historia de un momento de tensión. El inicio de un cuento debe dejar claras estas cinco preguntas: quién, qué, cuándo, cómo, dónde.

11. Dado el auge que el MICRORRELATO ha experimentado en los últimos años, tanto en España como en Hispanoamérica, y puesto que incluimos varios de ellos en nuestra antología, queremos dedicarle un apartado especial. Las nuevas tecnologías, la falta de tiempo que caracteriza la vida moderna pueden ser las causas del auge de este subgénero en el que un rasgo esencial es la hibridación –mezcla de crónica, ensayo, poema en prosa, viñeta y otros géneros extraliterarios–.

Podríamos matizar entre cuento corto, muy corto y ultracorto.

1. Corto, entre 1000 a 2000 palabras. Puede narrar un incidente, condensar una vida, adoptar un tono lírico o alegórico.

2. Muy corto, de 200 a 1000 palabras. Se caracteriza por su carácter elíptico o metafórico. Los primeros se caracterizan por su condensación. Los segundos por la estructura alegórica. Todo mucho más condensado que en el corto.

Los títulos suelen ser enigmáticos así como sus finales.

3. Ultracorto, de 1 a 200 palabras. Poseen gran fuerza de evocación ligada a la ambigüedad semántica y a la intertextualidad literaria o extraliteraria. El concepto de personaje desaparece, la ironía suele estar presente, falta el suficiente contexto para que la anécdota pueda ser interpretada de modo inamovible.

Otras denominaciones de este tipo de cuento serían microcuento, minicuento, ficción urgente o de tarjeta postal. Sus características: brevedad extrema, economía de lenguaje, juegos de palabras, situaciones descontextualizadas que suponen la participación del lector, hibridación con otros géneros ya sean literarios o no, pues confluyen en él rasgos de la poesía, el ensayo y el cuento –cuento breve y poema en prosa están muy próximos–, y no se dan en él ni introducción, acción, clímax o desenlace. Son frecuentes los diálogos con el lector, los finales sorpresivos o enigmáticos, el humor y la ironía. Es una forma de narrativa muy exigente: la prosa es sencilla, cuidada, precisa, polisémica. Rescata fórmulas antiguas como bestiarios, fábulas y nuevos modelos extraídos de los medios de comunicación[4].

4. Ver en la bibliografía Lauro Zavala, «El cuento ultracorto: hacia un nuevo canon literario».

# IV. TALLER LITERARIO

## 1. El escritor y su ámbito

Quien se sienta frente al papel en blanco debe hacerlo en unas condiciones especiales que protejan y fomenten su espíritu creador. Son aconsejables silencio, música suave, orden, luz adecuada, la misma hora siempre. Si no se dispone de un espacio propio, cualquier otra alternativa vale. Un escritor gaditano, Fernando Quiñones, esbozaba sus poemas en servilletas de papel de los bares; Carver, escribía en su coche.

> **Actividad**: Describe en un folio aproximadamente tu lugar de trabajo, explica por qué te sientes bien ahí. Cuenta también los hábitos que tienes a la hora de escribir.

## 2. Cómo encontrar historias que contar

Muchas veces, el escritor siente la mente en blanco, piensa que no va a ser capaz de encontrar algo interesante que contar. Si nos paramos a pensar, las historias nos rodean, están al alcance de la mano: lo que pasa en la calle, las noticias de un periódico o de la televisión, algo que le ocurrió a un amigo, nuestras propias vivencias que se pueden escribir y son infinitas. Claro está que, cuando nos sentemos a plasmarlas en un papel, habremos de centrarnos sobre una sola de ellas, o lo haremos cuando tengamos la certeza de que lo que contemos enganchará al lector. Hay, pues, que ir por el mundo con los ojos bien abiertos para captar todo lo que nos rodea. Y una sugerencia: lleva siempre un bolígrafo y un papel encima y anota todo aquello que te llame la atención o que pienses que te puede servir para crear o incorporar a una historia.

> **Actividad**: Sal a la calle a buscar el germen de tu relato y escribe, con una extensión de un folio, lo que más haya llamado tu atención: un hombre esperando en una esquina, un anciano que no se atreve a cruzar la calle etc., posibles futuros argumentos.

## 3. La memoria

Georges Pèrec escribe un libro, *Je me souviens,* con cuatrocientas ochenta anotaciones que empiezan todas con «Me acuerdo». De él y de su grupo arranca un ejercicio que consiste en usar la memoria para crear y para ello propone empezar un escrito con una oración inacabada: «Me acuerdo...» a partir de la cual se empiezan a evocar aquellos aspectos secundarios de nuestra vida que subyacen en nuestro subconsciente. Algo que esté fuera de tópicos tal como el día de nuestra primera comunión y cerca de pequeños detalles que se encuentran ahí pero que normalmente pasan desapercibidos: a qué olía el pavo trufado que tu madre hacía por Navidad, qué tacto tenía la piel de los higos que os llevaban en cestas cubiertas de hojas de higuera cuando era la época. Es decir, recuerdos marginales, insignificantes, pero que pueden desencadenar toda una historia.

Es importante que lo evocado sea único y genuino, que no se parezca en nada a cualquier recuerdo de otro. Sería intercambiable con muchas personas que vivan en el campo la evocación de la primera vez que fueron a la ciudad. No lo sería la memoria de tu primer chicle Bazooka rosa, recogido de una cuneta polvorienta a espaldas de tu padre, el intento de deshacerte de él –para evitar el castigo por haber burlado la prohibición– con unos guantes de lana grises a los que se quedó adherido y que tuviste que sepultar en una alcantarilla. Son más visuales los recuerdos que tienen como referente un objeto que el lector puede reconstruir sin esfuerzo.

Juan Bonilla, uno de los narradores más representativos del nuevo cuento español, tiene un libro que juega con este recurso y que se llama *Je me souviens* –Yo me acuerdo–.

> **Actividad**: Te proponemos que escribas en un folio todas aquellas pequeñas experiencias que vayas recordando. Ellas pueden ser el germen de tu relato.

## 4. Jugar a las parejas

Una de los trucos que te proponemos, un juego del que puede salir tu relato consiste en que asocies dos palabras que no tengan una relación lógica entre sí –prohibido unir palabras como pluma y libro, cuchillo y carne: sí lápiz y sillón o mantequilla y jardín–.

EL «binomio fantástico», es una de las mejores maneras para explorar nuestra capacidad de crear. Este método fue estudiado y bautizado por Gianni Rodari –el escritor italiano que gana en 1970 el Premio Andersen por sus libros infantiles– en su *Gramática de la fantasía*. Hay que tener mucho cuidado a la hora de escoger un binomio que pueda funcionar porque las dos palabras que se relacionen son fundamentales.

> **Actividad**: Construye tu propio binomio fantástico buscando las palabras al azar en un diccionario: mosca y biblioteca, amor y armario, loca y zapatos. También se podría ampliar el binomio y arrancar de un trío. Escribe un relato de un folio con las palabras balcón, enano y jardín. Relaciónalas construyendo una frase primera que enganche al lector.

## 5. Final anticipado

Según la teoría del cuento de Poe, para escribir un cuento hay que partir del final. Esto no quiere decir, naturalmente, escribir en primer lugar la última página. Se trata de una planificación: el autor se imagina la historia con su final concreto. Sólo entonces se debe escribir una historia, porque de nada sirve tener un buen principio si no sabemos darle un final. Es mucho más fácil inventar principios buenos que buenos finales. Escribir a partir del final significa que queremos llegar hasta él, que nosotros conocemos y los lectores no –en la novela negra, toda la historia se escribe en función del final–. Escribir un cuento consiste, en realidad, en tener un secreto que nos morimos por contar y conseguir soltarlo sólo al final. Durante la escritura no debe «notarse» que conocemos ese final.

No es necesario saber cómo va a terminar exactamente, pero sí cómo queremos que se resuelva. Si, por ejemplo, estamos escribiendo un cuento en el que una mujer está cansada de la rutina y del egoísmo del marido puede ser que estalle en una rebelión, aunque no sepamos de que manera se va a rebelar (matando al marido, tirándose por la ventana, quemando la casa, fugándose a Ibiza con el carnicero...), pero desde el comienzo del cuento sabemos con certeza que esa mujer va a reventar por algún sitio.

¿Por dónde debemos empezar una historia? Una vez escrito el relato, podemos probar si el verdadero comienzo no está en el medio o hacia el final. Puede suceder que sea preciso escribir varios párrafos antes de dar con el verdadero nudo inicial, eso que ya empieza a ser parte imprescindible de la historia. En ese caso, es conveniente eliminar el trozo precedente, por muy bien escrito que esté.

> **Actividad:** Escribe un cuento con el siguiente final: Entonces, el hombre de la bata y el robot se quedaron mirándome mientras bajaba la escalera.. Una vez terminado, reordénalo: empiézalo por el final, por la mitad, comprueba cómo resulta más impactante.

## 6. El objeto

Decía Italo Calvino[1] (1980) que «desde el momento en que un objeto aparece en una narración, se carga

1 Recomendamos la lectura de la trilogía de este escritor italiano (1923-1985): *El barón rampante, El caballero inexistente* y *El vizconde demediado,* editados por Siruela.

de una fuerza especial». Muchas historias se desarrollan en torno a uno de ellos. Es célebre la anécdota en que el escritor Chéjov, cuando un periodista le preguntó cómo escribía sus cuentos, respondió, cogiendo al azar lo primero que encontró en la mesa, un cenicero: «Si usted quiere, mañana tendrá un cuento llamado «El cenicero». Pero ese objeto no se limitará a serlo, ha de ser símbolo de algo más. Si al protagonista de tu cuento acaban de regalarle una magnífica moto, esta significará el premio que ha recibido por sus buenas calificaciones.

> **Actividad:** Escribe un cuento de un folio que esté centrado en un objeto que sirva de catalizador de las emociones, acciones y deseos de los personajes.

## 7. La condensación

Un cuento tiene que contar mucho en muy pocas palabras, tiene que ser sintético, reducir al mínimo su asunto. Que sea sólo y exclusivamente sobre una cosa, es la manera más segura de plantear un relato siguiendo la técnica de la sinécdoque narrativa: ir de menos a más.

El cuento se organiza en torno a núcleos de tensión y distensión que sirven para jugar con el lector, atraparlo pero también dejarlo que respire hasta llegar al clímax o momento de mayor intensidad emocional: hay que distraerlo de las verdaderas intenciones del autor.

Un relato es una ficción corta. El hecho de escribir es economizar al máximo para dar al lector la historia del modo más reducido posible. Un cuento no es el resumen de una novela, es un argumento muy pequeño que el escritor hace más amplio porque sabe sugerir más que explicitar. El secreto de los grandes cuentistas es contar esa parte significativa, que sirve por sí misma para evocar toda la historia. Como diría Heminway –teoría del iceberg–, en una historia, lo más importante es lo que no se ve.

El autor debe escoger qué parte de la historia va a descubrir, qué es lo que no va a contar, qué parte no aparecerá en el texto, aunque sí en el cuento. Como dice Andrés Neuman, escribir un cuento es saber callar a tiempo.

> **Actividad:** Te proponemos que escribas un microrrelato –en este libro hay muchos como podrás comprobar– en el que se sobreentienda una historia implícita, que está solamente sugerida.

## 8. El monólogo interior

Ya hemos hablado con anterioridad de esta técnica. Es cierto que conseguir expresar estados de inconsciencia en un buen monólogo interior no es tan fácil como a primera vista pudiera parecer. Hay que dejar de lado el espíritu crítico y dejarse llevar por las fuerzas oscuras que anidan en nuestro cerebro, que muchas veces ignoramos y que, incluso, queremos ocultar. Para conseguirlo debemos olvidar la sintaxis, las leyes de la concordancia y la cohesión y dejar que entre lo que escapa a la lógica, en ocasiones, fantasmas que llevamos ocultos en nuestro subconsciente.

> **Actividad:** Deja la mente en blanco, olvídate de las reglas, deja que tu cabeza salte de una idea a otra, permite que tu cerebro te lleve por derroteros que no debes controlar. Intenta reproducir lo que pasa por ti en esos

momentos. Metamorfoséate, deja de ser tú mismo. Desordena, sé incoherente. Déjate llevar y escribe tu experiencia.

## 9. La segunda persona

Anderson Imbert considera que, aunque se emplee la 3ª persona, en todo relato, hay un yo –el narrador– que se dirige a un tú –el lector–. En ciertas ocasiones, ese tú es un personaje del relato al que se dirigen las palabras del que cuenta. Hay relatos en los que se mezclan simultáneamente las tres personas.

Momentos hay, en los que el narrador se habla a sí mismo, haciendo confluir emisor y receptor. Es lo que se conoce como tú autorreflexivo. O, en una narración en tercera persona, hacer que un personaje se dirija a sí mismo, ese tú que le cuenta al personaje todo lo que este ya sabe: «Te has empeñado en seguir escribiendo ese cuento que no te sale ni a la de tres, más te valdría dejarlo para mañana».

La segunda persona supone una especial intensidad por ser el lector a quien se dirige el autor. Un tú que nos atañe porque somos nosotros los interlocutores y que nos resulta especialmente intenso porque nos interpela y establece entre el autor y nosotros un vínculo directo. Es impactante porque nos incluye, a nosotros que estamos fuera, dentro del territorio de la ficción, porque nos dice que estamos incluidos en la historia. Que formamos parte de ella.

Para algunos –Ángel Zapata por ejemplo–, el personaje que se habla a sí mismo incurre en un error grave por ficticio, porque lo que sería lógico en un poema, en el que se expresa la subjetividad del autor, resulta inadmisible en una narración que supone la mediación de un personaje entre el autor y su conciencia, sus gustos, sus sentimientos. El narrador no nos da todas estas cosas directamente sino que las ofrece a través de sus personajes.

Parecería, con lo dicho, que el escritor debe evitar el uso de la segunda persona, pero vamos a ver en qué ocasiones es lícito y hasta oportuno y estético su empleo.

1.Usar la segunda persona supone dejar claro:

a) Quién habla.

b) A quién se habla –quién es ese tú–.

c) Dónde y cuándo hablan esos personajes.

d) Fundamental: por qué hablan.

2. El tú a quien se habla ha de estar implicado en la historia y, además, el narrador debe contarle cosas que no sabe. Debe hablarle para descubrir algo, pedirle alguna cosa, darle algo, esperando que el otro le responda, sea como sea.

3. El receptor debe tener voz en la historia, hacerse presente a través de la palabra del otro porque no es una seta sino un ser que opina, se manifiesta, cuenta sus emociones, actúa mientras le hablan, y todo lo hemos de conocer a través del narrador: «No me digas que no me has visto en el periódico, con mi gorro de nadadora, con mis gafas, con esa pinta de extraterrestre que se nos pone cuando salimos del vestuario rumbo a la piscina. No me digas que no me queda hasta bien, que no te han sorprendido mis bíceps, que no podría ganar las olimpiadas si me lo propusiera...». No debemos cambiar de narradores en una historia.

**Actividad:**

Escribe un relato en segunda persona que no te ocupe más de un folio y en el que sigas los tres puntos anteriores.

## 10. Tiempo y narración

Toda historia transcurre en el tiempo, tiene lugar en un momento definido. El narrador debe conocer las técnicas adecuadas para la correcta utilización del mismo. Un cuento puede situarse en el presente, en el pasado o en el futuro.

Debemos distinguir entre el *tiempo de la historia*, que es la cantidad de tiempo representada en el discurso, y el *tiempo de la narración*, que es la cantidad de tiempo que emplea el narrador en contar esos mismos hechos representados: toda una vida puede contarse en unas cuantas páginas.

Puede ocurrir que:

1. La unidad de tiempo de la historia no se corresponda con el de la narración: dos amigos hablan por teléfono y quedan en verse una semana más tarde. Se encontrarán en el párrafo siguiente. Este recurso recibe el nombre de *elipsis* y es un recurso narrativo importantísimo en cualquier relato, donde tan importante es lo que se cuenta como lo que se omite

2. El tiempo de la historia es mayor que el tiempo de la narración o, dicho de otro modo, que a una unidad amplia del tiempo de la historia le corresponde una unidad más pequeña en el de la narración. Esta estrategia se llama *resumen*. Y es algo clave, pues deja en el lector la impresión de velocidad, de estar asistiendo a una narración en la que ocurren muchísimas cosas. Un relato en el que no se nos dice todo lo que pasa en las vidas de esos personajes a lo largo de una semana, y que queda reducida a los quince segundos que tarda el narrador en contarla.

3. El tiempo de la historia y el de la narración son iguales: contamos un momento de la vida de un per-

sonaje detenidamente. Llamamos escena a esta coincidencia, fundamental en cualquier historia.

4. El tiempo de la historia es menor que el de la narración. Es decir, que el narrador tarda en contar los hechos más tiempo del que tarda en transcurrir. Para ello se recurre a la descripción: el narrador cuenta al detalle todos los pormenores del momento. Hay que usar este recurso con discreción, pues al relato, ya lo hemos dicho, el exceso de descripciones puede afectarle negativamente.

El segundo recurso se llama *análisis*. Hay análisis cuando el narrador cuenta un hecho a la vez que reflexiona sobre él y debe hacerse siempre sobre situaciones importantes.

Una técnica que se relaciona con todo lo dicho sería la *digresión*, y es lo contrario de la elipsis. Se da más en la novela, y permite al narrador divagar sobre temas ajenos a la historia que se cuenta.

**Actividad:**

Cuenta de manera descriptiva la escena en la que el protagonista de tu historia llega a un planeta en el que se hacen realidad todas las imágenes –recuerdos, deseos, etc.– que pasan por su cabeza. Ten mucho cuidado de que la descripción no entorpezca la historia ni la ralentice, sino que forme parte de ella.

Incluye en ella una digresión que esté al servicio de lo que se cuenta y no sea un mero irse por las ramas.

## 11. El estilo literario

El estilo literario supone un proceso de selección encaminado a persuadir al lector, lo que quiere decir que un magnífico estilo que dejase indiferentes a sus lectores no alcanzaría su objetivo.

La retórica tradicional llama «estilo» al modo peculiar de expresarse de un escritor. El buen estilo ha de adecuarse a su asunto, debe ser correcto léxica y sintácticamente, ha de ser claro y ha de ofrecer un cierto grado de adornos expresivos. Respetando estas normas, hay una alta probabilidad de que nuestros textos no se conviertan en un galimatías.

El escritor debe evitar ser recargado, confuso, plagar su texto de recursos y figuras literarias para su lucimiento. Con ello, sólo conseguirá un estilo artificioso y rebuscado porque no está aspirando a contar algo, sino a escribir de manera hermosa.

Este modo vago y artificioso de escribir está muy lejos de denotar falta de aptitudes. Es bueno poseer un vocabulario amplio, incorporar palabras nuevas, e incluso emplearlas con exactitud. Ahora bien, lo importante es saber en qué contexto podemos usarlas. Debemos contar la historia con naturalidad. Y tener presente siempre que las palabras son una herramienta al servicio de la acción y no al revés. Un estilo bello y complejo puede interesar durante tres o cuatro párrafos, pero se convierte en cargante si al narrador le interesa más su lucimiento que la propia historia.

Cada texto requiere un tono determinado. No podemos escribir, por ejemplo, una carta administrativa en tono poético, ni la bronca que un padre le echa a un hijo en tono jocoso. Del mismo modo no debemos hacer hablar a un albañil como si fuera un catedrático de Historia, ni a un obispo como si fuese un yonqui. Si describes a un niño en la playa que dice: «Oh, papá, ¿has observado qué bello es ese crustáceo que yace sobre los doradas lianas del sol?», nadie lo creerá, porque ningún niño habla así.

El narrador, por otra parte, debe mantener siempre su propio tono a lo largo de todo el relato, sin dejarse contaminar por las voces y tonos de los demás personajes. Por ejemplo, si el narrador dice que «Mario, herido en su amor propio por los desplantes de Luisa, se piró de la fiesta», estamos rompiendo el equilibrio al usar dos registros diferentes («desplantes» y «piró»). Tendremos que escoger entre «Mario, cabreado con Luisa, se piró de la fiesta», o «Ante los reiterados desplantes de Luisa, Mario decidió abandonar la fiesta». Y sea cual sea el tono escogido, debe mantenerse hasta el final. Cuando terminemos un cuento, es aconsejable repasarlo para unificar el tono.

Tres tipos de estilo:

1. El estilo formal: es el modo de escritura que suele emplearse en los documentos administrativos, los informes técnicos etc. Es frío y aburrido, le falta corazón y crea distanciamiento entre escritor y lector. A veces se puede usar deliberadamente. Un ejemplo sería Cortázar en sus *Historias de cronopios y de famas*, «Instrucciones para subir una escalera».

2. El estilo enfático: lleva consigo una cercanía excesiva entre el autor y el lector. Usa una escritura hiperbólica, exagerada. En vez de decir, por ejemplo: «Entonces oyó un grito», se escribe: «En ese instante, un alarido estremecedor le desgarró los tímpanos, solidificándole la sangre en las venas».

3. Estilo poético: un recurso como el lirismo puede potenciar la eficacia de una narración, pero hay que ser cautos: un exceso de retórica vuelve ilegibles los textos. El lirismo es fácil que empalague.

> **Actividad**: Redacta una pequeña escena de cada una de las tres maneras explicadas.

## 12. El contrapunto

Una historia se puede contar aisladamente –una sola acción, unos personajes orientados a esa acción– o puede combinarse con otras que se le intercalen. Este último caso tiene como paradigma el *Quijote* –una serie de episodios incrustados en la trama principal que le proporcionan una estructura en espesor, de gran densidad–. Es lo que ocurre en los libros de Gustavo Martín Garzo, por citar a un escritor contemporáneo. Pero no debemos aislar las historias secundarias de la narración principal, sino que deben estar relacionadas con ella y justificadas porque le aporten algo. Deben ser creíbles. Y puede ocurrir que, en algún caso, esas historias secundarias desbanquen a la principal.

> **Actividad:** Escribe el resumen de una historia en una hoja que no exceda de un folio ni sea menor de medio. Haz una copia y dásela a tu compañero. A tu vez, recibirás la suya. Entrelaza los argumentos de manera que surja un nuevo relato

## 13. Los personajes

Una historia contará con unos protagonistas –a veces, protagonista y antagonista– y unos personajes secundarios que tendrán vida y que, a su vez, darán lugar a hechos que estarán al servicio de la acción principal para vitalizarla. Estos personajes deberán moverse en un mundo que les influya como ocurre en la vida misma.

El personaje debe ser creíble, auténtico y, para conseguirlo, el autor no debe obligarlo a hacer lo que no le es propio porque se convertirá en un muñeco imposible. Si tenemos en cuenta que todo relato cuenta un cambio, en los personajes algo deberá cambiar entre su principio y su final.

Cómo presentar a un personaje: una buena historia debe contar con unos personajes bien definidos que enganchen al lector.

Antes de escribir una historia debemos saber cómo son, cómo huelen, si son alegres o tristes, si tienen una leve cojera que arrastran a causa de una vieja poliomelitis, si la cinturilla de la falda no les abrocha y la llevan sujeta con un imperdible, cómo enseñan la mella del primer molar izquierdo al sonreír. Una ficha de cada personaje nos ayudará a conocerlo, a administrarlo paulatinamente, pues no se le debe dar al lector al completo para que su descripción no detenga la historia, al igual que en la vida real vamos conociendo poco a poco a las personas.

Para el cuento, dada su brevedad, tomar un rasgo definitorio y exagerarlo un poco, acudir a un modelo de persona y agrupar en torno a ella todo lo que la caracterizaría puede dar buen resultado a la hora de acercarla al lector. Imagina qué rasgos tendría un profesor que hubiera pasado toda su vida enseñando a alumnos a los que detesta.

Un escritor puede definir a su personaje a través de una serie de técnicas:

a) Por lo que dice.

b) Por lo que piensa.

c) Por lo que hace.

d) Por su forma de hablar.

e) Por lo que los demás dicen de él.

f) Por alguna peculiaridad especial de su carácter.

Además, a los personajes hay que nombrarlos, sacarlos del anonimato, llamarlos de alguna manera. Ponles el nombre que quieras pero ten presente que hay apelativos que responden a modas transitorias y que te pueden ser útiles para crear un tiempo histórico; que no le aportaría nada a un personaje de alta cuna llamarse de una manera altisonante; que un nombre bien elegido puede contribuir a la definición del personaje. Pero puede suceder que el personaje no tenga un nombre y ello puede darle un carácter universal, puede sugerir un matiz existencial –los personajes de Kafka no tienen nombre–, puede hacer hincapié en algún otro aspecto más importante del mismo, puede restarle verosimilitud al texto –todos tenemos un nombre–, luego esa historia que se nos cuenta es falsa.

> **Actividad:** Inventa uno que se mueva en un medio espacio temporal concreto. Haz que presente un rasgo de carácter que pueda considerarse curioso. Desarrolla una acción que le influya y le haga evolucionar de manera imprevista.

## 14. El diálogo

El diálogo es un recurso extremadamente útil cuando se trata de dar vivacidad a un cuento, a una historia. Lo principal es que el dialogo esté subordinado a la acción, que la haga avanzar.

Lo primero que conviene tener presente es para qué sirve un diálogo dentro de una historia. Estas funciones podrían resumirse en tres:

a) Caracterizar a los personajes.

b) Mostrar la situación.

c) Llevar hacia delante la acción.

La más importante es la tercera. El diálogo, sí, sirve para definir a los personajes, quienes son, qué quieren, qué rasgo esencial los define. Pero también para hacer evidente al lector la situación tratada en el cuento.

El diálogo, por tanto, no tiene una función decorativa dentro de su historia. El diálogo es un elemento dinámico que sirve para hacerla avanzar. Por eso, cuando los personajes hablan dentro de un cuento, resulta esencial que algo haya cambiado entre el principio y el final de ese diálogo. Si nada ha cambiado, es muy posible que esté sobrando.

El diálogo debe resultar natural, verosímil. Es importante que no resulte demasiado lógico. Hay que evitar los diálogos en donde los personajes contestan razonablemente a lo que el otro ha preguntado, cosa que no ocurre con frecuencia en la vida real.

Conviene:

A) Que se expresen mediante frases cortas.

B) Las frases largas conviene estructurarlas en periodos cortos. Es decir, el avance de la frase irá regulado por las comas.

C) Por la misma razón, es aconsejable evitar los largos parlamentos de los personajes.

Un diálogo no es una sucesión de monólogos. No es un personaje que coloca una parrafada y otro personaje que le contesta con otra. Es, más bien, una sucesión lo más rápida posible de opiniones, de réplicas y contrarréplicas, lo que logra cierto efecto dramático.

También es importante el uso de las acotaciones, del tipo: «replicó», «repuso», «apostilló», etc., acompañadas de algún gesto que ayude a visualizar la escena. Las acotaciones no deben duplicar lo que expresa el parlamento.

Ej: –Estoy hasta las narices *–se enfureció Sergio.*

Tampoco deben explicarle al lector algo que el parlamento del personaje no ha conseguido mostrar. Este es un recurso de los malos escritores.

Ej: –Estoy perdido –dijo Luis, *reclamando el apoyo de Elena.*

También tenemos que evitar dar en las acotaciones datos relevantes para la comprensión de la historia, porque pasan desapercibidos.

> **Actividad:** Añade el diálogo a la siguiente escena:
> Maite, una mujer de unos cuarenta años, de aspecto elegante pero cansado, espera nerviosa en la mesa de un café. De repente, un hombre grande y fuerte, tocado con un grueso bigote, entra en el local y se sienta en su mesa. Cruzan algunas frases, antes de que el hombre al fin se decida a sacar del bolsillo de su abrigo un sobre marrón y lo coloque sobre la mesa. La mujer lo mira con gravedad. Finalmente, aproxima su mano al sobre, pero cuando está a punto de cogerlo, el hombre la detiene con un gesto imprevisto. Dice algo, mirándola a los ojos, y luego se marcha del local. La mujer aguarda unos minutos, mirando el sobre pero sin atreverse a tocarlo. Al final, abandona el local dejándolo sobre la mesa.

## 15. Los estilos

La literatura es un acto de comunicación en la que un emisor emite un mensaje que está destinado a un receptor. Una persona escribe una historia para que alguien la lea. Pero, en la literatura, el proceso es más complejo que todo eso. Esa persona se ha convertido en un escritor quien, en el momento de contar desaparece tras la voz de un narrador ficticio. Individuo y escritor están fuera del cuento y sólo está dentro el narrador fingido que crea una ficción con unos personajes, un espacio y un tiempo imaginarios.

Un narrador puede dirigirse a sus lectores en diferentes tonos: sublime, mediano y bajo. Cada uno de estos tonos se debe utilizar, según la Retórica clásica, en función del tema que se trata. Así, en temas elevados, se emplearía un tono sublime; en los cotidianos, un tono medio y en los humorísticos y realistas uno bajo.

Hoy se considera que el escritor usa un estilo alto cuando sabe mucho de sus personajes y habla de un modo magistral, da opiniones, emite juicios, reflexiona sobre temas trascendentales. Este tipo de prosa resulta ficticia y está lejos de constituir un lenguaje natural. Pero si lo que se pretende es reflexionar y analizar los hechos que se relatan, es lícito emplear este tono.

El narrador de estilo medio se sitúa a la altura del lector y le habla en un tono que este identifica rápidamente porque es su tono habitual y la de los hombres normales que comparten unas mismas vivencias. Si lo que se pretende es la complicidad del lector, su proximidad con lo que se cuenta, es preciso usar de un tono medio.

El narrador de estilo bajo habla en narraciones humorísticas en las que el que lee se ve por encima de los personajes, puede incluso compadecerlos, desear ayudarles. Es lo que ocurre con el Quijote, en un uso magistral de este tono por parte de Cervantes. Estos tres tonos analizados están en íntima relación con lo que Valle decía acerca de las distintas actitudes del dramaturgo en relación con sus personajes: si los miraba como superiores, lo hacía de rodillas, y esa es la manera con la que Homero mira a sus criaturas; si como iguales, como hermanos, de pie, y así es como los ve Shakespeare; desde arriba, desde el aire, si se los considera inferiores, que es el modo de mirar de Valle-Inclán.

El empleo de un tono u otro estará en función de la actitud del escritor respecto al lector. Lo lógico sería el empleo del tono medio.

¿Podríamos decir que el narrador deba adoptar un tono determinado? Dependerá de su intención, de lo que se quiera contar, de lo que pida la historia que tenemos entre manos y que tenga en cuenta a quién se dirige. Encontrar el tono adecuado es como dar con el traje que te sienta tan bien y con el que te encuentras tan a gusto que es como una segunda piel que se adapta a las necesidades y a los recovecos de tu cuerpo.

> **Actividad:** Vas a contar una historia muy seria –te han echado del trabajo, has perdido tu casa y tienes que irte a vivir debajo de un puente; tu pareja te ha puesto unos espléndidos adornos frontales con tu mejor amigo/amiga; te acaban de estafar diciéndote por teléfono que te ha tocado un jamón y que tienes que telefonear a un número lo que haces encantado para luego enterarte de que acabas de cargarte una factura de teléfono astronómica porque la llamada está trucada para que caigan los incautos– pero con un tono que resulte inapropiado –por ejemplo, podrías ser un macarra–. Pero piensa que es un ser humano que sufre y que, en un momento dado, puede evocar tiempos felices. Juega a dejar de lado las normas, a ver cuál es el resultado.

## 16. Los subgéneros narrativos

### A) La literatura fantástica

Monstruos, clones, mutantes, alienígenas, etc. son los protagonistas de estos relatos, así como hombres que se enfrentan a máquinas que cobran vida, a robots, a androides, a ovnis, a ordenadores, en un futuro imaginario. En ellos tiene que haber una tarea difícil que el personaje debe realizar: salvar al mundo de la destrucción, por ejemplo. El argumento, importante en cualquier cuento, es aquí fundamental: sucesión de hechos y aventuras por las que pasa y debe ajustarse al tiempo y el espacio en que se narra.

Para escribir algo de este tipo conviene:

a) Partir de un problema que afecte a nuestro tiempo –contaminación, capa de ozono, clonaciones–.

b) Imaginarlo en un tiempo futuro o en otra galaxia.

c) Colocar a los personajes en situaciones en las que se enfrenten con problemas que sean capaces de solucionar y dotarlos de todas las cualidades que les permitirán superar las pruebas a las que se verá sometido. Describirlos vigorosamente.

d) A veces, remontarse en el tiempo y centrar la historia en un tiempo remoto en el que haya magia –elfos, hadas, encantamientos– y un protagonista, sea masculino o femenino que tiene que cumplir una misión importante en la que otros no han logrado triunfar.

Grandes del género han sido Verne, Orwell, Huxley, Asimov, Bradbury.

B) Los relatos de miedo

El miedo surge en nosotros no porque ocurran cosas espantosas. Un pequeño detalle, algo que no podemos identificar –un ruido pequeño, un roce– que no nos es familiar, la sensación de que algo desconocido nos amenaza, eso es miedo y reflejarlo literariamente con acierto supone oscilar entre momentos de tensión y distensión, poner al lector tenso para relajarlo después. Que sienta la amenaza, que se confíe: el susto será mucho mayor.

Para dar miedo no es necesario recurrir a situaciones extremas, a gritos escalofriantes. La contención, la sugerencia, el involucrar al lector, hacer que se identifique con el personaje, que se sienta solidario con él. Que sufra sus temores. Y para conseguirlo, el escritor debe pasar miedo a la vez que cuenta su historia para así lograr convencer al lector.

Conviene crear tensión en el ambiente: gestos, ruidos, oscuridad. Recordar nuestros miedos, lo que los provocaron, esa tensión irracional que fue el germen de ellos. Evitar gestos hiperbólicos que, a lo sumo, pueden provocar la risa en el lector. Usar frases cortas y verbos de movimiento en los momentos de tensión.

Para que el lector simpatice con el protagonista, no conviene presentarlo como un superhombre. Más bien como un semejante humano, solidario con la desgracia ajena, con sus virtudes pero también con sus defectos, con una historia personal en la que esté el germen de sus miedos actuales. Un hombre racional, en fin, que actúa antes de que pasen las cosas.

C) Los relatos policíacos

Podríamos decir que este tipo de historias necesitan de un personaje bien construido, de fuerte personalidad, bien un detective profesional –Sherlock Holmes–; un aficionado –miss Marple–; un antihéroe –el protagonista de las novelas de Eduardo Mendoza–; un policía –el teniente Colombo–; muchas veces perdedores solitarios y melancólicos, imposibilitados –Ironsade–, etc.

Suelen arrancar del descubrimiento de un cadáver y son sus ingredientes secuestros, robos, envidia, ambición, desequilibrio psicológico.

En ellos es importante el diálogo que sirve para desarrollar una acción que es lo más importante del relato, por tanto no conviene emplear un narrador omnisciente que sabe más que el lector. Es mejor que lo vaya conociendo todo gracias a los propios personajes.

Aquellos elementos que contribuyan al esclarecimiento del suceso deben ser dados a conocer con antelación para que el lector participe en su solución como parte activa.

Como diría Juan Bonilla[2], son detestables aquellas historias que guardan en la manga la solución perfecta que el escritor saca, como un prestidigitador, en el momento oportuno. Es necesaria una situación difícil de resolver para el investigador y para el lector.

El escritor debe documentarse acerca de los pasos que se siguen en una investigación y no sólo centrarse en lo que ocurre sino en la manera en que suceden los hechos.

La vida, con todos sus enigmas está al alcance de cualquier escritor. Bastaría con ojear un periódico para encontrar una magnífica materia prima en las páginas de sucesos.

D) Metaliteratura

Entendemos por metaliteratura y al modo de Darío Villanueva, «el discurso literario que trata de sí mismo, que narra cómo se está narrando». De Cortázar o Borges acá, muchos escritores reflexionan, explícita o implícitamente sobre su quehacer literario, y sobre las técnicas que usan.

Muchas son las variantes que los escritores ofrecen: un narrador que cuenta cómo podría hacer una novela –Juan Bonilla[3] en «Una novela fallida»–, un creador que se enfrenta y dialoga con sus personajes –*Niebla* de Unamuno–, alguien que escribe la historia que está leyendo el receptor. A veces, el autor reflexiona acerca de sus carencias narrativas –Juan Bonilla en «Encuentro en Berlín»–, sobre los posibles caminos que podría seguir su relato –Juan Bonilla en

---

2 Son palabras del escritor en la convivencia que mantuvo en Cádiz con los alumnos del taller literario dirigido por Amalia Vilches y Félix J. Palma en mayo de 2005.

3 Todos los relatos citados se encuentran en *El estadio de Mármol*. Ver Bibliografía.

«Una montaña de zapatos»–, sobre el acto de contar y el poder que el autor puede tener sobre sus personajes –Juan Bonilla en «El Santo Grial»–. En todos estos ejemplos, la reflexión se verbaliza, está explícita; en otras ocasiones, el autor divaga de un modo implícito sobre el hecho artístico.

Como en el teatro épico de Brecht, la metaliteratura nos obliga a responsabilizarnos con el autor de sus decisiones, nos hace partícipe de sus elecciones, no permite que nos embargue la ficción sino que nos distancia de lo narrado, nos aleja de lo emocional y nos permite verlo con ojos de crítico que contempla el proceso creador.

E) El amor y el erotismo

Son ingredientes naturales de cualquier historia y establecer los límites que separan pornografía, obscenidad o erotismo, es una tarea difícil porque depende de las épocas y de la moral vigente en cada una de ellas, pero es más sensual un texto que sugiera e insinúe. Siempre, claro está, que el erotismo se inscriba en una historia bien contada, con una trama coherente y bien desarrollada, unos personajes verosímiles y un tono apropiado.

Este subgénero ha tenido sus cultivadores en todas las literaturas a través de los tiempos y en España resurgió de la mano de la editorial Tusquets con su premio *La sonrisa vertical,* hoy desaparecido. Escritores famosos de literatura erótica han sido el Marqués de Sade, Henry Miller, Navokob, etc. En España e Hispanoamérica cabría hablar de Ana Rossetti, Almudena Grandes, Eduardo Mendicutti, Cristina Peri Rossi, entre otros.

**Actividad:** Te dejamos en libertad para que elijas el tipo que más se ajuste tus gustos. Escribe una historia fantástica, de miedo, policíaca, erótica, metaliteraria. Tú mismo.

## 17. LAS BASES DEL CUENTO

No son otra cosa que unas sugerencias que conviene respetar para lograr cuentos efectivos, de los que dejan al lector en vilo. Las normas, y en eso estamos de acuerdo todos, hay que respetarlas hasta cierto punto. Una de las maneras de hacer gran literatura es saltarse las convenciones pero se corre el riesgo de cometer errores desagradables. Por eso, conviene conocer cuáles deben ser los pilares sobre los que deba cimentarse un relato.

Muchas veces se nos ocurren muchas historias, múltiples tramas, y queremos meter todo en nuestra narración. Lo normal es que surja un engrudo que nos obligue a pulir y seccionar hasta quedarnos con lo elementos adecuados. En un cuento hay que decir mucho con muy pocas palabras, sugerir, elegir lo que contaremos y descartar lo superfluo. Hay que construir, en fin, «de menos a más».

Podríamos concretar diciendo que

a) Un cuento trata un único tema.

b) Un cuento tiene un único protagonista.

c) Un cuento cuenta un cambio.

d) Un cuento narra una sola acción.

e) Un cuento transcurre en una unidad de tiempo corta.

f) Un cuento transcurre en un escenario.

g) Un cuento suele estar focalizado sobre una única cosa.

h) La historia del cuento puede ser real o inventada.[4]

---

4 Remitimos al libro de Enrique Páez –consultar bibliografía– que hemos seguido de cerca para elaborar este taller literario.

## 18. La práctica del relato

Queremos traer a colación, porque nos parece que serán muy útiles para el futuro escritor de relatos, estas recomendaciones del escritor y teorizador Ángel Zapata[5].

a) Coge un papel, escribe una palabra y asocia todo lo que se te ocurra. Saldrán ideas raras, vivas, de las que no todas se aprovecharán y que habrá que pulir después. Debes entrenar la capacidad de disparate, llevar al papel todos los que se te ocurran y que luego seleccionarás para incluirlos en tu historia.

b) Sé natural. Evita lo rebuscado: las sonoridades, los tópicos, lo altisonante, la retórica vana. Dale un aire conversacional a la escritura. No te esfuerces en escribir «muy bien». No te dejes llevar por el atractivo de la palabra que sólo es una herramienta, no un fin en sí misma. Lo natural es persuasivo.

c) Utiliza un vocabulario usual así como frases cortas.

d) Evita lo que de superfluo tiene el lenguaje coloquial –desorden, vaguedad, palabrería inútil–.

e) Crea confianza en el lector: que sepa que quieres contarle una historia. Que se dé cuenta de que te importa lo que le cuentas.

f) Crea una intriga: que parezca que no estás fingiendo, que cuentas algo de verdad. No seas indiferente a lo que cuentas. Evita el lenguaje afirmativo enunciativo sin más. El escritor se debe implicar en su

---

5 Ángel Zapata, *La práctica del relato. Manual de estilo literario para narradores,* Ediciones y Talleres de Escritura Fuentetaja, 1998, 2ª ed.

historia, debe opinar. Para ello, usa modalizadores: tal vez, casi, quizá en cierto modo, etc., que quitan rotundidad a lo narrado y hacen el relato más auténtico y verídico, a la vez que le aportan una cierta ironía como contrapunto.

g) Implica al lector subrayando emociones que le puedan llegar. Pon de relieve algún dato significativo.

h) Cuenta una historia como si estuvieras narrándola oralmente (previa ordenación y síntesis del mensaje).

i) Marca el texto subjetivamente, lejos de toda abstracción. Dale temperatura y color: que sea algo vivo que sucede en presencia del lector. Da detalles para que se visualice la escena. Pinta, luego explica. Usa palabras concretas, visibles, plásticas que llenen los ojos (imágenes, colores, olores, sabores, contactos, sonidos). Escribir es imaginar, no pensar. Con el corazón, sin lógica, con espontaneidad para no aburrir al lector. Marca subjetiva y personalmente el texto, lejos de cualquier tono abstracto: cosas, acciones breves, detalles. Ten ojos de escritor para ver las cosas. Dales un toque peculiar: invierte lo esperable. No «apagar el despertador»: huye de lo rutinario y previsible, escapa a lo rutinario. Aplícale al objeto una cualidad única y llamativa que se grabe a fuego en el lector.

j) Evita lo exagerado, la caricatura: *En ese momento oyó un grito* (sí)/ *En ese instante, un alarido estremecedor le desgarró los tímpanos* (no).

k) Consigue la intensidad a base de secuencias tensas/ distendidas; párrafos cargados/ tranquilos; frases rotundas/ de transición.

l) Continuidad que consiste en repetir conceptos esenciales en la historia, no palabras porque sí, a la vez que se introducen informaciones nuevas. Emplea anáforas y catáforas. Repite las ideas con sinónimos.

m) Haz que tus historias sean abiertas, no cerradas. Que planteen un conflicto moral pero que dejen un margen de libertad al personaje.

n) Practica en sesiones diferentes: de fantasía/ de pensamiento dirigido para llegar al equilibrio entre ambos.

o) Disparata: mezcla cordura e insensatez. Niégate a los textos sensatos, rutinarios e inertes. No obstante, corrige el exceso de fantasías.

p) Plantea un conflicto. Abre una intriga. Retrata las acciones del personaje de modo vivo y concreto (quién es esta mujer, a qué se dedica, cómo es su casa, a qué huele, sus costumbres o manías, algo querido especialmente, cómo es su carácter, qué tiempo hace etc.). No a la idea abstracta, sino a él vivo. Transmite su estado de ánimo. Consigue que el lector se ponga en el lugar del personaje. Para ello:

A) Calcula en qué situación lo colocaremos.

B) Decide qué acciones suyas vas a contar.

C) Quédate en lo esencial, en el dato lacónico y conciso.

D) Identifícate con el personaje: sé uno con él.

E) Recurre a la interrogación.

## ANDRÉS NEUMAN
(Argentina)

### BIOGRAFÍA

Andrés Neuman nace en Argentina en 1977. Adolescente, marcha a España y desde entonces vive en Granada. Allí estudia Filología Hispánica. Su producción literaria es rica y variada. Ya que se trata de cuentos, empecemos con sus dos libros: *El que espera* (Anagrama, 2000) y *El último minuto* (Espasa, 2001). Ha publicado tres novelas: *Bariloche* (Anagrama, 1999), que cuenta la oscura historia de un basurero que conoce la verdad de las calles por la noche; *La vida en las ventanas* (Espasa, 2002, Finalista del Premio Primavera), sobre un estudiante enganchado a los e-mail que le relata su vida a una misteriosa chica que nunca contesta sus mensajes; y *Una vez Argentina* (Anagrama, 2003, Finalista del Premio Herralde), libro sobre la historia de Argentina contada a través de las azarosas vidas de sus familiares, desde sus tatarabuelos hasta él mismo.

Neuman se ha atrevido con algún que otro libro de poemas: *Métodos de la noche* (Hiperión, 1998, Premio Antonio Carvajal), *El jugador de billar* (Pre-Textos, 2000), *El tobogán* (Hiperión, 2002, Premio Hiperión) y *La canción del antílope* (Pre-Textos, 2003). Como se puede deducir por los títulos, le gustan los toboganes y el billar. Andrés Neuman es uno de los escritores que más se ha dedicado a bucear en la naturaleza del relato. Su libro *El que espera,* del que hemos extraído el que nos ocupa, es un libro de narraciones breves en las que late una fuerte tensión interna.

—PREGUNTAS:

1. *Alguna vez hemos oído hablar a alguien de una experiencia lectora que lo enganchó para siempre al carro de la literatura. ¿Cuál fue el primer libro que leíste? ¿Hubo alguno que te marcara en especial?*

No recuerdo exactamente cuál fue el primero, pero sí querría decir que para mí los cómics (desde los superhéores hasta Astérix o Tintín, pasando, je je, por viñetas eróticas que hoy equivaldrían a los dibujos manga) no se oponían en absoluto a la literatura supuestamente «seria». Para mí todo eran historias, formas de imaginar el mundo, narración de ficciones que podían descubrirme algo de mi propia vida. Entre los ocho y diez años recuerdo que comencé a leer la serie llamada «Elige tu propia aventura», que de algún modo son el antecedente de los juegos de rol. Después pasé a los relatos de terror, y de ellos a Edgar Allan Poe, que fue el primer gran escritor que me alteró la mente y me convenció de que quería ser escritor. Recomiendo algunos cuentos suyos (no todos) para iniciarse en la lectura de los clásicos, por ejemplo «El corazón delator», «El gato negro», «El tonel de amontillado» o «La carta robada», entre otros. Por aquella época alguien me reveló a Julio Cortázar, maravilloso autor cuyas *Historias de cronopios y de famas* o relatos como «La noche boca arriba», «Casa tomada» o «Continuidad de los parques» no olvidaré jamás. Toda mi gratitud para esas lecturas. En general, mi consejo para los jóvenes lectores es muy sencillo: no leas un libro si te aburre o no lo entiendes, y cuando un libro te guste, corre a buscar los otros libros de su autor. Si te informas un poco sobre él, ese autor te llevará a otros, y así infinitamente, como pasa en Internet. La literatura, en el fondo, es eso: un Internet de la imaginación.

2. *¿Qué es para ti el cuento? ¿Por qué lo cultivas?*

Para mí el cuento es una forma de explicarme el mundo, de imaginar otras vidas que no he tenido y meterme en la piel de una multitud de seres reales o imaginarios. El tiempo que te lleva un cuento (leerlo o incluso escribirlo) es relativamente corto, y el placer abundante. Un negocio redondo, vamos. Y además después se los puedes contar a tus amigos o amigas y quedar como Dios. ¿Qué más queremos?

3. *Esta antología recopila cuentos en los que se pueden estudiar importantes aspectos estilísticos y culturales y de los que se extraerán muchas y serias enseñanzas para la vida. ¿Qué recomendarías a los jóvenes que nunca tienen tiempo para sentarse con un libro en las manos?¿Qué les puede aportar la lectura?*

Sólo diré una cosa, y de corazón: yo, de niño, no era demasiado feliz y me sentía solo. Los libros me llenaron de felicidad y compañía. También fueron un instrumento para comprender mejor todo lo que me rodeaba. Nada más y nada menos. Tiempo siempre hay, el asunto es elegir y saber repartirse el tiempo.

4.*¿Quiénes son para ti los maestros del género? ¿Cuáles los cuentistas más significativos del último siglo?*

Maestros, muchos: desde Poe, Maupassant u Horacio Quiroga (todos ellos del siglo XIX) hasta Chéjov, Flannery O'Connor, Borges, Cortázar, Piñera, Ribeyro, Carver o Monterroso (todos ellos del XX).

5. *El relato, un género que lucha en los países de habla hispana por adquirir carta de naturaleza y del que hay quien dice que se lee menos aún que la poesía. ¿Cuál es su situación en tu país?*

No creo que se lean menos cuentos que poesía, aunque para mí todo poema cuenta algo, y todo buen relato tiene su poesía. En Argentina siempre se han escrito excelentes cuentos, y hoy aún se escriben muchos, aunque se publican menos por un asunto de política editorial que sería aburrido exponer por enésima vez. Me conformo pensando que el que persevera encuentra el cuento que buscaba.

6.*¿Cómo ves su futuro?*

Lo veo igual que el futuro de todas las manifestaciones artísticas imprescindibles: completamente asegurado, a pesar de los pesimistas. Es impensable que el cuento desaparezca, como no desaparecerá nunca la pintura, la danza o la música mientras existan personas sobre la tierra y esas personas piensen y se emocionen. ¿No?

## *Los glúteos de Afrodita*

No es que yo crea que broncearse cara al sol durante horas, mudo y sin hacer nada –nada aparte de broncearse–, sea denigrante. A ver si me explico. Es más bien un problema de concepto: resulta demasiado elemental tumbarse en la arena sin más, dedicado a un sol que de cualquier manera brillaría para todos (y no hablo de igualdad, porque al fin y al cabo hay quien puede y quien no puede adquirir cremas hidratantes y *after sun,* ojo), quiero decir, a ver si me explico, que es posible hacer más complejo ese tiempo, duplicarlo. Porque la vida –los minutos, carajo– son únicos e irrepetibles, como para andar malgastándolos así.

Es posible, lo entiendo, que a alguien todo esto le parezca enredado, en fin, sólo se trata de broncearse encima de una toalla... Pero lo único que intento es describir –fundamentar– mi situación aquella tarde, sólo eso. Yo me encontraba tumbado cara al sol, gafas oscuras que me hacían sudar jodidamente el entrecejo (como es natural, aquí podría haber empleado cualquier otro adverbio llamémoslo más académico, pero en efecto mucho menos expresivo), entonces yo tumbado y el sudor entre los ojos, el calor, la arena blanca y gruesa de *as praias galegas,* el sorbo del Atlántico llegando y yéndose como un recuerdo... ¡Pero ojo! A ver si me explico: yo estaba tumbado *mientras,* la cosa ya dejaba de ser banal puesto que mientras tanto yo leía, ¡ah, ve usted! Y por supuesto no digo necesariamente eso, quien dice leer, dice escuchar música, una cinta de ópera o si no la radio misma, incluso el subgénero de los crucigramas, cualquier cosa. El asunto es que *tempus fugit* etcétera y uno cómo va a pasarse la tarde entera deshidratándose como una momia, como un pez en la orilla toda la jodida (pero mucho menos expresivo, etcétera) la jodida tarde entera. Y no sé si resulta que no me explico bien o qué.

Bueno. Así que yo tumbado, las gafas, el sudor y todo lo demás, leyendo una recopilación de sonetistas ingleses del dieciocho (¡no digo tampoco odas ni monólogos dramáticos!), solamente sonetos, una cosa breve, de playa, cada tanto me quitaba las gafas y las agitaba un poco, a mi alrededor todos eran bañistas elementales, ¡y qué! –pensaba yo–, ¡acaso no me bronceo la espalda igual que vosotros!, eh, a ver si no... Total. En esas estoy cuando levanto la cabeza y ¡zas!, llega Afrodita con todo su artefacto, abriendo en dos la arena con sus tórridos pies de Amazona. Las rodillas relucientes, relucientes. Yo aproveché para limpiar las gafas, y entonces pude ver mejor el color almendrado de sus muslos llenos de exultante carnosidad de hembra absoluta, a ver si me explico, con las ingles ligeramente intonsas recorridas qué digo acariciadas por un vello como de lana emergente, qué sé yo qué muslos eran esos... No quise seguir mirando y además noté cómo toda la playa notaba que yo estaba mirando, no sé si... Bajé la vista, ¿yo cuándo he leído este soneto?, mientras hojeaba incrédulo el poema que mi dedo señalaba, *Thou Sweet Bride Who'll Never Know*, que me parecía no haber visto en mi vida. Le pasé los ojos por encima –al soneto– y traté de comprender qué era eso de *true Beauty towards Infinity*, sudor jodido, pero de repente intuyo que Afrodita finge no haberme visto y elevo la vista arqueando las cejas por encima de los cristales y, en efecto, ella dirige sus tobillos selváticos hacia mi toalla azul marino, ¡pero qué rodillas de pan caliente!, y la Afrodita que va a pisarme y yo dichoso pero no, a último momento ella descubre un charco azul, un escollo blanquecino que difiere seriamente de sus hirvientes muslos al sol de agosto, melocotóndeoroacuáticorresplandeciente. En este punto he de jurar y juro que quise dejar caer la vista, que considerando la cantidad de niñas pijas bronceadas en la piscina de su pueblo y *the Eternal Stream of Poetry*; considerando lo vulgar de estar leyendo a Keats y darse de pronto la vuelta... Mis cervicales, no obstante, giraron como un sacacorchos y ¡carajo!, a ver si me explico ahora: con el sincero atenuante de que no lo quise así, he de confesar que junto a mí pasaron los glúteos de Afrodita, los glúteos malditamente incuestionables del destino de mis días.

Se tumbó. Antes había desplegado una esterilla de dos plazas y luego un toallón peludo, amarillo fosforescente, y después había clavado sus rodillas como una leoparda y había estado tres, cuatro minutos trabajando la arena con pacientes manos negras hasta dejarla igual de mansa que el manso barro de las orillas del Amazonas, y sólo entonces sí, se dejó reclinar poco a poco hasta quedar de nuevo cara al sol sobre sus antebrazos, las piernas estiradas como los dos brazos del Orinoco que se estrechan hasta desembocar –negrísimos– en los pies de Afrodita. Me niego a relatar los instantes eternos del bronceador sobre sus muslos, la leche de coco escurriéndosele fresca entre los dedos, pero en cambio aunque lo intento no consigo evitar el doloroso recuerdo de los pechos de Afrodita, aquellos senos tórridos de vértice avizor, a punto de explotar... ay, los sonetos. Imposible saber en qué página, rápido, dónde, ¿era Wordsworth?, no, sus pechos, ¡no!, *the darkling gardens*, ¡la leche de Afrodita!, negro amor mío de mi vida para siempre. Las gafas me chorreaban. Qué dolor sentir sus apretados labios tan lejos de mí, las zafias miradas de aquellos bañistas gandules, manga de elementales. No sé qué le gritaron o le silbaron o le sisearon, pero ella rió un poco –poquito, qué poquito– y entonces vi sus diminutos dientes, apenas separados de más, sí, ¡Afrodita tenía dientes de niña que ríe!, y esto la dotó de un resplandor insospechado de inocencia. Creo que murmuró algo en portugués.

Fue en ese exacto momento cuando comprendí que sería mía: Afrodita, amor de mis veranos. Durante un revelador segundo supe que yo, pálida sanguijuela en bañador azul marino hasta las rodillas, cincuenta y algún kilos, gafas de sol graduadas, cerebro portentoso, yo, era el macho elegido por los gloriosos glúteos de *Afroditelha* de entre todos los bañistas de aquella costa gallega. Yo: *the Eternal Esence of Love and Flesh*, el único que merecía su deseo y su quemante boca de dientes de leche un poco apenas –apenitas– separados; y todo porque yo era el único hombre allí capaz de valorar en su justa medida el hecho de broncearse, simultáneamente a la cruda evidencia de la fuga de las horas.

Una brecha luminosa se abrió entre los bañistas por un lado y Afrodita y yo por el otro. Solos los dos, a un par de metros, el desliz de sus rutilantes hombros de almendra junto a mi temblorosa espalda sonrosada...

Quisiera que el recuerdo muriese siempre aquí, en este extático, triunfal y justo instante. Pero el absurdo rigor de la memoria gira una vez más la manivela y veo acercarse a Belcebú surfista, al Mal, rubio y rudimentario, encarnado en ese muchachón musculoso que irrumpe en nuestro lecho de amor y le pregunta cualquier cosa, tienes fuego, quieres fuego, eres fuego, yo qué sé, alguna cosa estúpida y convencional con la que mi Afrodita, en vil engaño, se ve distraída de mi amor eterno y le responde en perfecto gallego sin siquiera regalarme una última mirada de fidelidad o cuando menos de gratitud, y entonces todo su cuerpo indómito sufre un temblor y gira, en un acorde tórrido de luz y arena, hasta dejar cara al sol sus glúteos de diosa oscura, que se contraen un par de veces y luego quedan rígidos como las piedras tersas de mi amarga soledad.

Hubo entonces un momento –que luego con el tiempo se me antojaría una ilusión de los sentidos, distorsión o breve pesadilla– en el que me atacó la más cruel de las tristezas, mientras comenzaba a sentir cómo me estrangulaba el llanto. Pero de pronto encontré la página, ¡por fin la página!, y recordé con nitidez el delicado primer verso del soneto, *The times I tremble at my existence fading,* y entonces me dije que no es que yo pensara que broncearse cara al sol durante horas, sin hacer nada aparte de eso mismo, resultase denigrante, nada de eso (uno se encuentra infinidad de imbéciles que lo hacen en la piscina de su pueblo), pero que verdaderamente era posible dar un salto más hacia la complejidad de estar existiendo mientras el sol dora nuestros cuerpos, y que precisamente para eso nos sirve estar bien formados, una buena formación, no sé si me explico.

## Propuesta de actividades

1. El empleo de la primera persona es la técnica empleada para este relato. Pero hay un momento en que se pasa a una tercera más generalizadora. Señala el lugar exacto en que esto ocurre.

2. La sociedad en la que vivimos no es uniforme, está escindida en clases según sea la situación económica y profesional de sus individuos. Lo socioeconómico y lo cultural van, casi siempre, unidos, y a ello hay que añadir otros factores como son la edad, el sexo, la extracción rural o urbana que dan lugar a lo que se conoce como niveles diastráticos. Tres son estos niveles de lengua que se clasifican en culto, coloquial y vulgar. Además, están las jergas que se dan en los tres niveles. El nivel coloquial es la forma de expresión común a la mayoría de los hablantes. En él dominan la naturalidad y la improvisación, por eso se dan comportamientos expresivos e incluso incorrecciones. Su diversidad es grande –no habla igual un arquitecto que un albañil– por lo que es difícil dar unos rasgos generales. Según el DRAE es «propio de la conversación, que puede llegar a registrase o no en la lengua escrita».

Sus características más importantes son:

2.1. Predominio de las funciones apelativa y fática que conllevan:

a) Empleo de vocativos y de imperativos.

b) Interrogaciones para solicitar conformidad del interlocutor.

c) Interrupciones para hacerse con el turno de palabra, para apostillar o cambiar de tema.

d) Expresiones de aprobación o desaprobación.

e) Interrogaciones enfáticas.

f) Espontaneidad que supone: vocabulario de uso corriente; repeticiones innecesarias de palabras o frases; empleo de muletillas y comodines para ganar tiempo mientras se piensa lo que se va a decir; relajación fonética que lleva a la pérdida de sonidos.

2.2. Economía que supone un lenguaje poco complejo, en el que muchas ideas se dan por sabidas porque se han mencionado antes o se sugieren dejándolas incompletas para que el receptor interprete su sentido. Por ello:

a) Se utilizan abundantes frases hechas.

b )Se eliden elementos de la frase que se sobreentienden.

c) Se emplean hipocorísticos: Merchi, Pepi.

d) Las frases no se acaban: para el caso que me hacéis...

e) Hay conjunciones desemantizadas: pues eso.

f) La sintaxis es sencilla, con predominio de la coordinación sobre la subordinación.

2.3. Subjetividad que manifiesta no sólo las ideas sino también el carácter, los sentimientos y el estado de ánimo. A ello ayudan también gesto, los silencios, la entonación. Supone:

a) Expresiones de carácter afectivo o despectivo (diminutivos, ironía, apelativos cariñosos, superlativos, juramentos, expresiones enfáticas de la cantidad).

b) Metáforas de carácter popular: está hecho un flan.

c) Tono exclamativo y afirmaciones, negaciones o mandatos categóricos.

d) Presencia del yo y del tú donde el castellano no los usa por ser redundantes.

e) Hipérbaton que intenta destacar algún elemento.

f) Presencia de términos coloquiales.

g) Hipérboles.

h) Uso de adjetivos emocionales y estereotipados: divino, ideal.

No hay que confundir el habla coloquial con la vulgar. Recuerda lo que has estudiado al respecto a lo largo de la Secundaria.

3. Las jergas son los usos peculiares que hacen de la lengua los miembros de una profesión, los entendidos en una ciencia o los que comparten una misma afición cuando hablan entre ellos y tratan de sus asuntos. Hay jergas estudiantiles, recreativo-deportivas; las hay de profesionales –agricultores, médicos, etc.–. Las jergas se caracterizan por el empleo de tecnicismos, elementos léxicos que, o bien se inventan (molar, fardar) o bien son palabras de uso común a las que se cambia el significado (pipa=pistola).

Neuman emplea varios niveles de lengua y utiliza algunas expresiones poco académicas intencionadamente. Explica el valor de los vulgarismos del texto. Así mismo indica qué aspectos del lenguaje coloquial aparecen en él.

1. En este relato se dan cita dos tópicos literarios: el *carpe diem* y el *tempus irreparabili fugit*. Rastrea en qué lugar se encuentran. Busca en Internet, o pregunta a tu profesor para conocer el origen de estos tópicos –recuerda cuando hablamos más arriba de tema, motivo y leitmotiv–.

2. En el primer párrafo, el autor se refiere a las diferencias sociales mediante una figura retórica. Hubiera sido más directo hablar de pobres y ricos. ¿Cómo se llama esa figura?

3. Un texto puede presentar varios tipos de interferencias en cuanto al léxico estándar de la lengua: diastráticas –que aluden a un nivel social determinado–, diacrónicas –arcaísmos/neologismos–, diafásicas –que ayudan a definir el estilo del autor, más o menos

culto– y diatópicas –préstamos de otras lenguas–. ¿Hay alguna incursión de otros idiomas?¿Podrías señalarlas y explicar su significado? ¿Tienen algo que ver con el contenido del cuento o están ahí por casualidad? ¿Hay algún neologismo?

4. Ya sabes en qué consiste la función metalingüística de la lengua. Señala las líneas en que es utilizada. ¿Qué efecto produce?

5. Ironizar no es decir algo distinto de lo que se quiere decir como pretenden las definiciones tradicionales. La ironía supone que un emisor, en un contexto determinado, transmite un mensaje que ha de ser descodificado por un receptor con el que ha de compartir unos presupuestos culturales. En ella es necesaria una intención comunicativa por parte del emisor; un interlocutor que posee unos conocimientos y una capacidad de interpretación, no sólo de lo explicitado sino de lo implícito en el discurso, aquello extraliteral, intención oculta que el oyente ha de encontrar y que conduce a la incoherencia comunicativa. La ironía supone insinceridad, y el emisor no expresa lo contrario de lo que dice, sino lo que implica. Puede ser ofensiva o provocar un efecto placentero en el interlocutor que conducirá a la risa.

El carácter crítico o agresivo de la ironía y su posible efecto humorístico dependen de la intención del hablante. El mensaje no es un fin en sí mismo sino que se usa para acrecentar lo lúdico de la comunicación, juego placentero que necesita de la complicidad. El autor dota a su historia de un carácter irónico con su correspondiente carga de humor y lo consigue a costa de su personaje. Explica por qué.

6. La lengua literaria de Neuman es de una riqueza evidente. Busca en el texto metáforas y comparaciones y explica su significado. En la línea 59 hay una dilogía: ¿en qué consiste?

7. ¿Has oído hablar de Keats? Lleva a clase una reseña sobre su vida y su obra. También se podría leer algún poema suyo.

8. Sabes que el nombre de un personaje puede decir mucho de él. ¿Qué valor tiene el nombre de la protagonista que da título al cuento? ¿Quién era Afrodita?

9. En nuestra sociedad actual, se rinde un culto desmesurado al cuerpo y este relato lo testimonia. ¿Qué piensas al respecto? ¿Habrá alguna relación entre la «buena formación» que se desea, y lo «bien formada» que está Afrodita?

10. En este cuento se plantea una cuestión psico-social: la de la típica vergüenza adolescente del personaje, su inseguridad y sus miedos, sobre todo el miedo a su propio deseo (pese a la alborotada excitación hormonal que padece) y esas risibles justificaciones que se da a sí mismo para no sentirse frustrado; la barrera de verborrea y pedanterías empollonas que el pobre muchacho levanta para protegerse de los golpes y desilusiones de la vida. ¿Has vivido alguna experiencia semejante?

11. El mensaje de este relato se condensa en las últimas líneas: ¿qué es lo que eleva al hombre por encima de la vulgaridad y la estulticia? Proponemos una actividad: en parejas, escribid las ventajas y los inconvenientes de alcanzar, mediante el esfuerzo personal, una buena formación humana y académica.

12. Una actividad de creación: cuenta la historia desde el punto de vista del surfista rubio y desde el punto de vista de Afrodita. Procura crear situaciones humorísticas y ríete de tus personajes.

## ANA MARÍA SHUA
(Argentina)

### — BIOGRAFÍA

La bonaerense Ana María Shua, nacida en 1951, publica poesía muy tempranamente y pronto empieza a ser galardonada con numerosos premios literarios. Autora de novela, ha cultivado con éxito el microrrelato, en el que puede considerarse una maestra, así como libros de cuentos tanto para adultos como para jóvenes y niños. Sus libros han sido traducidos y publicados en diversos países. *Temporada de fantasmas,* al que pertenecen estos breves cuentos, se divide en 9 secciones que tocan los más variados temas y registros. Mitología, cine, rechazo de la muerte, la falta de libertad del individuo, lo pasajero de la felicidad, la naturaleza, la explicación del mundo, la literatura –Grimm, la Biblia, en parodias desmitificadoras–, se combinan con la sorpresa, el equívoco, un humor a veces negro, en relatos de finales sorpresivos que establecen un diálogo con el lector. Historias en la que no hay nada gratuito, en las que nada sobra.

### — PREGUNTAS:

1. *Alguna vez hemos oído hablar a alguien de una experiencia lectora que lo enganchó para siempre al carro de la literatura.*

*¿Cuál fue el primer libro que leíste? ¿Hubo alguno que te marcara en especial?*

A los seis años alguien me puso en las manos un libro con un caballo en la tapa. Esa misma noche yo fui ese caballo. Al día siguiente ninguna otra cosa me interesaba. Quería mi pienso, preferiblemente con avena y un establo con heno limpio y seco. Nunca antes había escuchado las palabras pienso, avena, heno, pero sabía que como caballo necesitaba entenderlas. Durante una semana pude haber sido Black Beauty pero fui Azabache, en una traducción inteligente y libre. Lo que acababa de empezar en mi vida no era un hábito: era una adicción, una pasión, una locura. Había descubierto un recurso que me permitía desprenderme de mi propio cuerpo, dejarlo allí, abandonado, con un libro en la mano y viajar en el tiempo, en el mundo, en el espacio, ser al mismo tiempo un caballo y el que escribió a ese caballo, ver a través de sus ojos y sus oídos, compartir la mente de esas personas que desplegaban ante mí el mundo, el mundo verdadero, el único con sentido humano: el mundo de la palabra.

2. *¿Qué es para ti el cuento? ¿Por qué lo cultivas?*

En ese mundo donde todo está hecho de palabras, hasta las montañas, las cucharitas o los dolores de cabeza, hay muchos países. Uno de ellos es el país de los cuentos, narraciones breves y perfectas, construcciones en las que no falta ni sobra un solo ladrillo. Me gusta escribir cuentos porque me gusta leerlos, los cuentos son precisos y exigentes, no se permiten páginas que no sean impecables, nunca descansan. Aunque no estén apurados, los cuentos no se detienen, van siempre al trote, a veces al galope, sin detener la marcha hasta el final.

3. *Esta antología recopila cuentos en los que se pueden estudiar importantes aspectos estilísticos y culturales y de los que se extraerán muchas y serias enseñanzas para la vida. ¿Qué recomendarías a los jóvenes que nunca tienen tiempo para sentarse con un libro en las manos?¿Qué les puede aportar la lectura?*

La lectura aporta diversión, entretenimiento, placer. El que lee, mientras lee, no participa, no está, es inmune a los mensajes publicitarios. Leer da libertad, amplía la mente. ¿Quién puede estar seguro de cuáles son y dónde están las serias enseñanzas para la vida? Ojalá los escritores lo supiéramos... Para leer, no hace falta tener tiempo. Nadie tiene tiempo para leer, nunca. Se lee en los intersticios, en las grietas de la vida, en el baño, en la fila del banco, del supermercado, se lee porque sí, por que a uno se le da la gana, saltando, leyendo antes el final, lo que uno quiera y como quiera.

4. *¿Quiénes son para ti los maestros del género? ¿Cuáles los cuentistas más significativos del último siglo?*

Los padres y maestros del cuento modernos son, por supuesto, Poe y Maupassant. Los cuentistas más significativos... ay, elegir es siempre desprenderse de algo. Mi cuentista favorito no está en el pasado sino en el futuro: todavía lo busco, todavía lo espero, de vez en cuando lo encuentro y lo vuelvo a perder. Grandes cuentistas del siglo... Borges, Cortázar entre los argentinos, Arreola, Rulfo, entre los mexicanos, Cheever, O'Connor entre los americanos...y tantos, tantos otros de todo el mundo.

5. *El relato, un género que lucha en los países de habla hispana por adquirir carta de naturaleza y del que hay quien dice que se lee menos aún que la poesía. ¿Cuál es su situación en tu país?*

Quizás en España, pero no en América Latina, donde el cuento es ciudadano con todas las de la ley, muy apreciado por la crítica, aunque, en este momento, algo abandonado por el mercado editorial. Los mejores escritores latinoamericanos han sido grandes cuentistas.

6 *¿Cómo ves su futuro?*

Veo un mundo muy grande, un mercado editorial en crecimiento, donde hay cada vez más lectores y donde habrá espacio para todos. Quizás los cuentos no sean bestseller, pero tendrán siempre su lugar.

## *Concatenación*

Los acontecimientos del pasado son los que determinan el presente. Por ejemplo, si tus padres no se hubieran conocido, hoy no existirías. Cuanto más se retrocede en el en encadenamiento de circunstancias que conforman la historia del mundo, más inesperadas y sutiles serán las consecuencias que acarree el hecho más nimio, en una compleja, casi infinita sucesión de concatenaciones. Por ejemplo, si durante el cretásico superior cierto plesiosaurio carnívoro no se hubiera comido los huevos que una hembra de triceratops desovó tontamente cerca de la orilla, quizás, vaya uno a saber, me seguirías queriendo.

**Propuesta de actividades**

Este relato se abre con una frase enunciativa afirmativa categórica que encierra la trayectoria temporal del cuento: pasado que fluye hacia el presente y lo explica.

1. Su estructura está marcada por una frase hecha, que es el punto de giro que permite el paso de una parte a otra: ¿Podrías decir cuál es?

2. El cuento va progresando hacia un clímax, una cúspide que se trunca en un final inesperado. Explica por qué.

3. Realidad científica y realidad vital humana ¿cómo se contraponen? ¿Crees que la primera está al servicio de la segunda?

4. Agrupa las palabras que pertenecen al campo de la ciencia.

5. ¿Conoces algo de los animales prehistóricos que cita? Puede ser un buen momento para indagar sobre ellos.

6. ¿Será verdad que estamos condicionados por la genética, que nuestro destino está escrito con anterioridad y que, por lo tanto, el hombre no es libre? ¿No es el individuo, con su conducta, la causa de su felicidad o de su desgracia?

7. Este relato tiene como eje un tema universal –recuerda que los grandes temas son el amor, la vida, la muerte y la guerra–: el amor, en este caso frustrado. Escribe, ya sea autobiográfica o inventada, una historia de desamor.

## *¡Huyamos!*

¡Huyamos, los cazadores de letras est-n aqu-!

**Propuesta de actividades**

Hemos dicho que el microrrelato es economía, sugerencia, que carece de atmósfera, de personajes, que vale más en él lo que se calla que lo que se dice. Vamos a detenernos en uno de esta escritora argentina.

1. Con todo lo breve que es este cuento, conscientes de que el microrrelato no se ajusta al modelo de planteamiento, nudo y desenlace, podría decirse que hay en él una estructura tradicional: señala las partes en que se puede dividir.

2. Explica el valor que la exclamación aporta a esta historia.

3. Es el momento de repasar las figuras retóricas que afectan al aspecto gráfico de un texto: sinéresis, síncopa, apócope entre las habituales; tipos de letra, distribución de las líneas en el texto, distintos tipos de tinta, etc. ¿Qué aspecto gráfico destacarías aquí? ¿Crees que es eficaz? ¿Por qué?

4. ¿Qué vocales son las favoritas de los cazadores? ¿Te dice eso algo? –recuerda cuáles son las vocales más importantes de una palabra.

5. En un relato tan corto –más aún que el célebre de Monterroso–, sorprende ese final. ¿Consigue desconcertarte? ¿Te lo esperabas?

6. Un cazador es alguien –también cazan los animales– que busca seres vivos para matarlos por diversión. Cazador de palabras es una figura retórica que debes conocer: identifícala. ¿Tendrá algún significado trascendente? ¿Está en peligro la palabra en la sociedad pragmática y consumista en que vivimos?

7. Escribe un microrrelato de una línea que condense la siguiente historia: Una mujer fuma en su coche pero está enfadada consigo misma porque quiere dejar de hacerlo y no lo consigue. Arroja el cigarro por la ventanilla lo que origina un incendio que lo arrasa todo y acaba con la vida de once hombres que intentaban hacer un cortafuegos.

## *Bisturí eléctrico*

El bisturí eléctrico logra reproducir el olor de un buen asado a la parrilla. Dicen los que saben que la carne humana tiene un aspecto y un sabor muy semejante a la del cerdo. Sin embargo, nadie piensa en comer de ese vientre abierto en el que el intestino se mueve como un largo gusano peristáltico, se desliza hacia afuera, envuelve y oprime en sus anillos el cuerpo del cirujano y se escuchan ya los crujidos de sus costillas mientras el resto del equipo lanza tajos al azar, busca desesperadamente la cabeza.

**Propuesta de actividades**

1. La primera frase de esta historia es equívoca: la carne no se corta con bisturí eléctrico. ¿Qué es lo que se está cortando?

2. Similitud entre el hombre y el cerdo –observa que el animal está nombrado directamente, sin recurrir a eufemismos–. ¿Qué pretende la autora? ¿Cómo se llama la figura retórica empleada?

3. «Dicen» es un verbo aparentemente impersonal. ¿Quién ha probado la carne humana? ¿Qué matiz aporta ese verbo que presupone la antropofagia como algo más o menos general?

4. Di qué figura retórica se utiliza al relacionar intestino con gusano. ¿Sabes de algún animal que se adhiera a las paredes del intestino humano y que es imposible eliminar si no se le separa la cabeza?

5. ¿Cómo es el ritmo de la historia? ¿Lento o rápido? ¿Cuándo y dónde se precipita?

6. ¿Se podría decir que el final de este relato es abierto? ¿Cómo lo terminarías tú?

7. Confirma lo que se ha dicho del microrrelato a través de este cuento.

# EDMUNDO PAZ SOLDÁN
(Bolivia)

## Biografía

Nació en Cochabamba, Bolivia, en 1967. Es profesor de Literatura Latinoamericana en la Universidad de Cornell. Ha publicado las novelas *Días de papel* (Premio Nacional de Novela Erich Guttentag, 1992), *Alrededor de la torre* (1997), *Río fugitivo* (finalista en el Premio Internacional de Novela Rómulo Gallegos, 1998), *Sueños digitales* (2000) y las colecciones de cuentos *Las máscaras de la nada* (1990), *Desapariciones* (1994) y *Amores imperfectos* (1998). A su vez, es coautor, junto a Alberto Fuguet, de la antología de nueva narrativa latinoamericana *Se habla español* (2000). *La materia del deseo* (Alfaguara 2002). Le fue otorgado en su país el Premio Nacional de Novela 2003 por *El delirio del Turing*, 2002). Escritor comprometido con la realidad de su país en el que la mayoría es indígena y en el que una minoría de clase media alta se olvida de que está en el país más pobre de Latinoamérica, o casi el más pobre superado sólo por Haití, lo que sucede en todas las clases medias y medias-altas de Latinoamérica. En Bolivia quizá más, porque es uno de los dos países en los que la mayoría de la población es indígena, y el círculo de clase media-alta es muy pequeño. El propio autor considera que el mundo andino es el más racista de toda Latinoamérica, que en México funciona bien lo del «mestizaje integrador» porque los indígenas nunca llegaron a ser mayoría, pero en Bolivia se percibe como una amenaza a la modernización del país y a la integración nacional.

—**PREGUNTAS:** ——————

1. *Alguna vez hemos oído hablar a alguien de una experiencia lectora que lo enganchó para siempre al carro de la literatura. ¿Cuál fue el primer libro que leíste? ¿Hubo alguno que te marcara en especial?*

Yo leía desde mis 9 años, sobre todo a Emilio Salgari y novelas policiales. Fueron mis primeros grandes amores. A los 12, 13 años, comencé a escribir cuentos que en realidad eran plagios a Agatha Christie, a Conan Doyle. Más que un libro, me marcó el género policial, tan bueno a la hora de crear el suspenso.

2. *¿Qué es para ti el cuento? ¿Por qué lo cultivas?*

El cuento es una exploración de paisajes íntimos, desasosiegos muy privados, epifanías que suceden de manera muy quieta. Lo cultivo porque me permite el balance con la novela. Con la novela busco contextos más amplios, sociales, históricos; con el cuento, puedo ser más intimista.

3. *Esta antología recopila cuentos en los que se pueden estudiar importantes aspectos estilísticos y culturales, y de los que se extraerán muchas y serias enseñanzas para la vida. ¿Qué recomendarías a los jóvenes que nunca tienen tiempo para sentarse con un libro en las manos?¿Qué les puede aportar la lectura?*

Que a veces es más importante aprender a hacer buenas preguntas que tener respuestas a medias. La literatura nos enseña eso, a hacernos preguntas. Nos permite desacelerarnos del mundo, y también nos deja disfrutar de una historia capaz de ser interesante, conmovedora, y que nos dice mucho de la condición humana.

4. *¿Quiénes son para ti los maestros del género? ¿Cuáles los cuentistas más significativos del último siglo?*

Maestros del género, los más significativos: Chéjov, Horacio Quioga, Hemingway, Rulfo, Borges.

5. *El relato, un género que lucha en los países de habla hispana por adquirir carta de naturaleza y del que hay quien dice que se lee menos aún que la poesía. ¿Cuál es su situación en tu país?*

Lo mismo que en otras partes: un género con gran tradición de escritura pero con poca tradición de lectura.

*6.¿Cómo ves su futuro?*

Siempre he pensado que estos tiempos rápidos son ideales para el cuento. Sin embargo, no termino de entender por qué los lectores, a la hora de escoger algo en una librería, se decantan por una novela. El futuro será el mismo que el presente: habrá grandes cultivadores del género, pero pocos lectores.

## *Las ruinas circulares*

A Rodrigo se le había ocurrido soñar un hombre: quería soñarlo con integridad minuciosa e imponerlo a la realidad del Playground. Ese proyecto ya no tan mágico había agotado el espacio entero de su alma: nunca, hasta leer ese cuento que hablaba de noches unánimes y canoas de bambú sumiéndose en el fango sagrado, le había llamado la atención esa realidad virtual en la que pasaban buena parte del tiempo sus estudiantes y muchos ciudadanos de Río Fugitivo. Para él, la realidad era ya una realidad virtual; ¿para qué, entonces, la necesidad de enfrentarse a la pantalla de una computadora, hacerse de un avatar y caminar por calles hechas de píxeles? Pero ahora el cuento del hombre que quería soñar un hombre le daba un buen motivo. Conjeturaba que eso era, precisamente, lo que podía hacerse en el Playground.

Esa noche, encendió la computadora y se registró en el Playground. En una pantalla aparecieron instrucciones: ¿crearía a su avatar, o prefería uno de los modelos disponibles? Tardó en responder, y de pronto se encontró en una llanura sobresaturada de verde, enfrentado a nubes de avatares esperando que una palabra suya redimiera a uno de ellos de su condición de vana apariencia y lo interpolara en el mundo real. Entonces se mostró insatisfecho y los borró a todos ellos y se dedicó a crear a su avatar. Siguió instrucciones, pulsó botones en el teclado. Trató de delinear su sueño: lo fue creando activo, caluroso, secreto, del grandor de un puño cerrado, color magenta en la penumbra de un cuerpo humano aún sin cara ni sexo. Poco a poco, a medida que lo percibía con mayor evidencia, lo fue viviendo desde muchas distancias y muchos ángulos. Al final de la noche llegó al esqueleto, a los párpados. El pelo innumerable fue tal vez la tarea más difícil. Creó el hombre íntegro de sus sueños, pero éste no se incorporaba ni hablaba ni podía abrir los ojos. Lo había creado como lo había soñado, dormido.

El avatar de Rodrigo era tan inhábil, rudo y elemental como el Adán de las cosmogonías gnósticas. Gradualmente, lo fue acostumbrando a la realidad. Cuando comprendió que su avatar estaba listo para nacer, y tal vez impaciente, lo bautizó como Rodrigo, besó la pantalla y lo envió a las calles del Playground, pobladas de prostitutas virtuales con polvo fosforescente en sus caras, policías con pecheras de metal y terroristas manejados por piratas informáticos.

Rodrigo sintió que su propósito estaba colmado, y vivió las primeras horas de su creación en una suerte de éxtasis. Poco a poco, sin embargo, lo fue visitando una desazón infinita. Temió que su avatar descubriera de algún modo su condición de mero simulacro. No ser un hombre, ser la proyección del sueño de otro hombre, ¡qué humillación incomparable, qué vértigo! A todo padre le interesan los hijos que ha procreado (que ha permitido) en una mera confusión o felicidad; era natural que Rodrigo temiera por el porvenir de

Rodrigo, pensado entraña por entraña y rasgo por rasgo, en una noche secreta.

El término de sus cavilaciones fue brusco, pero lo prometieron algunos signos. Primero, el color de las paredes de su despacho, que cambiaba de un rosado claro a uno intenso como el de la encía de los leopardos, y no se decidía entre ambos; luego hacia la derecha de su escritorio, los libros que pulsaban como si una luz interior amenazara con escaparse de sus páginas; después la fuga pánica de los sonidos. Se le ocurrió que era el cansancio, una suerte de delirio ocasionado por las múltiples horas frente a la pantalla. O acaso se trataba de problemas en la computadora, o un desperfecto en la provisión de energía eléctrica en Río Fugitivo.

Escuchó unos pasos. Alguien se acercaba.

Cuando la luz del Playground se apagó, Rodrigo comprendió con alivio, con humillación, con terror, que él también era un avatar, que otro lo había soñado.

**Propuesta de actividades**

Los relatos elegidos se han seleccionado de la antología que la editorial Algaida edita en 2005, *Imágenes del incendio*. En ella aglutina relatos de sus cuatro libros de cuentos. Del tercero, *Amores imperfectos* (La Paz. Alfaguara, 1998) seleccionamos «Romeo y Julieta». Del cuarto, en preparación cuando se escriben estas páginas, «Las ruinas circulares» que reúne textos breves, relatos de terror –algunos tienen muchos puntos de contacto con las historias funerarias de Fernando Iwasaki–, textos que muestran la incertidumbre de los destinos humanos, amores, desamores, el incesto como tema recurrente en cuentos sobrecogedores, la reflexión sobre el acto de contar, intertextualidades que hacen de sus libros un homenaje a los mayores. Cuentos que ahondan en el corazón del hombre con un lenguaje medido, exacto, reflexivo y tierno.

Antes de empezar a trabajar este relato proponemos la lectura del cuento de Borges del mismo título incluido en su libro *Ficciones*. Este de Paz Soldán es un homenaje al maestro argentino.

1. Documéntate sobre Jorge Luis Borges y expón en clase todo lo que sepas de él.

2. ¿Qué puntos de contacto encuentras entre ambas historias?

3. Edmundo Paz actualiza el relato borgeano. ¿Cómo lo consigue?

4. Rodrigo quiere soñar un hombre e imponerlo a la realidad de la Playground: ¿encuentras algo ilógico en esta aseveración? ¿Es real el mundo informático? ¿Qué figura retórica emplea el autor?

5. Sabes lo que es la intertextualidad, ese concepto acuñado por la búlgara Julia Kristeva; la relación de un texto con otros textos ya sea para afirmarlos o para negarlos. Encuentra en Internet todo lo relativo a Edmundo y explica a qué alude cuando habla de Río Fugitivo. Podríamos hablar de intraintertextualidad. Justifica tu respuesta.

6. En este relato se confunden los planos de la realidad y de la ficción. Señala dónde y cómo.

7. El proceso creador del escritor, ¿con qué se pone en paralelo en este cuento? ¿Piensas que el autor dignifica con ello el mundo virtual? ¿El escritor es padre de sus criaturas literarias?

8. Esta historia exalta la creatividad. Explica de qué modo.

9. ¿El escritor un dios creador? Busca el significado de las siguientes palabras: avatar, demiurgo, cosmogonía. Explica el sentido de «pánica» en el texto.

10. ¿En qué se diferencia el mundo real de Rodrigo del mundo virtual de su personaje?

11. Ambos relatos, el de Borges y el de Paz, encierran un tema que ha dado lugar a grandes obras de la literatura universal: las fronteras entre la realidad y el sueño, qué es más real, el mundo que soñamos o el que vivimos. Hay un libro de un autor español del siglo XVII que se titula *La vida es sueño*. Documéntate sobre él y sobre su autor.

12. Te proponemos una actividad de creación: crea tu propia criatura, dale forma física y espiritual, hazlo actuar, moverse, pensar. Y nómbrala.

## *Romeo y Julieta*

En un claro del bosque, una tarde de sol asediado por nubes estiradas y movedizas, la niña rubia de largas trenzas agarra el cuchillo con firmeza y el niño de ojos grandes y delicadas manos contiene la respiración. –Lo haré yo primero –dice ella, acercando el acero afilado a las venas de su muñeca derecha–. Lo haré porque te amo y por ti soy capaz de dar todo, hasta mi vida misma. Lo haremos porque no hay, ni habrá, amor que se compare al nuestro.

El niño lagrimea, alza el brazo izquierdo.

–No lo hagas todavía, Ale... Lo haré yo primero. Soy un hombre, debo dar el ejemplo.

–Ese es el Gabriel que yo conocí y aprendí a amar. Toma. ¿Por qué lo harás?

–Porque te amo como nunca creí que podía amar. Porque no hay más que yo pueda darte que mi vida misma.

Gabriel empuña el cuchillo, lo acerca a las venas de su muñeca derecha. Vacila, las negras pupilas dilatadas. Alejandra se inclina sobre él, le da un apasionado beso en la boca.

–Te amo mucho, no sabes cuánto.

–Yo también te amo mucho, no sabes cuánto.

–¿Ahora sí, mi Romeo?

–Ahora sí, mi Julia.

–Julieta.

–Mi Julieta.

Gabriel mira el cuchillo, toma aire, se seca las lágrimas, y luego hace un movimiento rápido con el brazo izquierdo y la hoja acerada encuentra las venas. La sangre comienza a manar con furia. Gabriel se sorprende, nunca había visto un líquido tan rojo. Siente el dolor, deja caer el cuchillo y se reclina en el suelo de tierra: el sol le da en los ojos. Alejandra se echa sobre él, le lame la sangre, lo besa.

–Ah, Gabriel, cómo te amo.

–Ahora te toca a ti –dice él, balbuceante, sintiendo que cada vez le es más difícil respirar.

–Sí. Ahora me toca –dice ella, incorporándose.

–¿Me... me amas?

–Muchísimo. Alejandra se da la vuelta y se dirige hacia su casa, pensando en la tarea de literatura que tiene que entregar al día siguiente. Detrás suyo, incontenible, avanza el charco rojo.

**Propuesta de actividades**

1. El título de este cuento tiene una importante raigambre literaria. ¿De dónde coge el autor el título? Busca información sobre Shakespeare y sobre su pieza teatral. ¿Qué simbolismo puede tener en el cuento de Paz Soldán?

2. El tema de este relato salta a la vista. Posiblemente muchos de vosotros os identifiquéis con los personajes. Proponemos un debate acerca de la actitud amorosa de los jóvenes. ¿Es normal? ¿Llegaríais a esos extremos?

3. Ya sabes que la hipálage consiste en colocar un adjetivo a un sustantivo cuando en realidad habría que aplicárselo a otro de la oración, y que los emparejamientos son recursos sintácticos que sirven para dar ritmo a la frase –posiciones comparables y paralelas, correlación, estructura bimembre simétrica en el verso–. En el primer párrafo hay una metáfora, un emparejamiento y una hipálage. Explícalos.

4. Analiza a los personajes de este cuento. ¿Cómo los conocemos? ¿Nos los describe el autor?

5. Divide el cuento en planteamiento, nudo y desenlace.

6. Duplicidad de los nombres: su significado.

7. ¿En qué momento se precipita la acción? ¿Dónde localizas el clímax o momento de mayor tensión dramática?

8. ¿Cómo es el comportamiento de la chica? Júzgala. ¿Piensas que en este personaje se encierra algo de machismo?

9. Proponemos un debate en el que se discuta la conveniencia o inconveniencia de llevar nuestros sentimientos al extremo.

## DIEGO MUÑOZ VALENZUELA
(Chile)

Diego Muñoz (Constitución, Chile, 1956) ha publicado los volúmenes de cuentos *Nada ha terminado (1984), Lugares secretos (1993), Ángeles y verdugos (2002), Déjalo ser (2003),* y las novelas *Todo el amor en sus ojos (1990, 1999)* y *Flores para un cyborg (1997, 2003).* Ha sido incluido en más de treinta antologías publicadas en España, Italia, Holanda, Bulgaria, Croacia, Canadá, México, Argentina, Ecuador y Chile. Cuentos suyos han sido traducidos al francés, italiano, croata e inglés. Distinguido en numerosos certámenes literarios, entre los cuales destaca el concurso de Mejores Obras Literarias del Consejo Nacional del Libro en dos oportunidades: en cuento publicado por *Lugares Secretos* en 1994 y en novela inédita por *Flores para un cyborg* en 1996. Es uno de los escasos cultivadores actuales de la ciencia ficción en su país. Ha compilado varias antologías del cuento chileno: *Contando el cuento* (1986), *Andar con Cuentos* (1992) y *Cuentos en Dictadura* (2003).

En *Ángeles y verdugos,* de donde hemos sacado estos relatos, nos ofrece la visión de una ciudad fría e implacable de poderes corruptos con un tono mordaz y un humor desgarrado y cruel. Con cuentos en los que perviven la tradición, las raíces precolombinas, el autor tiene como tema al hombre con sus fantasmas, sus fatuidades, el amor, la vejez, las fronteras entre la realidad y el sueño. En ocasiones, el terror, lo fantástico, la influencia del cine actual –Van Helsing–, el vampirismo, el espanto de la represión nazi ocupan historias que abundan en el microrrelato y que nos sorprenden con finales que son auténticas vueltas de tuerca.

## —Preguntas:

1. *Alguna vez hemos oído hablar a alguien de una experiencia lectora que lo enganchó para siempre al carro de la literatura. ¿Cuál fue el primer libro que leíste? ¿Hubo alguno que te marcara en especial?*

Me convertí en lector de sopetón: aprendí a leer y me transformé de inmediato en un lector ávido. Leer se erigió en mi actividad principal: inventaba excusas para restarme a las partidas de fútbol del vecindario. Prefería sumergirme en los mundos de Verne, Salgari, Stevenson a correr detrás de un balón con mis amigos del alma. Pero la verdad, es que tras muchos impactos tremebundos que la literatura me brindó desde niño, el mayor de ellos fue sin duda *Las mil y una noches*. A la altura de la docena de años llegó a mis manos temblorosas una buena edición –quiero decir una edición no pacata– de *Las Mil y una Noches,* frente a cuyos encantos caí embelesado, embrujado por la fábula de un mundo donde convivían magos, princesas de formas opulentas, ogros brutales, aves gigantescas y demonios carniceros, héroes indomables y hermosos. Me prosterné tempranamente ante ese libro maravilloso donde la sensualidad emergía a cada paso, en una mezcla extraña de realidad y fantasía, magia y materialidad, lucha por la supervivencia y goce carnal. El erotismo es por esencia inteligencia aplicada al cuerpo, y no simple carnalidad desatada; el erotismo sobre todo reside en la imaginación, en la búsqueda de lo nuevo, en la sorpresa más que en el rito. Eso me enseñó ese libro, antes de tiempo en opinión de mis padres que lo requisaron sin explicaciones, obligándome a desarrollar mi primera rebelión y a adoptar mi primer clandestinaje. Mis primeros sueños sexuales fueron con Scherazade, a quien imaginaba como una morena de ojos almendrados, senos despampanantes de aguzados pezones, labios eternamente húmedos, piernas largas y bien formadas, piel suave y tibia, y vulva ansiosa de recibirme a mí y a mis propias historias.

2. *¿Qué es para ti el cuento? ¿Por qué lo cultivas?*

El cuento es una criatura rebelde que evade los axiomas que tratan de encasillarlo. ¿Qué hace que un cuento lo sea efectivamente? Algo puede decirse sobre la extensión, la forma, la trama, pero siempre algo escapa a la definición, cada nuevo espécimen confirma o conforma una teoría y derriba otro centenar. Pero siempre algo puede decirse: se trata de contar una historia que capture al lector, que sea entretenida; pero al mismo tiempo de contar esa historia, hay algo más profundo que reside en los subterráneos del texto. Se cuenta una historia para narrar otra cosa, para resumir. Aquí aparece el asunto del significado, que es materia del subconsciente, la parte oculta del iceberg, aquello que escapa al propio autor. Y a esto agregamos el oficio de la construcción, el dominio del lenguaje, esta es la parte más «técnica» (que puede aprenderse en clases de taller).

No cultivo el cuento, más bien el cuento me cultiva a mí; me transforma en un medio para su nacimiento. Esto es lo que experimento, soy un médium. El cuento ha venido a mí de distintas maneras, siempre oscuras y misteriosas, sin develar hasta última hora –y quizás nunca– sus verdaderas intenciones. Otras voces, otras historias, otros temas anidan bajo la superficie, se deslizan entre medio de las palabras, se insertan en medio de la acción aparentemente regulada por el ritmo de una historia más o menos lineal. Como si uno fuese mediador de un mundo más complejo que el nuestro, para cuya descripción el lenguaje no es suficiente como medio de soporte, sino que debe ser el resorte de una sugerencia, una evocación oblicua de algo que permanece a medio expresar y a medio comprender en nuestras conciencias. En suma, el cuento me eligió a mí como si fuese una impresora humana.

3. *Esta antología recopila cuentos en los que se pueden estudiar importantes aspectos estilísticos y culturales, y de los que se extraerán muchas y serias enseñanzas para la vida. ¿Qué recomendarías a los jóvenes que nunca tienen tiempo para sentarse con un libro en las manos?¿Qué les puede aportar la lectura?*

A los jóvenes sólo puedo recomendarles que lean y lean, sobre todo literatura de ficción (cuentos, novelas, poesía) pues así van a ser mejores personas: cultas, soñadoras, imaginativas, democráticas, pensadoras. Poco puedo fundamentar esta respuesta que proviene de un dominio más bien intuitivo. Es un misterio enorme esto de la utilidad de la literatura. Creo que lo fundamental se relaciona con el alma, el espíritu, la mente, la conciencia, como sea que se llame aquello que hace de nosotros personas y no cosas. Si sólo hiciéramos actividades estrictamente «útiles» (en el sentido más productivo y material de esta palabra; dándole la carga más neoliberal que resista) seríamos explicables, fácilmente reductibles a modelos sociológicos, como las colonias de hormigas, las manadas o los cardúmenes.

A mí la lectura me sirve para seguir viviendo; no podría lograrlo de otra forma. Es mi principal estrategia para ser feliz. Soy feliz, pleno, cuando leo y muy intensamente cuando escribo; la recompensa está asociada al acto mismo de escribir, no a sus eventuales efectos. Leer y escribir me producen un goce que nada tiene de hedonismo. Es una actividad, un trabajo que me hace feliz.

Si sirve para algo la lectura es para soñar, imaginar, pensar. Se relaciona con lo más decantado de la naturaleza humana, como otras manifestaciones del arte y de la ciencia. La creación está en el centro. No puede haber justificación mayor para la existencia que la creación de algo donde reside la semilla de la novedad.

4. *¿Quiénes son para ti los maestros del género? ¿Cuáles los cuentistas más significativos del último siglo?*

Los maestros son muchos, infinitos probablemente. De alguna forma cada autor reinventa el género cuando escribe un nuevo cuento. Sin embargo, hay autores indispensables. Edgar Allan Poe es uno de ellos, genio del relato gótico y eximio artesano de la construcción narrativa. Anton Chéjov y Nicolás Gógol, avanzada rusa en la exploración de los ángulos invisibles del espíritu humano, dotados de sentido del humor profundo y delicioso. Juan Rulfo penetrando hondamente en la humanidad, mezclando habla popular con lenguaje exquisito mientras arma estructuras narrativas de alta complejidad que el lector disfruta sin percibirlas. Jorge Luis Borges y Julio Cortázar, dos auténticos monstruos literarios, prodigios de imaginación, autores de historias inolvidables y maravillosas. La tramposa simplicidad de Raymond Carver, el mundo febril de Charles Bukowski, el clasicismo de Guy de Maupassant, el humor amargo de Ambrose Bierce, la fantasía racional de Isaac Asimov, la poesía ficcional de Ray Bradbury... Ya se advierte la enumeración interminable...

5. *El relato, un género que lucha en los países de habla hispana por adquirir carta de naturaleza y del que hay quien dice que se lee menos aún que la poesía. ¿Cuál es su situación en tu país?*

En Chile los editores arrancan a perderse si uno habla de cuentos. Con honrosas excepciones, por cierto. La onda es la novela. No sé quiénes leerán tantas novelas, si todo el mundo corre a todas partes, enajenados por el sistema de vida que estruja, exprime a la gente. El cuento debiera ser el género dominante, porque se adata en forma natural al estilo de vida acelerado de las grandes urbes, cuando el tiempo se torna un bien escaso e inasible. Misteriosamente no es así, y no lo comprendo. La extensión y la agilidad del cuento es perfecta para un viaje dentro de la ciudad, ya sea en metro o en bus: de media hasta una hora. El trayecto de ida y vuelta al trabajo se convertiría así en una aventura distinta cada vez, un goce variado, un doble viaje, un viaje al cuadrado.

Los cuentistas chilenos nos defendemos buscando espacios donde sea: libros, revistas, internet, blogs, antologías. Y no ha sido una defensa ineficaz, pues al fin y al cabo el género mantiene visibilidad, tal vez esperando una nueva hora de grandeza. Al fin y al cabo, como género, el cuento es insustituible: resistirá todos los embates. Ese es mi vaticinio.

*6.¿Cómo ves su futuro?*

Victorioso. El cuento sobrevivirá a todo, porque es necesario como el aire o como el agua. También contiene armas letales, como el microcuento, el pulgarcito de la familia: fugaz, concentrado, potente, formidable. Es un arma secreta que acerca más la literatura a las personas, en una era de carreras alocadas tras la pretendida felicidad que jamás va a encontrarse allí donde se la suele buscar. El microcuento es el caballo de Troya de la narrativa: bajo su apariencia inofensiva se oculta todo el poder de la novela y el cuento. Pienso que la felicidad está en la fantasía, en la imaginación de un cuento, en el juego con el lenguaje. Pero el cuento prevalecerá. Ya van a verlo.

## *El verdugo*

El verdugo, ansioso, afila su hacha brillante con ahínco, sonríe y espera. Pero algo debe vislumbrar en los ojos de quienes lo rodean, que petrifica su sonrisa y se llena de espanto.

El Heraldo se acerca al galope y lee el nombre del condenado, que es el verdugo.

**Propuesta de actividades**

1. El personaje que protagoniza este microrrelato arranca, en la literatura española, de un escritor romántico que es el primero en cantar a seres marginados tales como el pirata, el reo de muerte o el verdugo. Sería el momento de recitar en clase «La canción del pirata» y hablar un poco de su autor.
2. ¿Qué rasgos del personaje se ponen de relieve y con qué finalidad?
3. ¿Cuál es la bisagra que da paso a la segunda parte?
4. El hombre disfruta con su horrible oficio: ¿Cómo lo sabemos si no se nos dice directamente?

5. ¿Piensas que tiene un final merecido?

6. La pena de muerte es una práctica brutal que se lleva a cabo en diversos lugares del mundo. Se ha demostrado incluso que se han cometido errores fatales e irreversibles. Discutid si es lícito que el hombre prive de un bien tan preciado como es la vida a otro hombre.

## *La vida es sueño*

El hombre duerme. Sueña que vuela.
El hombre despierta. Cae al vacío.

**Propuesta de actividades**

1. El título de este relato está tomado de una obra de Calderón de la Barca, escritor español del siglo XVII. Busca datos acerca de él y de su obra.

2. El tema de este relato nos hace pensar en la incertidumbre de nuestra realidad o lo que consideramos como tal. Un filósofo del siglo XIX, Freud, se dedica a interpretar los sueños. Infórmate sobre él.

3. Otro autor español del siglo XVII, Quevedo, tiene una obra de título muy parecido a la del anterior. Investiga sobre él y sobre el movimiento literario que representa.

4. La correlación es un tipo de emparejamiento que consiste en que entre los elementos de dos versos o frases se dé un relación semántica de uno a uno. Ej:
*«Afuera el fuego, lazo, hielo y flecha*
*que quema, aprieta, enfría y hiere»* (Cervantes)

Explica cómo y dónde se da en este breve cuento.

5. La antítesis consiste en contraponer dos ideas. Explícala en el texto.

## *Drácula*

El conde Drácula no soporta más el dolor de muelas y decide ir a tratarse con un especialista. Consulta la guía telefónica y disca un número tras otro, hasta ubicar un odontólogo noctámbulo. Establece una cita para la noche siguiente. Asiste. Porta gafas oscuras para ocultar sus ojos hipnóticos, inyectados en sangre. El dentista también usa lentes oscuros. Lo examina, mueve la cabeza negativamente. Anuncia que el tratamiento va a ser doloroso, que es conveniente emplear anestesia. El vampiro acepta, se deja inyectar, siente un sopor agradable, va hundiéndose en el sueño y escucha el lejano zumbido de un taladro.

Despierta. Ve su imagen en un espejo de agua, sonríe, pero su risa se transforma en una mueca grotesca, porque en el lugar donde debieran estar sus colmillos hay dos espacios sangrientos. A su lado, el odontólogo –que es el doctor Van Helsing– lo observa divertido mientras juguetea con los larguísimos colmillos, arrojándolos una y otra vez al aire, como si fuese un malabarista.

**Propuesta de actividades**

1. De nuevo la literatura, la intertextualidad en este autor. ¿De qué tradición literaria arranca el protagonista del cuento? ¿Dónde se sitúa a este personaje? Cuenta a tus compañeros el resultado de tu investigación.

2. Humor e ironía, ingredientes de esta historia. ¿Por qué podemos afirmar esto? ¿Qué efecto consigue el autor?

3. ¿Con qué procedimientos describe al personaje? ¿Qué pone de relieve de él?

4. ¿Por qué crees que el dentista lleva gafas oscuras? ¿Tendrá algún simbolismo especial este hecho?

5. El autor nos sorprende con una pirueta final. ¿Quién es el doctor Van Helsing? Investiga en Internet y expón lo que averigües en clase.

6. Te proponemos una actividad extraliteraria: la proyección de una película sobre el famoso y malvado conde, por ejemplo, *Drácula* de Bram Stoker.

7. Invéntate un episodio humorístico en el que Drácula vuelva a salir malparado.

## *Amor cibernauta*

Se conocieron por la red. Él era tartamudo y tenía un rostro de neanderthal: cabeza gigantesca, frente abultada, ojos separados, redondos y rojos, dientes de conejo que sobresalían de una boca enorme y abierta, cuerpo endeble y barriga prominente. Ella estaba inválida del cuello hacia abajo y dictaba los mensajes al computador con una voz hermosa, pausada y clara que no parecía tener nada que ver con ella; tenía el cuerpo de una muñeca maltratada. Fue un amor a primer intercambio de mensajes: hablaron de la armonía del universo y de los sufrimientos terrestres, de la necesidad del imperio de la belleza y de los abyectos afanes de los mercaderes de la guerra, de la abrumadora generosidad del espíritu humano que contradice la miseria de unos pocos. Leían incrédulos las réplicas donde encontraban una mirada equivalente del mundo, no igual, similar aunque enriquecida por historias y percepciones diferentes. Durante meses evitaron hablar de sí mismos, menos aún de la posibilidad de encontrarse en un sitio real y no virtual. Un día él le envió la foto digitalizada de un galán. Ella le retribuyó con la imagen de una bailarina. Él le escribió encendidos versos de amor que ella leyó embelesada. Ella le envió canciones con su propia voz, él lloró de emoción al escuchar esa música maravillosa. Él le narraba con gracia su agitada vida social, burlándose agudamente de los mediocres. Ella le enviaba descripciones pormenorizadas de sus giras por el mundo con compañías famosas. Ninguno de los dos jamás propuso encontrarse en el mundo real. Fue un amor verdadero, no virtual, como los que suelen acontecernos en ese lugar que llamamos realidad.

**Propuesta de actividades**

1. «Amor cibernauta» es una maravillosa historia que bucea en la soledad del hombre y en su necesidad de amar. ¿Qué ideas se defienden aquí? ¿Cómo se ven la guerra, el sufrimiento, la miseria de unos pocos?
2. El mundo virtual es una constante en gran parte de los escritores actuales. ¿Para qué le sirve al autor? ¿Y a sus personajes?
3. ¿Cómo los describe? ¿Podrías hacer un dibujo de ellos?
4. ¿Qué tipo de amor se exalta en esta historia? ¿Sabes lo que es el amor platónico?
5. Aunque no se deba mentir, hay ocasiones en las que la mentira es un mal menor y, por tanto, necesaria. Te proponemos un debate al respecto.
6. Localiza las figuras retóricas que aparezcan en el texto.

# ANTONIO UNGAR
(Colombia)

## — BIOGRAFÍA

Antonio Ungar nace en 1974. Ha vivido en Bogotá, las selvas del Orinoco, México, Manchester y Barcelona. En América Latina ha publicado los libros de relatos *Trece circos comunes* (Norma, 2000) y *De ciertos animales tristes* (Norma, 2001), además de la novela *Zanahorias voladoras* (Alfaguara, 2004). Otros relatos han sido incluidos en las antologías *La Horrible Noche, relatos de violencia y guerra en Colombia* (Editorial Seix Barral-Planeta, 2001), *Cuentos caníbales, antología de nuevos narradores colombianos* (Editorial Alfaguara, 2002), *Letras Capitales, antología de escritores colombianos residentes en España* (ICCI, Consulado de Colombia en Barcelona, 2001), y en la antología alemana *Und Traumten Von Leben, Erzählungen aus Kolumbien* (Edition 8, Zurich-Frankfurt, 2001). En compañía de Liliana Woloschin publicó el libro de no ficción *Contar cuentos a los niños* (Editorial RBA, Barcelona, 2001). El próximo año, Ediciones B publicará su libro de cuentos *Las orejas del lobo*. Actualmente colabora con revistas y periódicos en España, Italia y Colombia y prepara una segunda novela.

## — PREGUNTAS:

1. *Alguna vez hemos oído hablar a alguien de una experiencia lectora que lo enganchó para siempre al carro de la literatura.*

*¿Cuál fue el primer libro que leíste? ¿Hubo alguno que te marcara en especial?*

Los primeros libros que me marcaron de niño fueron los de Emilio Salgari. Ya en la adolescencia quedé marcado por *La Metamorfosis* de Kafka.

2. *¿Qué es para ti el cuento? ¿Por qué lo cultivas?*

El cuento es como una pelea corta y definitiva o un amor corto e intenso: un universo pequeño en el que caben todas las emociones. Hay ciertas historias que sólo se pueden contar en un cuento. Escribirlas implica un desafío que me apasiona.

3. *Esta antología recopila cuentos en los que se pueden estudiar importantes aspectos estilísticos y culturales, y de los que se extraerán muchas y serias enseñanzas para la vida. ¿Qué recomendarías a los jóvenes que nunca tienen tiempo para sentarse con un libro en las manos?¿Qué les puede aportar la lectura?*

La lectura es la puerta de acceso a un mundo paralelo, divertido, apasionante, intenso, que puede ser un refugio y que ayuda a entender mejor este mundo en el que vivimos. La realidad de los libros es mucho más duradera y rica que otras realidades paralelas, como por ejemplo la de los videojuegos.

4. *¿Quiénes son para ti los maestros del género? ¿Cuáles los cuentistas más significativos del último siglo?*

Del siglo XIX me gustan Chéjov, Gógol, Maupassant, Poe y Hawthorne. Del XX Kafka, Borges, Cortázar, Capote, Faulkner y Patricia Highsmith.

5. *El relato, un género que lucha en los países de habla hispana por adquirir carta de naturaleza y del que hay quien dice que se lee menos aún que la poesía. ¿Cuál es su situación en tu país?*

Creo que el estado editorial del relato es en parte culpa de los editores. Frente a un momento coyuntural de ventas relativamente bajas, decidieron que ese sería un fenómeno permanente e hicieron difícil que los relatos se publiquen y se promocionen. Lo más grave es que muchos escritores con talento para el cuento se cansaron de las dificultades y están escribiendo novelas. La situación en mi país es similar a la situación en España: el escritor tiene que superar el obstáculo de los editores para que los cuentos lleguen a manos de los lectores.

6.*¿Cómo ves su futuro?*

Creo que llegará un momento en que los editores se darán cuenta de su torpeza y volverán a darle al cuento el lugar que se merece. El mercado mismo hará que eso suceda. Mientras ese momento llega, los que sentimos que todavía hay cuentos por contar, tenemos que seguir haciéndolo.

## *El circo Lumani de los olvidados*

Todos saben que el espectáculo del circo Lumani está en las graderías destartaladas. El espectáculo es más bien triste, no hay música ni nada, no es agradable para mirar.

El circo se esconde siempre en el límite del desastre, en un barrial a las afueras de alguna ciudad oscura que parece un extenso reguero de despojos. Suburbios de Manchester, de Blackpool, de Birmingham. Periferia de ciudades muertas.

Hasta el barrial, guiados por los dos bombillitos rojos del circo Lumani, llegan siempre los espectadores. Los protagonistas: desesperados, olvidados, ultimados. Turcos drogadictos. Obreros alcohólicos. Putas. Ladrones. Mutilados.

Se van sentando, cada uno, despacio, en silencio, a una distancia prudente del cadáver más cercano. Respiran el peligro mortecino debajo de la piel de los otros muertos, que tampoco tienen nada que perder.

En el escenario, abajo, mientras tanto, todo es una confusión perezosa. Los artistas salen en tropel, desconcertados, sin saber muy bien si ya están en la pista o si siguen en el carromato destartalado en donde duermen siempre, unos encima de otros como pescados, en donde se juntan en vergonzosos actos de amor. Pueden durar años, encerrados en el carromato, abandonados en la mitad de un lote húmedo. Se despiertan siempre en una mañana que parece una tarde, recogen toda la basura y con la ropa arrugada se arrastran hasta otro lote peor. Ahí esperan, se encierran, siguen durmiendo hasta tener ánimos para una función completa.

Pero hoy ya están todos afuera del carromato, tirados en la pista, confundidos y nerviosos. Listos para una función completa. Atrás está Carlitos. Un músico. Carlitos fue alguien, pero ya hace unos veinte años que nadie lo ve, porque hace veinte años que no sale del circo de puro miedo a mostrar su cara que se le fue encogiendo de la vergüenza y ahora debe parecer la cara de una rata triste. Carlitos toca tres cuerdas que no hacen música, sin mostrar la cara.

Más adelante, la pista es dos putas viejas sentadas en un sofá roto: Las tragafuego de Malasia. Las tragafuego de Malasia, dos putas viejas hablando mierda.

Y la pista es también un viejo de pecho descubierto y lampiño, y vientre escurrido y tirantas de terciopelo, que hace girar treinta y cuatro bolas de billar rojas y una blanca por los aires.

Hay a un lado también un tipito de gafas, insignificante, carita de intelectual abotajado, indigesto, que intenta quedarse firme trepado en un monociclo, con una sonrisa de circo pegada en la boca hinchada.

Y trotando alrededor de la pista con un bolo colgándole de la nariz hay una gorda descomunal que cada cierto tiempo se cansa y empuja al viejo de las bolas antes de hacer una venia profunda y solemne.

Hay también una trapecista hermosa, de caderas anchas, que se toma muy en serio su número y cuando termina da salticos hasta el cortinaje entre una lluvia de aplausos que sus orejas imaginan, para salir de allí a los pocos segundos con una mano en alto, seria, envuelta en otro vestido que a veces es de hombre y a veces de oso.

Hay, sentado en el piso, un payaso de verdad. Contando chistes, haciendo muecas.

En las graderías, mientras tanto, los muertos, los protagonistas, sólo piensan en cosas como un sudor incómodo en la cintura, una costra inalcanzable en algún rincón de la espalda. En el charco espeso de la entrada, en una moneda negra de dos pesos en el bolsillo izquierdo. En la nuca sucia de otro muerto, que es la nuca sucia del mismo muerto, también.

Los animales del circo son dos perros flacos, dormidos en una toalla playera. Un avestruz desplumado comiendo restos en un balde metálico. Cuatro focas muertas en una jaula para leones. Un elefante gigantesco, embrutecido por el desorden, con la pata izquierda levantada sobre la cabecita flaca de Lumani, el director del circo en persona.

Una vez entró un extraño a una función del circo Lumani.

Se acercó a las graderías media hora después de empezado el ritual, con las gafas empañadas de sudor, la ropa muy limpia y una sonrisa cándida. Una sonrisa de dientes blancos y párpados temblorosos que no alcanzaba a tapar el barrial interminable que el pobre hombresito acababa de atravesar.

Menos Lumani, todos lo miraron con desconfianza, se preguntaron si no habría traído a su mujer escandalosa y a dos hijos bien alimentados. Todos, también los de la pista, también el viejo de las treinta y cuatro bolas de billar.

Todos se quedaron con media mirada fija en los vestidos color crema del intruso, en su frente amplia, en sus ojos separados y generosos, en los pasos tranquilos con que subía los escalones. En la maldita mueca de confianza.

Se sentó, sonriendo.

Una mujer arrugada entre una nube de humo pegachento, atrás, soltó un rugido de advertencia que el hombre no oyó. Empezó a morder sus palomitas de maíz. Convencido de que estaba en el circo, convencido de que sería como cuando era niño, el pobre. Sin darse cuenta que hoy había caminado perdido por ese andén al final de la ciudad miserable por donde nunca antes había caminado, que hoy había visto la carpa verde sin sospechar nada de los dos bombillitos: que hoy había sido él el único en pagarle la boleta a un leproso que se había comido los billetes. Sin darse cuenta que todos los agudos cadáveres a su alrededor escuchaban sin paciencia cómo masticaba con su sonrisa imbécil y jugos abundantes cada palomita de maíz, sin darse cuenta que todos respiraban cada vez más agitados.

Dándose cuenta al fin de todo cuando Lumani, el director del circo en persona, volteó la cabeza debajo de la patota del elefante y lo miró también.

Y no alcanzó a atragantarse con la palomita de maíz, ni con su lengua, ni con la tela sutil de su estomago que se volvió un nudo cuando vio que se estaban levantando todos los espectadores cadáveres de sus asientos.

Las putas hicieron de tripas corazón. El del monociclo al mal tiempo buena cara. Los más viejos sacaron fuerzas de flaqueza. Lumani sacó del bolsillo un cuchillo de despescuezar gallinas como de medio metro de largo.

Alguien le lanzó al tipo la primera patada en la cara. Al pobre, claro, se le olvidó todo. No vio como le pisaron las palomitas de maíz rosadas en el barro. Lo lincharon entre todos. Todos-todos. Lo botaron al otro lado de la carpa, no vieron cómo se desplomaba antes de llegar a la verja.

Después se quedaron ahí, callados. Artistas y muertos. Mirando el vacío que había dejado el hombre. Sin abrir la boca, otro rato no haciendo nada, tratando de concentrarse en sus pequeñas miserias, oliendo el olor a sangre que era ahora un poco más fuerte. Y al final, aburridos ya, se fueron a dormir.

Sin apagar los bombillos rojos, sin desaguar la carpa que se inundó de barro, sin avisarle al elefante que ya podía bajar la pata izquierda.

**Propuesta de actividades**

«Vivir de nuevo en Colombia después de haber pasado siete años en Europa es como vivir en una Colombia elevada a la máxima potencia. En ninguna parte como en este país siento que cada ser humano es protagonista de una historia en la que se está jugando todo, en la que los afectos y los conflictos, las alegrías y las tristezas, son reales y contundentes». «En ningún otro lugar creo que puedo hablar con cualquier persona y en el relato de esa vida, en esa forma de ver el mundo, encontrar tanta intensidad y ganas de vivir. Y al mismo tiempo no conozco otro sitio en donde más seres humanos hayan sido víctimas de injusticias y abusos de fuerza por parte de otros individuos, grupos armados o desarmados, autoridades». «Tal vez es esa presencia constante de situaciones trágicas, en las que se pierde todo, la que nos ha hecho hiperactivos y recursivos. Y tal vez la tragedia también nos ha familiarizado tanto con la muerte, que hemos aprendido a jugar con ella, a establecer con la violencia una relación constante, apasionada, a veces lujuriosa». «La vida aquí se puede perder en cualquier vereda, a manos de cualquiera y por cualquier motivo. Pero mientras no se pierde, se disfruta». Son palabras de Antonio Ungar, uno de los escritores más jóvenes recogido en esta antología.

1. El campo asociativo consiste en todas aquellas palabras que puedan englobarse en torno a un tema. Es más amplio que el campo semántico y en él tienen cabida antónimos, parónimos, familia léxica, asociaciones léxicas a partir de rasgos significativos, homónimos, parónimos, homófonos. ¿Qué campo asociativo domina en este relato de Ungar? ¿Qué palabras lo integran?

2. La miseria más sobrecogedora protagoniza este cuento durísimo y de un lenguaje pleno de figuras retóricas. Analiza y explica las metáforas y metonimias que encuentres en el texto.

3. «El adjetivo, si no da vida, mata», decía César Vallejo. ¿Cómo son los que aparecen en el tercer párrafo? ¿Qué le aportan al sustantivo? ¿Qué relación tienen con los nombres terribles que les siguen: «Putas. Ladrones. Mutilados.»?

4. ¿Por qué los espectadores son protagonistas? Aquí se encierra una paradoja. Intenta explicarla razonadamente.

5. Los artistas viven una vida de brutal miseria y pérdida de dignidad. No tienen derecho a la intimidad, son seres humanos sin cabeza, autómatas sumergidos en el hastío vital. ¿Qué técnica emplea el autor para presentarlos? Analízalos y procede a su clasificación.

6. El léxico presenta vulgarismos: ¿Cuándo se utilizan? ¿Qué le aportan al relato?

7. El autor va en contra de la lógica: los vivos están muertos pero todos protagonizan alguna historia sórdida. ¿Qué quiere decir con esto? ¿Quiénes son aquí los muer-

tos? ¿Hay alguien vivo? ¿Hay algún significado más allá del literal en los conceptos vida y muerte?

8. «Hay, sentado en el piso, un payaso de verdad». ¿Hay payasos de mentira? ¿Qué significa esa frase?

9. ¿Qué valor tiene el diminutivo en «la cabecita de Lumani»? ¿Es empequeñecedor o tiene otro valor distinto?

10. Un caso de seseo. Señala dónde. ¿En qué consiste este fenómeno? ¿Dónde se da?

11. Paralelismo entre hombres y animales en este relato.

12. ¿Qué significan las bombillas?

13. Darse cuenta de es una construcción correcta que no tiene nada que ver con el dequeísmo. ¿Sabes en qué consiste ese fenómeno? Hay quienes, huyendo de este vulgarismo caen en su opuesto, el queísmo: tengo ganas **que** vengas. Busca en el texto un caso de este tipo.

14. ¿Por qué acaban con la vida del espectador satisfecho que come palomitas?

15. La desigualdad social, el resentimiento de los desposeídos de la fortuna hacia los que sí la tienen. El reparto de la riqueza es arbitrario e injusto. ¿Qué opinas al respecto?¿Cómo piensas que se podría dar solución al problema?

16. La miseria, el sufrimiento, el hambre, están en todas partes. ¿Qué ocurre en tu ciudad? ¿Qué hacen las autoridades por solucionarlo?

17. ¿Cómo podrías ayudar tú?

## ENRIQUE DEL RISCO
(Cuba)

### — Biografía —

Hola, soy Enrique Del Risco Arrocha autor de cuatro libros éditos (*Obras encogidas*, *Pérdida y recuperación de la inocencia* y *Lágrimas de cocodrilo* y *El Comandante ya tiene quien le escriba*) y otros tantos inéditos sin los cuales tu vida debe carecer del más mínimo sentido. Como todo lo realmente valioso los ejemplares de mis libros publicados y los manuscritos de los inéditos son escasos. Salvo unas cuantas librerías y bibliotecas del planeta la mayoría está en manos de amigos y seguramente no te los prestarán. Porque hasta ahora no los has podido leer es que sientes que tu vida está más vacía que estómago etíope o cerebro de Mike Tyson adolescente. Por eso me he compadecido de ti, lector, y en un arranque de generosidad incomparable he puesto a tu disposición esta página.

Olvídate del *Libro de los muertos* y de la *Ilíada*.

Olvídate de *La Biblia*: lo de Jesucristo no fue más que una campaña de marketing para promocionar la segunda parte.

Olvídate de Shakespeare: cualquier película de Steven Segal tiene más muertos. Olvídate de la Enciclopedia Británica y de Las profecías de Nostradamus.

Olvídate del *Libro Guinnes de los Récords*.

Encuentra el sentido de la vida en mis cuentos.

Ilumínate con mis ensayos.

Olvídate de CNN y de la BBC. Si quieres saber cómo funciona el mundo actual lee mis comentarios en «La política cómica».

Las aventuras de Ulises nunca se podrán comparar con las de Chick Ferrari. Soy más grande que Walt Disney y no estoy congelado en una nevera ni esperando porque algún milagro científico me devuelva a la vida.

Estoy fantásticamente vivo y lo estaré siempre.

Soy inmortal.

Soy casi tan grande como Homer Simpson.

Ya te lo he advertido. Luego no te quejes de que la vida no te ha dado lo suficiente.

—**PREGUNTAS:** ——————

1. *Alguna vez hemos oído hablar a alguien de una experiencia lectora que lo enganchó para siempre al carro de la literatura. ¿Cuál fue el primer libro que leíste? ¿Hubo alguno que te marcara en especial?*

El primer libro que leí no lo recuerdo. Supongo que habrá sido uno de esos tantos libros infantiles con muchas imágenes y poco texto de un niño que empezaba haciendo mal las cosas y luego las hacía bien o que rompía un juguete y al final, felizmente, el juguete volvía a la vida. Recuerdo haber leído muchos libros de fábulas y cuentos tradicionales y entre ellos uno que ahora le leo a mi hijo «Oros viejos», una colección de historias de todas partes del mundo compuesta por un exiliado español, Herminio Almendros, padre del cineasta Néstor Almendros. Cuando niño, igualmente leí unas veinte novelas de Julio Verne y otras tantas de Emilio Salgari, *Las Mil y una noches,* el divertidísimo *Decamerón* de Bocaccio o Arthur Conan Doyle tanto por su Sherlock Holmes como por sus novelas de caballerías y por supuesto las novelas, cuentos y artículos de Mark Twain. Luego, a medida que fui creciendo han sido muchos los libros que en diferentes épocas fueron marcándome como persona y como escritor (si es que eso se puede separar) empezando con algo tan obvio y manido –y que por ello puede parecer desagradable insistir– como Don Quijote, lectura en la que recomendaría una edición con pocas notas, las justas para entender la historia, no para hacer un estudio académico sobre la novela. Pero, concentrándome en el cuento, he aquí la lista de mis autores favoritos: Edgar Allan Poe, J.D. Salinger con sus *Nueve cuentos,* Augusto Monterroso, Julio Cortázar, Anton Chéjov, Juan José Arreola, Virgilio Piñera, Franz Kafka, Slawomir Mrozek (sobre todo por «El elefante»), Carson McCullers, Kurt Vonnegut (aunque creo que de él nunca se han traducido libros de cuentos al español, sólo novelas), Yukio Mishima, Charles Bukowski, Clarice Lispector, Raymond Carver y Roberto Bolaño.

2. *¿Qué es para ti el cuento? ¿Por qué lo cultivas?*

Para mí debe ser el equivalente al *nocaut* en el boxeo, o a la carrera de cien metros en el atletismo o al amor a primera vista. Algo que sea capaz de resumir una situación, un modo de ver la vida o varios al mismo tiempo, o el choque entre dos lógicas o dos historias y todo eso tan sólo en unas cuantas páginas. De ahí que un buen cuento en cuanto a economía de las palabras deba ser perfecto. En un cuento nada debe ser gratuito, todo lo que se ve es importante pero lo que no se ve no debe ser menos importante. Podría poner montones de ejemplos al respecto y varían los estilos, los niveles de sofisticación del lenguaje, los temas, pero esas condiciones son esenciales. El cuento y la narración en general están ligados a nuestra historia como seres humanos y desde el principio tuvieron un sentido trascendente (darle orden y sentido al mundo y trasmitir valores y experiencias) y un sentido lúdico, juguetón. En los mitos, las leyendas, los libros sagrados o la Historia, el cuento aparece en esa doble condición. La historia del pecado original es un cuento y todas las elaboraciones posteriores de los teólogos no pueden superar el atractivo y la significación de esa historia de Adán, Eva, la serpiente y el fruto prohibido incluso para gente huérfana de fe como es mi caso. Escribo cuentos porque me gustan como lector y al mismo tiempo como escritor es el género en el que más cómodo me siento: me gusta enamorar al lector a primera vista o noquearlo, depende de las circunstancias. Siento como uno de los mayores éxitos de cualquier escritor cuando ha sabido definir y fijar determinado tipo de experiencia, la ha sabido universalizar. O sea, la ha hecho comunicable y común a sus lectores y ha conseguido que ellos se identifiquen con esa experiencia. Gracias a esos momentos de la escritura nos sentimos menos solos y extraños en el mundo.

3. *Esta antología recopila cuentos en los que se pueden estudiar importantes aspectos estilísticos y culturales, y de los que se extraerán muchas y serias enseñanzas para la vida. ¿Qué recomendarías a los jóvenes que nunca tienen tiempo para sentarse con un libro en las manos?¿Qué les puede aportar la lectura?*

Es difícil escribir recomendaciones para alguien que no lee. O sea, que se trata en el mejor de los casos de escribir recomendaciones para que los que leen se las cuenten a los que no leen, consejos que estos últimos escucharán con cierta indiferente superioridad. Recuerdo que cuando estudiamos en la secundaria el Quijote (en realidad apenas leímos un par de capítulos) la única conclusión que sacó la mayoría de mis condiscípulos era que leer volvía loca a la gente. Si Cervantes no consiguió que se interesaran en la lectura ¿qué puedo hacer yo? La lectura en general no hace a nadie buena o mala persona pero ciertas lecturas (especialmente la buena ficción) te hacen mejor persona. Es decir, alguien más complejo que ha adquirido indirectamente experiencias que sin leer no habría adquirido en varias vidas. Luego si eres un criminal difícilmente un buen libro hará de ti una buena persona pero al menos conseguirá que seas un criminal más sofisticado. Respondiéndoles a mis compañeros de la secundaria: los libros no volvieron loco al Quijote, sólo le dieron determinada forma a su locura. No creo, por ejemplo, que ningún videojuego trasmita de modo tan vívido la experiencia de la guerra que «La roja insignia del coraje»de Stephen Crane. Todo el cuestionamiento de la realidad y sus posibles variantes a que alude una película como *The matrix* y sus secuelas están contenidas de un modo mucho más radical en «Tlön, Uqbar, Orbis Tertius» de Jorge Luis Borges. La imagen visible, casi tangible, del cine y la televisión paradójicamente suele empobrecer nuestra imaginación (o la de los libros en las que se inspira) aunque sea mucho más fácil consumirla. Al mismo tiempo no creo que la lectura por sí sea una virtud. Los lectores de un solo libro suelen ser terribles. Generalmente suelen leer libros que lejos de multiplicar y enriquecer la visión del mundo la reducen, como ocurre con los libros creados para servir exclusivamente a una ideología –cualquiera que esta sea– y convierten al mundo en algo muy sencillo que puede resolverse con una receta y dos o tres consignas. En esos casos es preferible el botellón. Los buenos libros funcionan exactamente al contrario: multiplican las opciones ante las diferentes situaciones vitales, nos ayudan a entender a otros y a nosotros mismos, nos ayudan a aceptar la complejidad de la realidad sin caer necesariamente en el caos. Si eres alto, guapo y juegas fútbol mejor que cualquier gente que conozcas, quizás no necesites leer. Pero ¿quién cumple con esas tres condiciones? Incluso David Beckham sabe que Ronaldinho juega mejor que él.

4. *¿Quiénes son para ti los maestros del género? ¿Cuáles los cuentistas más significativos del último siglo?*

Mi listado de los grandes maestros del cuento supongo que no sea demasiado original. Aparte de *Las mil y una noches* y el *Decamerón* mencionaría dentro del cuento moderno a Poe, quien practicamente inventó el género, Maupassant, Chéjov, Kafka, Hemingway, Borges y Carver. Si pienso en la tradición hispanoamericana me vienen los nombres de Horacio Quiroga, Felisberto Hernández, Lino Novás Calvo, Virgilio Piñera, Arreola, Rulfo y Cortázar. Seguro que olvido a alguno importante al menos para mí, pero en mi opinión estos son imprescindibles y recorren un espectro (estético e histórico) bastante amplio.

5. *El relato, un género que lucha en los países de habla hispana por adquirir carta de naturaleza y del que hay quien dice que se lee menos aún que la poesía. ¿Cuál es su situación en tu país?*

La pregunta en sí no reconoce una realidad: el desarrollo y el prestigio del cuento en Latinoamérica difiere mucho al de España. Hay que pensar en la rica tradición del cuento que se desarrolló en Latinoamérica en el siglo XX, tradición que en España fue prácticamente nula. Prueba de esto es que casi todos los escritores latinoamericanos de primer orden, incluso aquellos conocidos mayormente por sus novelas tienen libros de cuentos. Incluso algunos de estos escritores alcanzaron su renombre a través, casi exclusivamente, del cuento. El problema es básicamente comercial. Latinoamérica carece de editoriales con proyección realmente continental ya sea por limitaciones económicas o por una comprensión provinciana de la cultura y de los negocios. En España, que es el país que sigue teniendo la industria editorial más poderosa de la lengua y cuyas grandes editoriales son las que se encargan de consagrar a los escritores latinoamericanos (que de otra forma estarían condenados a ser leídos sólo en sus países de orígen), no se ha conseguido crear, por la razón que sea, un público lector de cuentos. Los españoles prefieren las novelas y novelas se ven obligados a escribir escritores (españoles o no) que quizás por tradición o vocación hubiesen preferido escribir cuentos. Y eso por supuesto repercute en la creación literaria de todo el continente. En mi país, Cuba, país que en las últimas décadas se destaca sobre todo por sus carencias, existe en cambio una gran cantidad de cuentistas y varios de ellos de primer nivel. Precisamente uno de ellos, Pedro Juan Gutiérrez consiguió con su *Trilogía sucia de La Habana* uno de los mayores éxitos editoriales de un libro de cuentos en España en las últimas décadas. Sin embargo últimamente se ha dedicado a escribir novelas, supongo que porque la vida o los escritores se han encargado de explicarle que es mucho más rentable o sencillamente escribir cuentos es muy difícil.

*6.¿Cómo ves su futuro?*

Respecto a esta pregunta no sé si optar por el entusiasmo o la apocalipsis. Como profeta soy demasiado tímido. Cabría pensar que el cuento encontraría un espacio en los momentos de máxima aceleración de la vida pero no ha sido así. Pienso que el cuento seguirá siendo afectado (quizás más que otros géneros) por la decadencia general del libro. Ese es mi dictamen apocalíptico. Le quedan sin embargo para sobrevivir otros medios como internet en los cuales respecto a la novela juega, por su brevedad, con cierta ventaja. El lector y los medios que deben encargarse de formarlo –desde los maestros en las escuelas hasta los críticos– tendrán al final un peso decisivo. La otra parte de la ecuación nos corresponde a los escritores y vendrá dada por la capacidad que tengamos de estremecer el mundo de nuestros potenciales lectores. Siempre tendremos necesidad de historias y si el cuento oral se vio afectado con la aparición del teatro y luego del libro, no debemos descartar la posibilidad de que sobreviva por otros medios o por los medios de siempre porque ya sabemos que las modas no sólo se alimentan del ansia por la novedad sino también de la nostalgia.

## *Letras en las paredes*

Desde hacía ya varios meses el ascensor no funcionaba y todo el que quisiera subir al edificio debía hacerlo por las escaleras. El tránsito por ellas era bastante monótono hasta que una madrugada, en la pared de uno de sus rellanos apareció un letrero que gritaba con fuertes trazos negros «¡Abajo el presidente!»

Durante cuatro días no sucedió nada (en la pared) pero al quinto, tacharon con creyón rojo la palabra «Abajo» y la sustituyeron por «Viva». Más tarde apareció escrito con pequeñas letras de lápiz «¿Cuál presidente? ¿El del consejo de vecinos?». La respuesta fue redactada con gruesas letras negras «No, el otro, el hijo de puta.»

Al día siguiente el creyón rojo había tachado las palabras «hijo de puta», sustituyéndolas por «nuestro gran líder» y las letras negras añadieron «es un cabrón». Después con letras rojas apareció en tono desafiante «Cobarde, ¿por qué no te atreves a decirlo de frente?», a lo que el creyón negro respondió, «De frente se la metí a tu madre».

Un poco después las letras rojas contraatacaron «Desgraciado, con mi madre no te metas que está muerta» y, a seguidas, comentaban a lápiz «¿ A metérsela a una muerta no le dicen necrofilia?».

La respuesta escrita con letras rojas no pudo entenderse debido a la promiscuidad de inscripciones, hasta que al cabo de una semana de ofensas ilegibles fue pintada la pared con lechada blanca.

Al siguiente amanecer, escrito con trazos negros, se podía leer «¡Abajo quien ustedes se imaginan!» y, poco después, escrito a lápiz, «¿Quién es el que se supone que debamos imaginarnos?». Al siguiente día fue transformado el primer cartel por obra del creyón rojo en la frase «¡Arriba quien ustedes se imaginan!», la que fue alterada más tarde con trazos verdes hasta quedar así «Al lado quien ustedes se imaginan», firmado. «Tercera opción». Y, a seguidas, el del lápiz dejó escrito «¿Para qué lado?».

Casi de inmediato, luego de tachar todo lo anterior, aparecía con creyón rojo el siguiente rótulo: «Presidente, contigo hasta la muerte». Horas después se añadió con creyón negro, «Sí, parece que no hay otra opción» y, más tarde se agregaba con letras verdes «Claro que hay otra opción, la nuestra». Firmado: «Tercera opción». Abajo preguntaron a lápiz «¿Y cuál es esa opción?» Pero nadie respondió.

La pared, después de esto, se mantuvo varias semanas en silencio hasta que apareció un letrero que declaró con fuertes trazos negros «Tengo hambre». Casi enseguida, un letrerito a lápiz lo apoyó «Yo también» y, más tarde, con letras verdes «Y yo». Firmado «Tercera opción».

El creyón rojo resucitó al proclamar «Todos tenemos hambre pero hay que aguantar». Las letras negras respondieron «Los que aguantan son los tarrús y los maricones». Debido a la alta densidad de trazos por centímetro cuadrado ya fue imposible distinguir el ataque en rojo, la riposta en negro, los matices en verde y las inquietudes a lápiz. Así estuvieron hasta que alguien raspó la pintura de la pared de la escalera.

Días más tarde un letrero azul quebraba el diálogo habitual. Decía solamente: «Dianulys y Yusidis». Pronto el creyón negro convirtió la consigna intrusa en «¡Abajo Dianulys y arriba Yusidis!». Al rojo le bastó con remplazar el «abajo» con el «arriba» y el «arriba» con el «abajo». Poco después, las letras verdes decidían darle todo su apoyo a la conjunción «y» en detrimento de los nombres propios, en tanto el del lápiz preguntaba cuál de los dos nombres era el del varón. Sin embargo, al fin todo se ha resuelto del modo más conveniente. Para ello bastó que sobre la pared apareciera clavado un letrero que informa en gruesos trazos rojos: «En lo adelante queda destinado este espacio para expresar con toda libertad su opinión sobre nuestro presidente. Marque con una cruz en caso que esté de acuerdo con Él por siempre jamás». Y hasta ahora la única réplica ha sido la del lápiz que preguntó «¿cuál presidente?»

**Propuesta de actividades**

Con una gran sutileza, el autor refleja la realidad cubana del momento, con el humor como modo de desmontar imaginariamente los mecanismos que sostienen un mundo asfixiante y represivo.

1. ¿Qué ocurre en la Cuba de hoy? Investiga no sólo en Internet o en las enciclopedias. En este relato encontramos dos posturas enfrentadas: los que se marchan y los que se quedan. En un momento como este en el que la amenaza del modelo castrista se extienda a otros paí-

ses de Hispanoamérica –Chávez en Venezuela, Evo Morales en Bolivia– sería oportuno intentar, si es posible, que un cubano hable en la escuela del tema.

2. El autor dota de vida a los objetos que, en realidad, esconden a las personas que los manejan. ¿Cómo se llama esa figura retórica que consiste en poner un término en lugar de otro con el que guarda una relación de contigüidad? ¿Y esa otra que sirve para dotar de vida a cosas inanimadas? ¿Quiénes son en realidad los protagonistas de esta historia?

3. ¿Qué valor simbólico tienen los colores? Di cuáles son y lo que se esconde detrás de cada uno de ellos. ¿Cuál es el más agresivo?

4. Analiza y explica los vulgarismos del texto.

5. ¿Hay en él algún extranjerismo?

6. ¿Es este un cuento dialogado? ¿Cuál es la intervención del narrador? Los parlamentos son ¿rápidos o lentos?

7. La antítesis es la protagonista implícita del relato. Ejemplifica esta afirmación.

8. El humor es un componente de esta historia. Señala los momentos en que se emplea, con qué finalidad lo hace el autor y qué efecto consigue.

9. En el párrafo seis aparece un nuevo personaje. ¿Cuál es su postura? ¿Qué aporta de nuevo?

10. La resignación frente a lo insuperable, la realidad, la miseria están en estas páginas. Explica dónde.

11. «La pared, después de esto, se mantuvo varias semanas en silencio...» Di qué figura retórica se emplea en esta frase.

12. La correlación recolectiva consiste en establecer una relación semántica de uno a uno entre varios elementos de varios versos o frases que aparecerán desperdigados por el texto y recogidos luego en un ramillete. Explica la que aparece en el párrafo nueve.

13. En el párrafo décimo entra en escena un nuevo personaje. ¿Qué añade a las posturas existentes?

14. El último párrafo evidencia una realidad: lo prohibido atrae más que lo que se nos permite. ¿Estás de acuerdo?

15. Las dictaduras son un sistema político que atenta, sean del signo que sean, contra la libertad del individuo. Proponemos un debate en el que se discuta cuál sería el gobierno ideal para los pueblos.

16. Proponemos una actividad que nos parece muy interesante: la mayoría de los países hispanos ha sufrido o sufre una situación similar a la del cuento. Sería una experiencia muy interesante que los alumnos de los países afectados intentaran comunicarse con los de otros países para intercambiar con ellos su historia y sus vivencias. Quizá el punto de referencia podía ser la editorial Páginas de Espuma.

## LEONARDO VALENCIA
(Ecuador)

BIOGRAFÍA

Leonardo Valencia es narrador y ensayista. Actualmente reside en España. Colabora en importantes medios como *El mundo* (Perú), *El espectador* (Colombia), *El Telégrafo* (Ecuador), *La reforma* (México). Fue columnista de la revista mexicana «Vuelta». Valencia participó en el Primer Encuentro de Jóvenes Escritores Latinoamericanos efectuado en Venezuela en 1994, que dirigió el novelista Sergio Pitol. El escritor Kintto Lucas estima que «los cuentos de *La luna nómada* no se quedan en la muestra de este mundo postmoderno, hay un contraste, muchas veces tenso, con el pasado. (...) La presencia de un ágil narrador-personaje y el impecable lenguaje utilizado también incentivan la constante atención del lector.»

Es autor de libros de relatos como *La luna nómada* (Lima, 1995). Consta en las selecciones: *Antología del cuento latinoamericano del siglo XXI* (México, 1997); *Cuarenta cuentos ecuatorianos* (Guayaquil, 1997); *McOndo* (España, 1997); *Cuento ecuatoriano de finales del siglo XX* (Quito, 1999). Acaba de publicar una novela, *«El libro flotante de Caytran Dölphin»* (Editorial Funambulista, 2006).

—**Preguntas:** ——————

1. *Alguna vez hemos oído hablar a alguien de una experiencia lectora que lo enganchó para siempre al carro de la literatura. ¿Cuál fue el primer libro que leíste? ¿Hubo alguno que te marcara en especial?*

Creo que el primer libro que recuerdo haber leído fue una novela que no he vuelto a ver. Fue *La madre,* de Gorki. No recuerdo nada, salvo la imagen de unas gotas de lluvia en una ventana. Si ha sobrevivido por ese detalle, creo que valió la pena. De los que me marcaron en su momento, creo que *El cuarteto de Alejandría,* de Lawrence Durrell. Tenía 18 años y me sorprendió esa visión del amor desde la inteligencia y el cosmopolitismo.

2. *¿Qué es para ti el cuento? ¿Por qué lo cultivas?*

El cuento me interesa por la intensidad. Y porque esa intensidad deja resonando cosas que la imaginación debe completar. La novela funciona a la inversa, una acumulación que también deja resonancias, pero que se cifra más en el proceso largo de lectura. Como lector-escritor, la brevedad del cuento me permite tener una idea fácilmente manejable de la totalidad de la propuesta, de los recursos utilizados, y ver cómo ha procedido el autor, porque la relectura puede ser inmediata y rápida. No sabría darte una definición del cuento. Y creo que es mejor que sea así. Quizá valga una metáfora: la novela es una estampida, y el cuento un acecho sigiloso.

3. *Esta antología recopila cuentos en los que se pueden estudiar importantes aspectos estilísticos y culturales, y de los que se extraerán muchas y serias enseñanzas para la vida. ¿Qué recomendarías a los jóvenes que nunca tienen tiempo para sentarse con un libro en las manos?¿Qué les puede aportar la lectura?*

Hablemos concretamente respecto al cuento. Como forma breve es la primera que puede difundirse sin los requerimientos de lectura extendida de la novela. Una vez que un lector cumple esa etapa formativa e inicial –en nuestra época audiovisual, sobre todo oye cuentos o los ve plasmados en cine y televisión– se pasa a la novela sin ser muy consciente del aprendizaje realizado con los cuentos. Ese mismo lector, años después, puede volver al cuento sólo si ha afinado su sensibilidad literaria para descubrir lo que hay detrás de la sencillez y concentración propia de los cuentos.

4. *¿Quiénes son para ti los maestros del género? ¿Cuáles los cuentistas más significativos del último siglo?*

El maestro absoluto es Chéjov, y el renovador absoluto es Kafka. Creo que los más innovadores y personales han sido Hemingway, Onetti, Cortázar, Borges, Robert Walser, Felisberto Hernández, Schulz, Akutagawa y Quignard.

5. *El relato, un género que lucha en los países de habla hispana por adquirir carta de naturaleza y del que hay quien dice que se lee menos aún que la poesía. ¿Cuál es su situación en tu país?*

El cuento es el género narrativo más interesante de Ecuador y el que más vivo está. Cualquiera de los autores que nombro tienen pequeñas obras maestras: Pablo Palacio, José de la Cuadra, Francisco Proaño Arandi, Iván Egüez, Javier Vásconez, Gabriela Alemán, Aminta Buenaño, Abdón Ubidia, Adolfo Macías, Iván Carrasco.

*6.¿Cómo ves su futuro?*

Sobrevivirá como las cucarachas.

## *El ideograma*

Kúo debía resolver qué libros llevaría al Templo de la Ciudad Prohibida. Reglas centenarias disponían que el bagaje de los jóvenes sacerdotes debía tener un peso similar al de sus propios cuerpos. Ni más ni menos. Como Kúo no encontraba respuesta en la arboleda de Kaoshiung, decidió buscar a su maestro.

Siguiendo su costumbre de todas las tardes, el maestro Tse-Tuan estaría escribiendo en una de las salas del pabellón Tacheng. Kúo lo buscó y lo encontró reclinado sobre los lienzos con su rostro pálidamente perfilado por la ceguera.

–Te vas a ir dentro de poco –lo sorprendió Tse-Tuan, sin alzar el rostro, como si lo hubiera estado esperando–. Aprovechemos lo poco que te queda y conversemos.

Kúo seguía en la puerta. No se atrevía a entrar ni a decir nada. Tse-Tuan, percatándose de que el muchacho estaba turbado, trató de calmarlo.

–¿Qué te ocurre? ¿Por qué no hablas?

–Tengo un problema... –empezó tímidamente Kúo–.

–Pues si lo tienes y has venido a contármelo, te escucho.

Kúo avanzó hacia su maestro. Se agachó y sentó frente a él.

–Me da pena no poder llevar al continente la mayoría de mis pertenencias, sobre todo mis libros. Usted bien sabe que la regla del Templo es inevitable. Sólo puedo llevar una carga que pese tanto como yo.

Tse-Tuan tomó uno de los pinceles. Lo puso a remojar en un diminuto tintero de jade rojo. A pesar de su ascetismo y su modestia, este tintero era el único objeto que se preciaba de poseer delante de sus colegas.

–Eso no debería preocuparte –le dijo–. Te llevarás lo necesario.

–Pero es que todo lo que he adquirido y lo que me han regalado en estos años me es necesario –continuó Kúo–. Y usted sabe que he sido lo más austero posible. En realidad, lo único que me entristece dejar son mis libros. He aprendido tanto de ellos y estoy tan acostumbrado a releerlos y consultarlos.

Si bien no lo miraba a los ojos, Kúo sabía que el maestro lo escuchaba con atención mientras escribía con el rostro inclinado hacia el lienzo blanco.

–Por lo que dices, a todos tus libros los has leído más de una vez.

Kúo afirmó con orgullo.

–¿Y cuántos libros tienes?

–Son dos mil doscientos veintidós.

–Supongo que tendrás alguno predilecto. Siempre hay uno.

–¿Aparte de los Manuales? –dudó Kúo.

–Aparte de ellos –aclaró Tse-Tuan–. Me refiero a los que están más cerca de tu corazón.

No demoró en decirle que sus dos libros preferidos eran *Las memorias históricas* de Se-ma Ts´ien y el *Libro de las odas.*

–Lleva sólo esos –dijo el maestro–. No vayas a dejar una frazada por un libro.

–Claro que no –enfatizó Kúo–. Pero es que luego de que he sopesado con mis manos los dos libros, derivo hacia otros que también quiero y me digo que sí podría llevarlos, que me mantengo aún dentro del peso, pero entonces tomo otro y otro y otro más. Así hasta que no deseo dejar ninguno.

Tse-Tuan había iniciado un ideograma sobre el lienzo. Lo dibujaba con lentitud. Antes de cada trazo, se detenía por culpa de la ceguera.

–Entonces no te lleves ninguno –concluyó Tse-Tuan.

Kúo abrió los ojos.

–No te lleves ninguno –repitió su maestro–. Eso hubieran recomendado los antiguos, lo sabes. Puedes seguir su consejo y no te lamentarás. No obstante, puede encontrarse otra vía.

Había muchas. Kúo llevaba dos días considerándolas, aunque ninguna lo convencía.

–Podría encomendar el resto de mis libros –arguyó Kúo–. Después me los harían llegar clandestinamente.

El anciano alzó el rostro, interrumpiendo la escritura. Sus ojos de ciego quisieron mirar al muchacho con una reprobación.

–Eso no. Estarías violando la regla.

Kúo pensó que su astucia resultaba una torpeza. Debía mantenerse dentro de lo permisible.

–Entonces me podría llevar aquellos que más releo y que no excedan el peso.

–Igual extrañarías a los pequeños –objetó Tse-Tuan–. Además, para eso, volveríamos al principio. Así lo mejor sería que te llevaras tus dos libros predilectos.

–¿Y si llevo aquellos que no se conseguirían con facilidad en la Biblioteca Imperial?

–Por si no lo sabes –sonrió Tse-Tuan–. Todos los libros están en esa biblioteca. Tantos son que ni los alcanzarías a imaginar.

–Entonces sólo me quedaría seguir el consejo de los antiguos. No me llevo ninguno porque sé que allá los tendré todos.

–Los tendrás y no los tendrás. Estarán en los salones de lectura, pero no contarás libremente con ellos cuando el insomnio y la duda te visiten cada noche en tu habitación. Allí no los tendrás.

Al decir esto, el maestro Tse-Tuan concluía el ideograma. Por estar a cierta distancia, Kúo no pudo reconocer de qué se trataba. Tampoco le interesaba mucho. Lo único que deseaba era encontrar la salida a ese callejón por el cual lo estaban llevando la regla sacerdotal, sus libros y el maestro.

–No sé... –dijo rendido–. Parece que deberé dejar algunos libros por otros.

–Eso ocurrirá, no lo dudes –dijo el anciano–. Lo importante es lograr que la solución que tomes te convenza.

Kúo se irguió y levantó un poco la voz, indignado.

–¿La solución a una regla injusta?... Dicen que el Templo es tan grande como para acoger a cada sacerdote con cien bibliotecas, y aún así yo no puedo llevar mis libros. ¿Es eso justo, maestro? ¿Es justo?...

–No juzgues la regla –dijo Tse-Tuan ante el arrebato de su discípulo–. Es una disposición centenaria, mucho más sabia que todos los razonamientos o visiones que hayamos tenido a lo largo de nuestras vidas.

–Es una disposición que no comprendo. Si tienen el espacio y no son cosas inútiles...–sollozaba el muchacho.

–Escúchame Kúo –le dijo el anciano–. No te desesperes más y escucha lo que te voy a decir.

Tse-Tuan dejó el pincel sobre el tintero de jade rojo, tomó su sello personal y lo estampó sobre el lienzo que contenía aquel extraño ideograma que Kúo no había alcanzado a ver.

–Tú sabes –le dijo– que los guerreros cuentan con un sinnúmero de armas que van inventando a través de las guerras, las muertes y los años. Son armas cada vez más sofisticadas que suplen alguna limitación corporal, y en la actualidad se cuenta por centenares esos aparatos. Si no mira a los guerreros novatos cargados con tantos armatostes, exhibiendo su riqueza y su modernidad. Aún así, el guerrero auténtico sabe que sólo hay un arma principal, poderosísima e imprescindible: la ligereza.

Kúo lo escuchaba en silencio.

–Así como el guerrero, los pájaros –continuó Tse-Tuan–. El pájaro jamás va a comer en demasía el grano selecto de los trigales vigilados por los perros. Sabe que debe volar apenas descubran que ha sido tan audaz como para saquear el trigal. De lo contrario, su gula sería su condena, y moriría con el trigo atragantado en el buche. Eso en lo que corresponde a los guerreros y los pájaros. Por último, quiero que mires esa pintura que pende de la pared, a tu izquierda.

Kúo se volteó. El cuadro, en efecto, estaba allí.

–¿Ves que hay dos guerreros en el cuadro?

–Los veo.

–Pues bien –continuó Tse-Tuan–. Como vez, ambos galopan. El uno detrás del otro. El que va adelante, el enemigo, está recostado sobre la crin de su caballo negro porque ha sido herido de muerte. El que va detrás, montado sobre el caballo blanco, con el arco y el carcaj lleno de flechas, es el guerrero Ma Ch'ang. Puedes observar en ese cuadro a la vida y la muerte en un equilibrio perfecto. El artista los capturó al paso de su galope, justo cuando están en el aire, casi como si ambos, muerte y vida, estuvieran flotando en un mismo nivel. No pintó la victoria de Ma Ch'ang, sino que elogia la cualidad de la que te hablé: ser ligero. Ambos, el guerrero vivo y el guerrero muerto, flotan. Eso hace que el cuadro sea valioso.

Tse-Tuan se quedó callado. Kúo supuso que seguiría hablando después de la pausa, pero no lo hizo.Volvieron al silencio que siempre se percibía en el pabellón Tacheng. Ahora el maestro doblaba con sumo cuidado el lienzo con el ideograma desconocido, para después limpiar el tintero de jade.

–Bueno, querido Kúo –dijo el maestro mientras se ponía de pie–. Voy a orar y luego descansaré. Pronto anochecerá. Es muy seguro que ya no tendremos más oportunidad de hablar. Sólo espero que mis enseñanzas de estos años te hayan servido.

–Claro que me han servido, maestro –respondió agradecido y perplejo–. Lo extrañaré.

–Yo también –le dijo–. Has sido el mejor de mis alumnos. Por eso quiero darte un regalo. Toma.

Alargando sus brazos de ciego, pero firmes, Tse-Tuan le entregó el precioso tintero de jade rojo, su pincel y el lienzo que había doblado hace poco y en el que había escrito el misterioso ideograma.

–Es su tintero preferido –se excusó Kúo–. No se va a separar de él.

–No seas tonto –dijo con firmeza el maestro–. Tómalos, cuídalos y no los vayas a descartar del peso que llevarás al Templo de la Ciudad Prohibida.

Al día siguiente no pudieron hablar de nuevo. Mientras terminaba de cargar el caballo con las pocas vestimentas rituales, algunas frazadas y dos libros que seleccionó la noche anterior, Kúo lo alcanzó a ver por última vez a lo lejos. Estaba podando el jardín del monasterio. Kúo lo llamó en voz alta. El anciano maestro se irguió, alzó la mano y saludó al vacío. La ceguera no le permitió precisar de dónde venía la voz lejana de su discípulo.

El maestro Tse-Tuan murió poco tiempo después. Kúo, cuarenta años más tarde, llegó a ser Sacerdote Mayor del Templo. Esto le permitía desenvolverse muy cerca del Emperador y de sus hijos. Es precisamente a ellos a quienes les cuenta en los momentos de recreo la anécdota con su maestro. Siempre termina relatando lo largo y fatigoso del viaje que realizó desde su pequeña isla para llegar al continente. Les describe su sorpresa campechana al descubrir la belleza que adorna la capital del imperio. Y al final de su relato no se olvida de mostrarles el ideograma que el maestro Tse-Tuan dibujó en el lienzo mientras lo escuchaba:

Es el ideograma Nien, les empieza a explicar a los chiquillos, representa la cabeza de una espiga que se inclina por el peso de su madurez. Es el tiempo de la cosecha.

Pero los hijos del Emperador han oído el llamado de sus nodrizas. Están inquietos, tienen hambre, hace frío. Dejan el ideograma de Kúo y se levantan de los taburetes de cedro para ir a tomar el té.

## Propuesta de actividades

«El ideograma» está incluido en *La luna nueva,* un libro que el autor llama nómada, porque quiere que esté siempre cambiante y en movimiento, y por eso no duda en aumentarlo o disminuirlo, añadirle relatos en nuevas ediciones, corregirle o suprimir algunos de ellos. Cuentos abiertos, en los que el tiempo se detiene, en los que a veces casi no pasa nada, de breve anécdota. Relatos escritos con la cabeza, de finales inesperados, viajes de alucine, relatos policíacos insertados en crónicas, amores que nunca llegarán a buen puerto, la literatura dentro de la literatura en relatos como «Insuperable capítulo seis» o «Peligro para caminantes» que nos remite al escritor Rafael Alberti. Cuentos que a veces nos dejan con la incógnita de saber de qué ha ido la historia, como «Triángulo de dos esquinas».

1. Ante todo, una pregunta: ¿sabes lo que es un ideograma? Averígualo.

2. Este relato está plagado de referencias reales. Averigua dónde se encuentra Kaoshiung, qué es el tacheng, quiénes fueron Tse-tuan y Ma Ch'ang.

3. A continuación señala el tiempo histórico y el espacio de esta historia.

4. El verbo sentarse, cuando se refiere al hecho de asentarse, de establecerse en un sitio, es pronominal en español normativo. ¿Cómo se usa en el texto?

5. El amor a los libros, uno de los motivos del mismo. La lectura es aquí el único antídoto contra la soledad y el insomnio. ¿Te gusta leer? ¿Qué piensas que puedes encontrar en un libro? ¿Por qué ama los libros el protagonista de esta historia?

6. Sabes que el complemento directo lleva la preposición a en algunos casos. El autor dice «a todos tus li-

bros los has leído más de una vez». ¿Qué valor crees que aporta esa preposición al complemento directo de cosa?

7. ¿Has releído alguna vez un libro? Cuéntanos tus impresiones si lo has hecho.

8. ¿Qué es el jade?

9. Este relato es una exaltación de los valores espirituales frente a los materiales. Vivimos en un mundo consumista en el que se suele dar prioridad a lo utilitario. Proponemos un debate en el que la clase se divida en dos bandos que mantenga posturas diferentes. Iréis escribiendo en la pizarra los argumentos de ambas visiones. Después extraeréis una conclusión.

10. Por un momento, el joven Kúo piensa en hacer trampa y burlar las normas. Sabes que la picaresca es un género literario que arranca, en la literatura española, de *El lazarillo de Tormes*. Refresca tus conocimientos y encuentra un paralelo entre la actitud del protagonista y el comportamiento de Lázaro. ¿En qué momentos hace trampa Lázaro?

11. Esa biblioteca infinita en la que tienen cabida todos los libros nos remite a Borges y a un relato suyo «La biblioteca de Babel». ¿Quién fue Borges?

12. Dos momentos de la vida del hombre se contraponen antitéticamente: juventud y vejez pero también se contempla la madurez. ¿Cómo se ve la juventud? ¿Cómo la cambia la experiencia?

13. ¿Qué significado tiene «callejón sin salida?»

14. Decía Antonio Machado en uno de sus poemas, «me encontraréis ligero de equipaje». ¿Qué quiere decir con eso? Sería el momento oportuno para indagar acerca de este poeta español y de leer algún poema suyo en clase.

15. ¿Qué simboliza el cuadro que contemplan el discípulo y el maestro?

16. Lo mismo ocurre con el tintero que recibe Kúo. ¿Cuál piensas que es su significado?

17. Este cuento ¿Es abierto o cerrado? Justifica tu respuesta.

18. Asistes a la escuela, tienes profesores que se preocupan por tu formación. Si no tuvieras maestros, posiblemente dejarías de aprender muchas cosas que te harán un hombre en el futuro. ¿Crees que se valora en lo que vale esta profesión en la sociedad actual?

19. Te sugerimos que dibujes un cómic previo y luego dramatices por escrito el relato.

## MERCEDES ABAD
(España)

— BIOGRAFÍA —

Mercedes Abad (Barcelona, 1961) estudió Ciencias de la Información. Ha publicado libros de cuentos y novelas entre las que destaca *Ligeros libertinajes sabáticos,* escrita mientras se recuperaba de una rotura de menisco provocada por un mal paso en una audición para el programa concurso «Un, dos, tres», ganadora del Premio La Sonrisa Vertical en 1986. Su primera novela, *Sangre,* un derroche de imaginación marcado por el primor con que utiliza la paleta del lenguaje para crear imágenes insólitas y un intento audaz de contribuir con su voz chispeante y viva. Desde entonces ha publicado dos libros de cuentos más, *Felicidades conyugales* (1989) y *Soplando al viento* (1995). Es también autora de varios guiones de radio y de textos y montajes teatrales. *Amigos y fantasmas* reúne una nueva colección de relatos de la autora catalana. Una situación inquietante, una perturbación no prevista se convierte en el elemento común de los arranques de estas historias: los nervios ante una primera cita en la que hay que impresionar a la otra parte; el viaje en tren como una forma, desesperada e imposible, de aislamiento; el secreto mayúsculo que a un personaje insignificante le toca en suerte compartir –y administrar–; la presencia obsesiva de un antiguo rival de infancia, o la hipócrita y a ratos cruel relación entre un grupo de amigos. Con esos planteamientos Abad nos conduce a un desenlace inesperado, en el que se rompe la lógica o lo que convencionalmente se espera. A la autora le parece más interesante lo breve, por eso se mueve más a gusto en el campo del relato que en el de la novela.

—**PREGUNTAS:** ————————

1. *Alguna vez hemos oído hablar a alguien de una experiencia lectora que lo enganchó para siempre al carro de la literatura. ¿Cuál fue el primer libro que leíste? ¿Hubo alguno que te marcara en especial?*

Me recuerdo enganchada desde que tengo uso de razón. Y no recuerdo un solo libro revelador, sino muchos y muy eclécticos: para empezar el cuento de Pulgarcito, quizá mi favorito, el poema «La canción del pirata», de Espronceda, y más tarde *Mujercitas*, la colección juvenil de los Hollister y todo Salgari, lo que me permitió ser la novia de *Sandokán*. Luego, cosas de la vida, mi primer novio se parecía un montón al Tigre de Malasia…

2. *¿Qué es para ti el cuento? ¿Por qué lo cultivas?*

Sus dimensiones modestas convierten al cuento en uno de los géneros más libres que existen. En una novela, te «casas» con un tono. Los cuentos permiten fabulosas aventuras breves, y permiten probar nuevas formas de narrar, a veces mucho más gamberras y audaces.

3. *Esta antología recopila cuentos en los que se pueden estudiar importantes aspectos estilísticos y culturales, y de los que se extraerán muchas y serias enseñanzas para la vida. ¿Qué recomendarías a los jóvenes que nunca tienen tiempo para sentarse con un libro en las manos? ¿Qué les puede aportar la lectura?*

¿Qué qué me ha aportado la lectura? Placer, placer, placer. Y poder ser otros, y dejarte abducir por sus vidas y olvidar por unas horas la podrida realidad.

4. *¿Quiénes son para ti los maestros del género? ¿Cuáles los cuentistas más significativos del último siglo?*

Agarraos, porque la lista es larga: adoro, venero e idolatro a Saki, a Dorothy Parker, a Maupassant, a Poe, a Flannery O'Connor, a Cristina Fernández Cubas, a Cheever, a Ambrose Bierce, a Raymond Carver, a Ring Lardner, a James Thurber, a Quim Monzó, a Gonzalo Fortea, a Gonzalo Calcedo, a Stefan Zweig, a Borges y a Cortázar, admiro también algunos cuentos de Emilia Pardo Bazán, releo a menudo «Once hijos», de Kafka y algunos otros relatos suyos, a Henry James, a Chéjov y a muchos otros (Tobías Wolf tiene algunos fantásticos) a quienes seguramente olvido y a quienes pido disculpas de antemano.

5. *El relato, un género que lucha en los países de habla hispana por adquirir carta de naturaleza y del que hay quien dice que se lee menos aún que la poesía. ¿Cuál es su situación en tu país?*

Aun cuando no quiero dar una visión demasiado catastrofista (al fin y al cabo yo siempre he publicado mis libros de cuentos sin excesivos problemas), es obvio que España no es Estados Unidos, que los editores rezongan un poco cuando les llevas cuentos, que los adelantos son menos suculentos que cuando entregas una novela y que libros de cuentos de gran calidad tienen dificultades para ser publicados. O son publicados pero por la puerta pequeña, con escaso esfuerzo de promoción. Excepto, curiosamente, en Catalunya, donde hay buenos cuentistas que no parecen encontrar problemas para publicar, como es el caso Quim Monzó, Imma Monsó, Jordi Puntí y Empar Moliner entre otros.

6.*¿Cómo ves su futuro?*

Tan negro como el de toda la literatura. Dado el nivel de la educación pública en este país (una cosa que todos los gobiernos, sean del signo que sean, ponen un curioso ahínco en desmantelar), dentro de unos años la mayor parte de la gente no entenderá ni la lista de la compra...

## *Un excelente comienzo*

El azar es uno de los más poderosos agentes con que cuenta el desorden para mantenerse en el candelero, por mucho que algunas almas románticas se obstinen en ver en ciertas cadenas particularmente perversas de coincidencias la señal de un orden, de un destino, de un principio rector. En cuanto a mí, debo confesar que el azar me ha brindado siempre mis mejores respuestas y las más ingeniosas salidas a situaciones de crisis que parecían no tener salida. Sin el azar, por ejemplo, mi sempiterna torpeza me habría constreñido sin duda alguna a estropear mi primera cita con Raymond Star.

De Raymond Star yo sabía que le gustaban las mujeres decididas y fuertes, capaces de no arredrarse ante la adversidad y de emprenderla a dentelladas con la vida a fin de conseguir sus propósitos. También me habían contado que, como gran gourmet que era, establecía una sólida relación entre aquello que comemos y los aspectos más profundos de nuestra personalidad y que, por otra parte, su perspicacia a este respecto podía ser abrumadora. Por último, sabía que desde que lo había conocido mis neuronas se negaban a trabajar en cuestiones que no guardasen una estrecha relación con el extraordinario atractivo de Raymond Star.

Sobre mí misma sé bastantes más cosas que sobre Raymond Star, hecho que, lejos de reconfortarme, apunta casi siempre a una premonición bastante fiable de desastre. Sé, por ejemplo, que de vez en cuando puedo parecer decidida y fuerte y que incluso soy capaz de serlo un par de veces al año, en momentos culminantes a los que, por su extrema rareza, tengo en gran aprecio. Ahora bien, ignoro por completo cuáles son las circunstancias externas que propician en mí tales arrebatos de fortaleza y determinación –si es que hay circunstancias externas que los propicien, como el paso de algún cometa por la órbita de la Tierra, alguna insusual configuración de los astros en ese momento o cualquier fenómeno atmosférico perturbador–, y por lo tanto, provocarlos de forma deliberada es algo que escapa por completo a mis facultades.

Sea como fuere, Raymond Star me había invitado a comer en un restaurante que él mismo había elegido. El lugar era una antigua mansión señorial situada en el campo, aunque no muy lejos de la costa, donde Raymond me había dicho que podían comerse deliciosos platos de marisco y pescado. Sin embargo, cuando llegamos al caserón, rodeado de un frondoso bosque con letreros que revelaban la existencia de un coto privado de caza, lo primero que vi fue un corral donde se criaban espléndidos ejemplares de faisanes, ocas, pulardas y pintadas. Un letrero que, junto a la puerta de entrada, glosaba las especialidades de la casa (carne de caza y aves) acabó de sembrar en mí la confusión. Huelga decir que, con ánimo de mostrarme como una mujer desenvuelta y difícil de desconcertar, oculté como pude mi perplejidad. Estaba dispuesta a todo con tal de parecerme como una gota de agua a la mujer ideal de Raymond Star aunque, como ya he dicho, mi perfil no encajaba del todo con las informaciones que mi prójimo me había suministrado, hecho que hacía indispensable darle unos cuanto retoques al material de base.

Tras deshacerme en elogios acerca del encanto del lugar elegido por Raymond para nuestra primera cita, pasamos a la mesa donde segundos después un camarero ceremonioso me enfrentó a una carta terrible. ¡Qué carta, Dios mío! Había por lo menos veinte entrantes y una larguísima lista de platos de resistencia donde los pescados y los mariscos competían en pie de igualdad con las carnes de ave y de caza. Bajo el influjo de mi absoluta desesperación, mis ojos erraban a trompicones por aquella inextricable maraña de platos sin saber a qué aferrarse ni a qué patrón de los indecisos encomendarse. Imaginé el tropel de cosas horrendas acerca de mi psique profunda que Raymond podía deducir si yo hacía una elección poco acertada y noté como el corazón se me encabritaba con estruendo. Hacía años que no me sentía tan cohibida, torpe e indecisa.

Para empeorar mi ya dramático forcejeo con la carta, Raymond me preguntó de pronto: «¿Te gusta la carne?» Acompañó su pregunta con una mirada intensa y llena de significado, la clase de mirada que, desde hacía años, yo sólo había visto en versión celuloide. Tal vez no fuera una mirada significativa. Es incluso probable que no lo fuera. Pero en aquellos momentos mi percepción de la realidad estaba un tanto alterada y, en cualquier caso, a mí me pareció una mirada llena de significado. Mantuve mis ojos fijos en los suyos mientras hacía un vano intento de recomponerme interiormente y de no dejar traslucir el espléndido caos que alborotaba mis células. Me pregunté también si Raymond no sería uno de esos vegetarianos fundamentalistas, aunque, lamentablemente, el tono con que había hablado no permitía deducciones en un sentido u otro. A mí me encanta la carne, pero abandonaría sin vacilar un instante mis relaciones con el cerdo, el cordero, el buey, la ternera y las aves por un hombre como Raymond Star. Su mirada seguía pareciéndome pavorosamente significativa, pero que me aspen si sabía de qué.

Fue entonces cuando el azar, agente ciego y sordo (aunque a veces parezca gozar de una vista y un oído muy finos) tomó el mando de la situación. El suelo empezó a moverse bajo nuestros pies y la mesa se tambaleó visiblemente, así como los restantes muebles de la sala. Había una especie de rugido de fondo al que muy pronto se sumó el tintineo de vasos y copas, el estallido de unos cuantos jarrones de cristal al estrellarse contra el suelo, el ruido de platos rotos y los gritos de desconcierto y pánico. Supongo que no fue un terremoto de los que marcan altas cotas en la escala de Richter. Desde luego, no fue ni la mitad de intenso que el tumulto que había rugido en mi interior apenas unos segundos antes, de forma que yo me sentía casi cómoda en medio de aquel alboroto; como mínimo, tenía tiempo para pensar una respuesta adecuada a la pregunta de Raymond Star.

Sin embargo, el seísmo causó una gran conmoción en aquel apacible restaurante rural aún después de cesar por completo. Por lo pronto, el comedor quedó súbitamente invadido por un puñado de aves que se las habían ingeniado para huir del corral y que corrían enloquecidas en todas las direcciones, golpeándose con los muebles, embistiendo a los comensales y cubriéndolo todo de plumas. De pronto, Raymond exhaló un alarido; ví que una oca le estaba dando violentos picotazos en la pierna. Raymond debió de darle un manotazo en defensa propia; no puedo decir con absoluta precisión lo que ocurrió; en cualquier caso, dos segundos después la oca se abalanzó sobre mí con malas intenciones. En un movimiento puramente instintivo, adelanté la mano derecha, que acertó a rodear el cuello del infeliz animal. En cuanto me percaté de ello, aumenté la presión de mis dedos sobre el pescuezo del bicho. Era obvio que la oca se ahogaba. Apreté aún más y me levanté, oca en ristre, para que Raymond no se perdiera un solo detalle de tan heroica gesta, rezando al mismo tiempo para mis adentros por que no fuera miembro de alguna sociedad protectora de animales. Y mientras sostenía el bicho en lo alto, consciente de que aunque viviera cien años no volvería a ofrecer jamás tal imagen de fortaleza y decisión, le dirigí a Raymond Star una mirada significativa que duró tanto tiempo como tardó la oca en morirse. Cuando el animal pasó a mejor vida, deposité su cuerpo en el plato de Raymond al tiempo que le decía, resuelto al fin el dilema:

–Comeremos oca. Espero que no tengas nada contra estos bichos una vez muertos y convertidos en confit.

Raymond Star asintió, todavía sin aliento, con la sorpresa y la admiración significativamente reflejadas en sus hermosos ojos y la imagen de una diosa cazadora impresa de forma indeleble en su retina, en su memoria y probablemente también en su código genético. Por indecisa, torpe y débil que me mostrara en lo sucesivo, acababa de acumular un crédito considerable para afrontar el futuro con cierta dosis de razonable confianza.

**Propuesta de actividades**

1. Podemos decir que la primera frase del cuento lo condensa y contiene. Explica el por qué de nuestra afirmación.

2. Ironía del título: ¿un excelente comienzo la mentira, el engaño, que esconden el verdadero yo de la protagonista? ¿Cómo es ella? ¿Y él? ¿Cómo los vamos conociendo? ¿Es conveniente fingir lo que no somos para seducir a alguien?[1]

3. Un destino ciego que recuerda al *fatum* de los románticos, guía esta historia. Investiga acerca del Romanticismo y de esa fuerza que rige los destinos de los personajes de sus libros.

4. El nombre del antagonista está cargado de simbolismo. Explícalo.

5. ¿Cómo está contado este relato? ¿Quién habla?

6. Ironía y humor están en el personaje femenino. ¿Por qué podemos afirmar esto? ¿Cómo se ríe de sí misma?

7. En la invitación a cenar y la llegada al restaurante hay una gradación: analízala.

8. Emparejamientos, metáforas, comparaciones, son figuras retóricas empleadas por la autora. Búscalas y explícalas.

9. ¿Qué significa «versión celuloide»? ¿Tiene algo que ver con el apellido de Raymond?

---

1. Remitimos al *Libro de mal amor* de Fernando Iwasaki, una novela, según su autor, «cuentada», que recoge diez fracasos sentimentales que arrancan de la inautenticidad del protagonista masculino que no duda en dejar de ser él mismo para aproximarse al tipo ideal que gusta a la chica por conquistar, lo que le lleva inevitablemente al fracaso. Libro encantador cuya lectura recomendamos para estudiantes de Bachillerato y Secundaria.

10. El azar crea una situación cómica. ¿Dónde se encuentra el clímax de la narración?

11. «Pescuezo» es una palabra vulgar. ¿Cuál sería el término correcto?

12. El paralelismo entre la actuación del personaje femenino y la del héroe del cantar de gesta se explicitan. ¿En qué momento? ¿Qué son los cantares de gesta? ¿Recuerdas alguno en particular?

13. En el penúltimo párrafo hay una hipérbole. ¿En qué consiste? ¿Qué consigue con ella?

14. En el último párrafo se alude a una diosa cazadora. ¿Quién era? Busca en Internet o en una enciclopedia y exponlo en clase.

15. Como en otros relatos recogidos en este libro, la inautenticidad como forma de vida es el eje temático del mismo. ¿Es bueno engañar a otra persona, hacerle creer que somos como no somos con tal de conseguirla? ¿Cuál puede ser el resultado?

16. Mariano José de Larra escribe un artículo periodístico titulado «Un castellano viejo», en el que sus personajes se esfuerzan por aparentar lo que no son. Infórmate acerca del autor, del movimiento literario al que pertenece. Sería divertido leer el artículo en clase.

17. Una propuesta diferente: por grupos, convertid el cuento en una breve pieza teatral e intentad representarla.

## CARLOS CASTÁN
(España)

BIOGRAFÍA

Nace en Barcelona en 1960 pero estudia Filosofía en la Universidad Autónoma de Madrid donde ha vivido gran parte de su vida. Actualmente reside en Huesca donde da clases como profesor de ESO. Su primer libro, *Frío de vivir,* tuvo una excelente acogida por parte de críticos y lectores. Fue traducido al inglés y al alemán y fue distribuido en EEUU. Está constituido por relatos cortos que bucean en la soledad y nos ayudan a reflexionar sobre nosotros mismos. Escritor serio, en algún modo pesimista, sus páginas están llenas de lirismo y de ternura con un lenguaje cuidado y selecto. *Museo de la soledad,* su segundo libro de relatos, reúne doce cuentos en los que seres solitarios acechan un recuerdo, se dejan llevar por la fantasía, se enamoran y son destrozados por la miseria que envuelve la vida cotidiana y nos hace esclavos de nosotros mismos; en los que los desheredados de la suerte protagonizan relatos estremecedores e inolvidables por la dosis de realidad que contienen. Hemos elegido «Viaje de regreso», una historia de venganza, deseo y burla cuyo final no dejará insensible a los lectores.

—PREGUNTAS: ————————

1. *Alguna vez hemos oído hablar a alguien de una experiencia lectora que lo enganchó para siempre al carro de la literatura. ¿Cuál fue el primer libro que leíste? ¿Hubo alguno que te marcara en especial?*

Empecé leyendo la poesía de Miguel Hernández, Alberti y Neruda. Entre mis primeras novelas estaban *Nada,* de Carmen Laforet, *Réquiem por de un campesino español,* de Sender y *Buenos días, tristeza* de Sagan. Pero la novela que me marcó en especial, como a muchos de mi generación, fue *Rayuela,* de Julio Cortázar, que se convirtió para mí en una especie de dios. Luego vendrían Sábato, Camus, Kafka, Pavese...

2. *¿Qué es para ti el cuento? ¿Por qué lo cultivas?*

Siempre he querido huir de una definición del cuento demasiado cerrada, no me convence ninguno de los célebres decálogos para cuentistas. Creo sencillamente que hay historias que deben ser contadas en este formato, desnudas, despojadas de todo artificio y material superfluo. Un buen relato puede mantener toda la intensidad de la historia y del lenguaje de principio a fin, cosa que en una novela resulta insoportable. Cobra un peso inquietante y crucial lo que no se dice, las elipsis, el silencio adquiere una vertiginosa importancia narrativa. Por eso me gusta cultivarlo, y por la sensación de atrapar historias antes que de urdirlas, y por lo que tiene de esencia, de fogonazo, de golpe certero.

3. *Esta antología recopila cuentos en los que se pueden estudiar importantes aspectos estilísticos y culturales, y de los que se extraerán muchas y serias enseñanzas para la vida. ¿Qué recomendarías a los jóvenes que nunca tienen tiempo para sentarse con un libro en las manos?¿Qué les puede aportar la lectura?*

Yo creo que hay que hablarles sencillamente de que existe un placer que quizá debieran conocer. Una forma de huir del mundo y de uno mismo, de vivir otras vidas, otros destinos diferentes. Yo creo que sin los libros me hubiera resultado imposible comprender el mundo, poner nombre a todo lo que deseo, saber en definitiva quién soy. La vida que nos es dado vivir se percibe siempre como algo decepcionante y escaso.

4. *¿Quiénes son para ti los maestros del género? ¿Cuáles los cuentistas más significativos del último siglo?*

Para mí el maestro indiscutible del género, aunque pertenezca a este último siglo, es Cortázar, su forma de hacer aparecer lo fantástico en la realidad cotidiana, su imaginación, su lenguaje. Pero Poe, Chéjov y Borges son totalmente imprescindibles, al igual que Cheever, Carver o Wolf.

5. *El relato, un género que lucha en los países de habla hispana por adquirir carta de naturaleza y del que hay quien dice que se lee menos aún que la poesía. ¿Cuál es su situación en tu país?*

Creo que en España no existe el hábito de leer cuentos. Las causas pueden ser múltiples, a la gente le resulta más cómo «quedarse a vivir» en una novela, «habitarla», que andar entrando y saliendo de las diferentes historias de un libro de relatos. Creo que la aparición en los suplementos de verano de la prensa de cuentos encargados a novelistas escasamente dotados para el género ha contribuido a que todavía se aprecie menos.

*6. ¿Cómo ves su futuro?*

En el futuro la cosa puede ir cambiando lentamente, hay editoriales especializadas en cuentos y otras independientes que aprecian de verdad la buena literatura y conciben su empresa como algo más que un simple negocio.

## *Viaje de regreso*

*No basta el recuerdo cuando aún queda tiempo*
LUIS CERNUDA

Poco después de ponerse el tren en marcha la vi con la cabeza apoyada contra el paisaje veloz. El impulso primario fue extender el periódico y esconderme ahí, tras el papel con las noticias que ya no iba a leer, noticias ya lejanas, como de otro mundo, desprovistas de repente de su posible relevancia. Marta.

Y con ella, con esos gestos que creía olvidados, esa tristeza tan antigua, esa manera de mover las manos, me vino a la mente toda una época que bien podría haber sido dorada. Pero cada vez que recuerdo aquel tiempo de la vida por delante y largas horas de instituto, ese tiempo de Marta y los cafés a la salida de clase, libros por leer y sábados en los que desembarcar con el cuchillo entre los dientes; cada vez que vuelvo a todo eso termino descubriendo, bajo una superficie dulce de juventud y bullicio, el dolor de heridas que quedaron por cerrar, a la intemperie, convertidas hoy, tras el paso de los años, en sombras donde la memoria no quiere detenerse y recoge sólo de ellas, en su sobrevuelo, la inquietud que despiden, el confuso eco de su queja. A veces son recuerdos como ruidos en la escalera.

Oculto tras el periódico, escuchándola hablar de vez en cuando con la señora o los niños que viajaban con ella, reviví rostros de amigos cuyos nombres creía olvidados, habitantes de ese tiempo en que despertábamos a un mundo asombroso que, excitante y cruel, tiraba ya de nosotros; y recordé las aulas destartaladas, el olor del proyector sobrecalentado con el que nos pasaban diapositivas de arte los lunes a última hora de la tarde, mientras en la calle, en invierno, se iban encendiendo ya las primeras farolas y rótulos y los autobuses rugían bajo las ventanas, cargados de historias, camino del centro; esos autobuses que casi nunca tomábamos pero que estaban ahí, como salvación, como promesa, y que a cambio de unas pocas monedas traspasarían iluminados, con nosotros a bordo, los límites de lo conocido, el estrecho escenario de nuestra vida de entonces.

La primera vez que vi a Marta fue una vez muy larga, como cinco o seis horas sin dejar de mirarla. Fue el primer día de curso en el instituto al que yo había llegado nuevo, con esa turbación y desaliento de los recién aterrizados en un medio tan ruidoso como desconocido. Ella ya conocía a casi a todo el mundo, así que iba saludando gente a diestro y siniestro, y se reía; mientras yo, desde el otro extremo del aula, miraba su pelo rubio derramarse, esos ojos de ángel, la boca en continuo movimiento, ya fuera por las palabras o por el chicle de fresa que mascaba sin cesar. Luego se sentó en una mesa junto a uno de los radiadores y sacó su plumier como de niña y una carpeta forrada con fotos de James Dean. Desde ahí, iba recorriendo con la vista toda la clase, a izquierda y derecha, una y otra vez, como buscando algo, como si antes de que sonara el timbre del mediodía tuviese que haber elegido un destino, su próxima aventura, un alma sobre la que doler. El reto para mí era, por encima del rubor y la sangre revuelta, sostenerle la mirada, que fuera ella quien bajase primero los ojos o girase la cabeza hacia otro lado.

Al terminar las clases yo solía enfilar por la calle Puerto Rico hacia Concha Espina camino de la parada del 43. Un día ella me alcanzó; venía, como siempre, acompañada de su hermana de un curso menos que el nuestro, una chica a la que se adivinaba guapa por debajo de la timidez y de unas grandes gafas redondas, y que casi siempre asistía callada y sonriente, aprendiz indecisa, a los nerviosos despliegues de Marta, Marta aquí y allá, con este y con aquel, ahora una carcajada, de flor en flor, una broma, un beso en el aire, ahora la melena vuela de golpe hacia atrás. Me alcanzó y me dijo siempre tan solo, siempre como triste, y estuvimos hablando, ya se sabe, de todo y de nada, hasta que ellas se desviaron hacia su casa. Muchos días hice el mismo recorrido mirando hacia atrás disimuladamente, esperando a ser alcanzado por ellas, todo lo despacio que se puede andar, demorándome en cada escaparate, pero no recuerdo que volviera a suceder, o iban en grupo con mucha más gente, o se detenían en cualquier corro o a última hora cambiaban de acera.

Todavía puedo sentir, si quiero, esa soledad en concreto, esa soledad de caminar lentamente pensando en que, a lo mejor, de un momento a otro, oiría su voz a mi espalda y ese silencio sólo de ella, ese silencio entre tantos gritos y risas y motores. Y los sentí ese día en el tren, agazapado en mi asiento, siempre tan solo, siempre como triste; los sentí de tal modo que tuve que levantarme y caminar hacia ella, hacia la mujer de sus mismos ojos y su misma piel, que en ese momento sacaba de una bolsa un par de yogures con sabor a fruta para sus hijos y que en seguida recordó mi nombre y se puso de pie, alborozada y confusa, y me presentó a su suegra casi a la vez que le decía que se iba un momento conmigo al bar, con este amigo recién hallado de los tiempos de María Castaña.

Nos sentamos en una de las mesas del vagón cafetería y comenzamos a hablar de aquellos años, de cómo creíamos entonces que serían nuestras vidas y cómo habían sido en realidad, y nos preguntamos por la suerte de un montón de compañeros, amigos inseparables entonces, a los que no habíamos vuelto a ver. Ella me suministró información más o menos reciente de la vida actual de alguna de sus amigas del instituto, nombres que me sonaban familiarmente lejanos pero para los que mi memoria, en la mayoría de los casos, no conservaba un rostro aproximado que calzarles; y yo le conté que había visto a Urzaiz, el anarquista rebelde que soñaba con incendiar la secretaría, y que estaba prácticamente calvo, encorbatado y vencido, trabajando nueve horas como jefe de sección en una asesoría financiera. Hablamos de mil cosas, de aquellos años y de ahora, de cómo se pudre todo, de los niños, de los conciertos que vimos en los colegios mayores y de la vieja canción de dónde habrían ido a parar todos aquellos sueños compartidos tan de veras, tan de corazón, como el poco dinero con que entonces podíamos contar o la botella que hacíamos circular de mano en mano, sentados en la hierba.

Pero mientras ella evocaba en voz alta vaguedades de un tiempo que se esfumó entre aplausos, yo, en cambio, recordaba cosas que a ella parecían resultarle extrañas, aunque asintiera sonriendo. Como, por ejemplo, la vez en que nos hicimos novios, es decir, compañeros, justo un año después de habernos visto por primera vez, compañeros con guerreras verdes, las dos iguales, como la del Che, compradas en el rastro un domingo de lluvia, en la calle codo a codo y con la revolución por delante, y su melena al viento y los entrañables libros de Benedetti con las esquinas rotas; mucho más que dos, eso desde luego, siempre rodeados de gente, sin tiempo para el amor, tanto por hacer, reunirse, maquetar la revista, volverse a reunir. Y ella rehuyendo estar solos de veras, porque no se decide, porque le da miedo y no le parece buena la idea de una acampada en la sierra ni de una pensión cutre en el centro, de esas en las que las putas se pasan la noche subiendo y bajando escaleras, la única que podemos pagar, estrenarnos escuchando las toses de viejos sifilíticos. Y además tanto por hacer, el grupo de teatro, el miedo, este sábado imposible, el miedo, la regla, mi sueño tan burgués de caminar de su mano junto al mar, bajo un cielo estrellado.

Recordaba historias de todos nuestros profesores de entonces y de los viejos bedeles, esos seres con cara de antepasados que se nos aparecían por los pasillos arrastrando los pies. Pero había olvidado, al parecer, la tarde en que arrancamos de todas y cada una de las aulas del segundo piso los crucifijos y los cuadros con el testamento enmarcado de Franco, ella y yo solitos, y llenamos con ellos los cubos de basura. Yo di un paso al frente cuando preguntaron por los culpables y me costó tres días de expulsión, pero ella calló porque su padre la mata si se entera y no pudimos ser, como yo quería, la pareja de rojos castigados que caminara enlazada por los jardines que rodeaban el instituto, mientras los demás llenaban cuadernos con problemas de matemáticas, besándose al tiempo que agitaban todas las conciencias.

Hablaba de nuestras expediciones en grupo al antiguo cinestudio Griffith, esas tardes de Bogart y Novecento, de Johnny y de Jonás, de cañas a la salida camino del barrio, cuando me perdí en estériles especulaciones acerca de lo caprichosa que puede llegar a ser la memoria en cada uno de nosotros, hasta el punto de que cuando nos hace retornar, al girar la vista atrás hacia un mismo tiempo y escenario vividos, nos conduce en realidad a mundos radicalmente distintos, acontecimientos que se contradicen, ciudades que se niegan, que flotan en brumas de tonos diversos, nieblas rosas, nieblas grises que te dejan de golpe el corazón sin hogar, nieblas negras como boca de lobo. Así, mientras para unos el reino del pasado que regresa es pura nostalgia perfumada, caminitos de flores entre las frondas de un bosque umbrío, para otros destapar la caja de los recuerdos es como cuando se abren las tumbas en algunas películas de terror y salen fantasmas en pie de guerra, muertos a caballo que van dejando, tras de sí, la noche llena de aullidos y jirones de sábanas negras.

Pedimos más coñac y seguimos repasando las cosas de aquel tiempo. Parecía no saber de qué le hablaba cuando le nombré la amargura suave que entonces me envolvía, siempre tan solo, siempre como triste, vosotros mismos lo decíais, rodeado de gente pero en otro planeta, un planeta frío donde tantas veces no llegaba el eco de vuestra risa ni sonaba esa música que os hacía saltar. Habló de una euforia por cambiarlo todo, cosa que no se ve en la juventud de ahora, ni por asomo, de un deseo de libertad en la sangre que nos hizo a su imagen y todavía nos mueve, nos duele dentro a veces como un caballo en llamas, y es un dolor del pasado, y ese dolor del pasado, amigo mío, no perdona ni una, nos obliga a la dignidad con su látigo que viene de tan lejos. Pero nada dijo, ni yo quise recordárselo, de lo que fue mi infierno entonces y aun hoy, en algunas pesadillas, regresa como un abismo tanteado con un bastón de ciego, no precipicio con garras sino dolor sin más, a secas, dolor del que se queda cuando enciendes la luz, cuando te vistes y vives, porque lo llevas dentro y tiene que ver con la forma de tu mirada y la humedad de tus huesos y el peso de los días que te toca despachar: no dijo nada de cuando Pradillo –el guaperas de la clase que representaba, con su cazadora de ante y con su pelo peinado hacia atrás, con su llavero de oro del Real Madrid y su chulería absurda como de portero de discoteca, todo cuanto nosotros odiábamos– se quedó encerrado en los lavabos y empezó a gritar preso de un ataque de claustrofobia; y no hubo manera, y tuvo que venir el cerrajero y medio instituto estaba allí, viendo trabajar a aquel hombre y oyendo los gritos y cuando por fin se abrió la puerta Marta estaba allí, con él, sentada en la tapa del retrete con las manos cubriéndose la cara. No quiso hablar con nadie, conmigo menos todavía. Dejó el teatro, y la alegría, y la revista y a mí y todo y no volvió a ser más Marta saltarina, Marta aquí y allá, se quedó sólo con ese silencio con el que había salido de los servicios abriéndose un pasillo entre las risas ahogadas y los murmullos. Se la vio desde entonces acompañada por Pradillo, que parecía más su guardaespaldas que cualquier otra cosa más digna de envidia, y sin abandonar ya ese silencio que se le quedó desde ese día como enquistado y que, por lo que a mí respecta, había durado hasta esa tarde del tren.

Cuando volvimos a nuestros asientos, toda la familia que viajaba con ella dormía profundamente; quedaba casi una hora de viaje y era imposible ponerse a leer, con tanto coñac en el cuerpo. Fue un momento de esos en que casi puedes oír la banda sonora de una película en la que de repente te has metido sin darte cuenta. Allí estábamos los dos, con nuestros ojitos achispados, sin poder leer ni hacer nada que no fuera mirarnos, ella sonriendo de vez en cuando, estirándose la falda, volviéndome a mirar. Me levanté y le propuse tomar la última o un café cargado que nos despejase un poco, lo que decidiésemos camino del bar. Y esta vez me la llevé de la mano. Pero camino del bar no pensamos en eso, porque entre el dulce mareo y el movimiento del tren, en uno de esos espacios entre dos vagones, donde van las puertas y el extintor y los cuadros de control del aire acondicionado, tropezamos y, para no caer, nos agarramos el uno en el otro, quedando en una posición como de comenzar el baile, igual que si fuera un anuncio de perfume; y tras esa mirada interrogante que cierto punto de ebriedad suele hacer mucho más breve, noté su lengua en mi boca como un pez cálido y lento que me iba diciendo que tomase lo que era mío, que recogiese lo que había dejado olvidado, perdido durante tanto tiempo por el mundo pero que ahora de nuevo estaba aquí. En su sitio. Cuando nadie miraba nos encerramos en uno de los servicios y allí pude despeinarla del todo, amarla contra el lavabo de zinc por cuyo desagüe se colaba un viento con olor a hierro. Y sentir, después de tantos años, la forma de amar que me correspondía y no gocé, esa mezcla de ternura y arrebato, rosas y sangre, y en esa especie de dulzura intempestiva me perdí, como un niño en la noche, y ni por un solo segundo quise rehuir ni una gota del dolor que ese placer me traía, desde tan lejos (dolor por no poder retener el momento, por haber transcurrido miles de días como una monótona apisonadora, dolor de Pradillo, de cada autobús que nuestro miedo dejaba marchar, dolor de llegar tarde a donde ya no me esperan), y me hacía sentir a un tiempo la herida y la venganza.

Al despedirnos, en el andén, la vida real nos recibió heladora, rodeados de niños y maletas, invierno otra vez; quise mirarle a los ojos y pronunciar gravemente, sintiendo cada letra, un «adiós, Marta» que quedara rotundo en su memoria como uno de esos instantes que no pueden faltar en ningún álbum de su vida, ese cuyas páginas pasarían a toda velocidad por su mente si su coche diera un día cuatro vueltas de campana. No pareció en absoluto contrariada cuando me contestó riendo que no, que no era Marta, sino Begoñita, su hermana, la de las gafas, la que tenía tendencia al acné, la que se quedaba en casa tantas veces, viendo la televisión con sus padres cuando yo iba a recoger a Marta, la que no logró en ese tiempo causar a nadie el más mínimo temblor, la que miraba, callada y en segunda fila, vivir a los demás. Y entonces supe que en aquel sucio lavabo de ferrocarril desbocado hacia el invierno, había habido a la vez más de una venganza, más de un dolor arrancando botones, sudando, gimiendo, dejándolo todo perdido de carmín.

**Propuesta de actividades**

El relato que vamos a analizar pertenece a *Museo de la soledad,* un libro que alberga doce relatos en los que el autor nos ofrece una visión demoledora, tierna y dura a la vez, del amor, la soledad, la oposición sueño/realidad, la infancia, la denuncia y la solidaridad con los que no tienen donde guarecerse. Nos presenta hombres que necesitan crearse un mundo acorde con sus necesidades, que fabrican amores a conveniencia en cuentos tristes y desolados que nos hacen llorar. Quizás el que comentamos, sea el más lúdico de este libro melancólico y dolorido.

1. ¿Cuál sería el tema de esta historia?

2. La lengua literaria de este relato es muy rica desde el punta de vista sintáctico. Las figuras más empleadas son la anáfora, los emparejamientos y las enumeraciones. Busca y analiza cada una de ellas.

3. Comparaciones y metáforas abundan por doquier. Señala los elementos que las integran y explica su significado.

4. ¿En qué momento se nos presenta a la protagonista femenina? ¿qué nos dice de ella?

5. No sólo de la palabra nos valemos para comunicarnos: olores, sabores, gestos, pueden suplir al lenguaje verbal: ¿qué es lo que activa recuerdos y vivencias en el protagonista masculino?

6. En un momento de la narración se alude a un famoso actor de cine, James Dean. Busca información sobre él.

7. Repasa los conceptos de estilo directo e indirecto. ¿En qué momento usa el autor aquí el estilo directo? ¿Emplea una técnica tradicional?

8. Hay momentos de intenso movimiento conseguido no sólo gracias a verbos sino también a sustantivos. ¿podrías decir dónde?

9. En varias ocasiones se anticipa el final, se sugiere lo que va a ocurrir más adelante. Ella no es la que él cree que es. Busca las ocasiones en que esto ocurre.

10. ¿En que tiempo histórico piensas que se desarrolla este relato? ¿Por qué?

11. Mario Benedetti es un escritor argentino. Podrías interesarte por su obra y leer en clase algún poema o algún cuento suyo que hayas encontrado en Internet.

12. Los protagonistas de la historia han vivido momentos de intensa actividad cultural y política y apenas tienen tiempo para el amor. Compara con lo que ocurre hoy en día. ¿A qué edad suelen tener relaciones sexua-

les los chicos y las chicas? ¿Crees que hay que empezar muy pronto o por el contrario esperar a tener una cierta madurez y saber lo que haces y con quién? ¿Cuál es tu opinión?

13. El narrador transparenta sus ideas políticas. ¿Dónde lo colocarías tú, a la derecha o a la izquierda? ¿Qué personas e instituciones se rechazan con violencia?

14. La memoria puede recordar lo bueno o lo malo del pasado. ¿Cómo se llama esta figura que consiste en contraponer conceptos?

15. El autor, a través de sus personajes evoca un tiempo pasado que fue mejor y considera que la juventud actual carece de la iniciativa y el inconformismo de antaño. ¿Estás de acuerdo? ¿Qué crees que se podía cambiar en tu sociedad? ¿Haces algo por ello?

16. Quizás esta historia nos enseñe que no hay que dejar pasar la felicidad por muy momentánea que sea, que hay que coger el toro por los cuernos. ¿Qué tópico literario se esconde en esto?

17. Posiblemente seas un segundón en tu casa, tengas un hermano mayor perfecto, te lleves todas las amonestaciones. ¿Qué ocurría en la península Ibérica con los segundones en el Edad Media? ¿Era un segundón el Cid Campeador?

18. Invéntate una historia en la que tu personaje se tome la revancha.

## HIPÓLITO G. NAVARRO
(España)

### BIOGRAFÍA

Hipólito G. Navarro nace en Huelva en 1961. Biólogo interruptus, reside en Sevilla desde 1979. Es autor de una novela, *Las medusas de Niza,* Editorial Algaida, Sevilla, 2000 y 2003, y de los siguientes libros de relatos: *El cielo está López,* Editorial Don Quijote, Granada, 1990; *Manías y melomanías mismamente,* Editorial Don Quijote, Sevilla, 1992; *El aburrimiento, Lester,* Anaya & Mario Muchnik, Madrid, 1996; *Los tigres albinos,* Editorial Pre-Textos, Valencia, 2000, y *Los últimos percances,* Editorial Seix-Barral, Barcelona, 2005. Ha obtenido algunos premios, entre ellos el Alberto Lista de 1997 por «Con los cordones desatados, a ninguna parte», el Premio de Novela Ateneo-Ciudad de Valladolid del año 2000 y el Andalucía de la Crítica 2001 por *Las medusas de Niza,* y el Premio Mario Vargas Llosa NH al mejor libro de relatos publicado en España en 2005 por *Los últimos percances.* Entre 1994 y 2001 editó la revista «Sin embargo», publicación dedicada al cuento literario. Media docena de periódicos andaluces se han atrevido a contar semanalmente con sus artículos, híbridos de columna y cuento despegados de la actualidad. Sus relatos están traducidos a varios idiomas y están recogidos en algunas antologías del género, entre ellas *Dos veces cuento, antología de mi-*

*crorrelatos*, Ediciones Internacionales Universitarias, Madrid, 1998; *Narradores españoles de hoy*, Cultura de Veracruz, México, 1998; *Ojos de aguja, antología de microcuentos*, Círculo de Lectores, Barcelona, 2000; *Cuentos contemporáneos*, Ediciones SM, Madrid, 2001; *Por favor, sea breve. Antología de relatos hiperbreves*, Páginas de Espuma, Madrid, 2001; *Lo que cuentan los cuentos*, Editorial Eón, México, 2001; *Pequeñas resistencias, antología del nuevo cuento español*, Páginas de Espuma, Madrid, 2002; *El dinosaurio anotado*, Alfaguara, México, 2002; *El relato español actual*, Fondo de Cultura Económica, México, 2002, y Madrid, 2003; *Textículos bestiales*, Desde la Gente, IMFC, Buenos Aires, 2004; *Ciempiés, los microrrelatos de Quimera*, Montesinos, Barcelona, 2005; *La otra mirada, antología del microrrelato hispánico*, Menoscuarto, Palencia, 2005; *Di algo para romper este silencio, celebración por Raymond Carver*, Lectorum, México, 2005; *Microrrelatos en el mundo hispanoparlante*, Ediciones del Rectorado, San Miguel de Tucumán, Argentina, 2006, y en las antologías temáticas *Vidas sobre raíles* (Madrid, 2000), *Historias médicas* (Madrid, 2001), *Molto vivace* (Madrid, 2002), *De mil amores* (Barcelona, 2005), *Alrededor de un tablero* (Madrid, 2005)... Ha editado, prologado y anotado los relatos completos de Fernando Quiñones: *Tusitala. Cuentos completos* (Páginas de Espuma, Madrid, 2003).

Los relatos seleccionados están extraídos del volumen *Los últimos percances* (Seix Barral, 2005).

## —PREGUNTAS:

1. *Alguna vez hemos oído hablar a alguien de una experiencia lectora que lo enganchó para siempre al carro de la literatura. ¿Cuál fue el primer libro que leíste? ¿Hubo alguno que te marcara en especial?*

La verdad es que no recuerdo bien cuál fue el primer libro que leí. En mi memoria permanece por lo menos una docena de títulos por los que siento un cariño especial. Y no son precisamente obras de alta literatura, sino de subgéneros, de terror, de aventuras, de misterio. Aunque a lo mejor es esa la más alta literatura, porque fueron esos libros precisamente los que me inyectaron el veneno delicioso de la lectura, hasta convertirme en un lector empedernido, obsesivo incluso. Esos libros y los tebeos, desde luego, que también leí y sigo leyendo con gran alegría. Ahí van algunos títulos: *Drácula,* de Bram Stoker; *Frankenstein,* de Mary Shelley; *El extraño caso del Dr. Jekyll y Mr Hyde,* de Stevenson; las *Narraciones extraordinarias,* de Edgar Allan Poe; *Veinte mil leguas de viaje submarino, Viaje al centro de la Tierra* y otras novelas de Julio Verne, los cuentos de Salgari y Jack London... en fin, una gozosa y larga lista de este tenor. Otra cosa fue desembocar luego, al final de la adolescencia, en los libros maravillosos de Kafka, de Beckett, de Cortázar, de Onetti... Ya estaba atrapado para los restos.

2. *¿Qué es para ti el cuento? ¿Por qué lo cultivas?*

El cuento es mi gran pasión, junto con la música. Y las pasiones, cuando son verdaderas, ya se sabe: no se pueden explicar. A mí al menos siempre me cuesta muchísimo explicarlas. El cuento es el género grande de la narrativa, contrariamente a lo que muchos piensan. El cuento, como la poesía, es el territorio donde una lengua, un idioma, puede alcanzar sus más altas cotas de perfección. Pero sólo es posible lograrlo cuando las palabras arriesgan hasta el límite, abrazándose de nuevas maneras en el borde mismo de un precipicio.

Cultivo el cuento porque me gusta ese riesgo, me apasiona. Es hermoso pasear todo el rato cargado de palabras por el borde de ese despeñadero, sin miedo a dejarse caer de vez en cuando por él, bastante atropellado de locas intuiciones narrativas y de estructuras, argumentos y metáforas imposibles. Lo más habitual es caerse hasta el fondo con todo el equipo, y permanecer ahí dulcemente magullado hasta un próximo intento, pero siempre alberga uno la secreta esperanza de alcanzar lo más alto, y quedarse ahí un minuto, como una hormiguita a la pata coja en el vértice de un ciprés, manteniendo firme el tipo y el equilibrio, ebrio de una rara felicidad.

3. *Esta antología recopila cuentos en los que se pueden estudiar importantes aspectos estilísticos y culturales, y de los que se extraerán muchas y serias enseñanzas para la vida. ¿Qué recomendarías a los jóvenes que nunca tienen tiempo para sentarse con un libro en las manos?¿Qué les puede aportar la lectura?*

A los jóvenes que nunca tienen tiempo para leer les recomendaría buscar en los libros justamente lo contrario a esto que apuntas, que no se fijen en los aspectos estilísticos o culturales, y mucho menos en las enseñanzas serias para la vida. A los primeros lectores es mejor animarlos a que busquen en los libros la diversión, los grandes momentos de placer que puede depararles una buena historia bien contada. No puede haber placer en la lectura obligada del Quijote o el Mío Cid a los catorce o quince años. Pero sí en los libros libremente elegidos por los muchachos. Cuando éstos se encuentran, cuando coinciden el lector joven y el libro que mejor se ajuste a su momento, el placer será más intenso que cualquiera de los que ofrece el entretenimiento audiovisual, por señalar al mayor competidor de la letra impresa. Es mucho más intenso porque en la creación de ese momento de felicidad especial interviene muy directamente el lector, completando con su inteligencia, con sus tripas y su corazón lo que la letra impresa le sugiere, dándole forma en su interior a su manera única y exclusiva, diferente a la de cualquier otro lector. Que en la historia impresa no aparezca todo masticado, que lo escrito deje un margen de interpretación y re-creación para el lector, es lo que permite esa comunión fabulosa entre el lector y el libro. Una vez que los jóvenes lectores hayan descubierto ese placer, ya buscarán y encontrarán ellos por sí mismos, sin ayuda de nadie, los aspectos culturales y las enseñanzas malas y buenas para la vida.

4. *¿Quiénes son para ti los maestros del género? ¿Cuáles los cuentistas más significativos del último siglo?*

Anton Chéjov, Edgar Allan Poe, Guy de Maupassant, Franz Kafka, Saki, Isaac Babel, Jorge Luis Borges, Horacio Quiroga, entre los mayores, nacidos en el XIX. De las generaciones posteriores, del último siglo, me resultan imprescindibles los latinoamericanos

Felisberto Hernández, Julio Cortázar, Juan Carlos Onetti, Augusto Monterroso, Juan Rulfo, Adolfo Bioy Casares, Antonio di Benedetto; la brasileña Clarice Lispector; los europeos Samuel Beckett, Heinrich Böll, Slawomir Mrozek, Giorgio Bassani, Césare Pavese; los norteamericanos John Cheever, Donald Barthelme, J. D. Salinger, Raymond Carver; la canadiense Alice Munro; los españoles Medardo Fraile, Fernando Quiñones, Ignacio Aldecoa... Pero mi lista me temo que puede ser un poco interminable. Lástima no conocer a los cuentistas africanos, asiáticos...

5. *El relato, un género que lucha en los países de habla hispana por adquirir carta de naturaleza y del que hay quien dice que se lee menos aún que la poesía. ¿Cuál es su situación en tu país?*

Esta afirmación es completamente errónea, o falsamente interesada, especialmente si pensamos en los países latinoamericanos, donde existe una larga y fecunda tradición del cuento, y no digamos si nos referimos a los americanos del norte, los Estados Unidos. No existe un gran escritor americano, del norte o del sur, que no haya escrito algunas de sus mejores y más importantes obras en el género del cuento. Poe, Melville, Faulkner, Fitzgerald, Hemingway, Rulfo, Borges, Cortázar, Onetti... ya los hemos citado, son todos sobresalientes y admirables cuentistas. La situación en España, desde hace más de cuatro lustros, va camino de equipararse con la de los países del otro lado del océano, sin el menor demérito además. El cuento ocupa en nuestro país cada vez más el espacio que por su importancia habría debido tener desde siempre. El insólito nacimiento y supervivencia de varios sellos editoriales dedicados al cuento en exclusiva, iniciado felizmente en el año 2000 por Páginas de Espuma y continuado después por sellos como Thule y Menoscuarto, es sólo una muestra bien patente de la buenísima salud actual del género. Coexisten hoy en España varias generaciones de cuentistas que escriben y publican con asiduidad, nutriéndose mutuamente. Todas juntas conforman un panorama me atrevo a decir de bastante alto nivel. Desde nuestros cuentistas mayores en activo, Medardo Fraile, Antonio Pereira, Javier Tomeo o Juan Eduardo Zúñiga, pasando por la generación de los nacidos alrededor de los años cuarenta y cincuenta, José María Merino, Luis Mateo Díez, Cristina Fernández Cubas, Pedro Zarraluki o Agustín Cerezales, hasta los más jóvenes, como Carlos Castán, Juan Bonilla, Eloy Tizón, Félix Palma o Andrés Neuman, por citar algunos de los más conocidos y que escriben en castellano, se puede asegurar que son más de cincuenta los autores de nivel que prestan una gran atención, cuando no la completa exclusiva, a este género que todavía algunos malintencionados se atreven a etiquetar de menor. ¿No te parece asombroso?

6.*¿Cómo ves su futuro?*

El futuro es grandioso, bárbaro. Al cuento no hay quien lo pare en este país. Se terminó hace tiempo la costumbre de llorar y de lamentarse. Es la hora del cuento breve y del cuento brevísimo, así todo parezca apuntar a que es la del grandísimo tocho novelesco histórico o histérico. Cuando la mayoría de los lectores de esas barbaridades despierten, descubrirán que todavía tienen enfrente al cuento, su pequeña formidable tabla de salvación.

## *Enésima teoría de la relatividad y coda*

Somos doce, todos calvos. No porque se nos haya caído el pelo, que podría ser, sino porque somos calvos de nacimiento. Como la importancia de las cosas es siempre relativa, esto de la calvicie precisamente no nos quita el sueño. Quizá nos preocupe un poco el futuro, qué habrá más allá de estas paredes, si terminaremos juntos nuestros días o si finalmente acabará cada uno por su lado, sin acordarse de los otros para nada. Pero no nos peleamos por eso.

Somos doce, y todos blancos. No existen razones para que entre nosotros se den las trifulcas y los altercados de las razas o las etnias. Sabemos que en otro lugar estarán reuniéndose ahora mismo los que tienen otro color, igual da más claro o más oscuro, y que también ellos tendrán sus preocupaciones, quizá de orden radicalmente distinto de las nuestras. Lástima no haber alternado los tamaños, los colores..., hubiera sido todo mucho más divertido.

Leemos en una misma página de periódico noticias que hablan de felicidad junto a crónicas que relatan batallas y tristes sucedidos, enjundiosos artículos que pretenden arreglar de una vez por todas los problemas del mundo junto a otros que se ocupan de pequeñas menudencias, apenas un guiño de humor que pasa inadvertido. Con todos ellos sin distinción nos entretenemos ahora, a la espera de lo que tenga que llegar. El tiempo que a nosotros nos toca es de todas formas tan breve... Comparado con el tiempo total que lleva dando vueltas el universo, casi da un poco de vergüenza pensarlo. Apenas un segundo estuvieron sobre la piel de este planeta algunas especies temibles y portentosas, cómo vamos a ser importantes nosotros, tan calvos además.

Así que esperamos muy juntos, como digo, leyendo las noticias de esta hoja sobre la mesa de la cocina, y teniendo claras tan sólo unas cuantas cosas esenciales. Saldremos del cartucho uno a uno o de dos en dos, unos para fritos, otros para cocidos o pasados por agua, quizá con suerte y con patatas dos o tres juntos y en tortilla. Y nada más.

* * *

Ellas, sin embargo, pretenden disentir. A su manera, quisieran pronunciarse, manifestar nuestra singularidad. Pero mi mayor volumen se impone y las aplasta. Además, ya se decidió en su momento: de las tres que habitamos este espacio, soy yo la yema portavoz.

**Propuesta de actividades**

1. ¿Qué significado tiene el título? ¿Qué significa la palabra «coda»? ¿A qué se refiere?
2. ¿Qué persona de la narración se emplea? No sabemos quién es el narrador hasta el último párrafo ¿Quién cuenta la historia? ¿Tiene algo que ver con el título?

3. Desde el comienzo, el autor intenta engañarnos y no sabemos quiénes protagonizan el cuento. ¿Qué has pensado al principio? ¿Entre qué se establece un paralelismo?

4. Busca en el texto elementos de cohesión textual.

5. El humor hace de esta historia algo divertido que nos lleva a sonreír. ¿Podrías explicar qué podemos considerar humorístico en el texto?

6. La tercera oración del primer párrafo podría estar en relación con el título. Razona por qué.

7. La palabra «cosas»: explica su valor denotativo y el connotativo que adquiere aquí.

8. ¿Crees que el autor hace alguna reflexión acerca del paso del tiempo? ¿Cuándo?

9. Este relato, aparentemente inocuo, gira alrededor de temas y motivos de una gran seriedad. ¿Te ha separado la vida de amigos o de familiares? ¿Es doloroso pensar que quienes han sido entrañables para ti puedan desaparecer y convertirse en un mero recuerdo? ¿En qué momento de la historia se habla de esto?

10. En algo tan breve, se condensan ideas muy duras. Lee detenidamente el tercer párrafo y señala cuáles son.

11. ¿Cómo acaban los personajes del relato? ¿Y el ser humano?

12. Toda una declaración de principios: «Lástima no haber alternado los tamaños, los colores..., hubiera sido todo mucho más divertido». No existen o no debían existir fronteras, y es un hecho que el hombre se mueve por el mundo, cambia de país, de casa, de costumbres. Hoy, el tema de la inmigración conmueve a los gobiernos y a los ciudadanos de los países que se ven desbordados por quienes acuden a ellos buscando mejorar sus condiciones de vida. ¿Cómo está la situación en vuestro país? ¿Creéis que hay que acoger a los que buscan asilo y refugio? Razonad vuestra respuesta.

13. Una propuesta divertida: en grupos de seis, reescribid el cuento. Sois los protagonistas. Podéis reinventarlo, cambiar el tono, introducir diálogos. Lo que se os ocurra.

14. Otra alternativa: redacta una historia en la que el protagonista sea un objeto: un lápiz, una flor, un cenicero.

## *Mi mamá me mima*

Contempla ensimismado cada tarde a su hija mientras ella aprende a escribir. Los deberes de Virginia, considera, son un regalo que no tiene precio: le devuelven aquella portentosa experiencia del aprendizaje a la que su recuerdo solo no podría asistir, de tan lejana.

Si al principio le sorprendía la capacidad de Virginia para equivocarse y romper continuamente la mina del lápiz, hasta llegarle incluso a exasperar tanta torpeza, ahora comprende que no busca ella otra cosa en realidad que una buena excusa para emplearse a fondo en las primarias tecnologías de los sacapuntas y las gomas, una ocupación mucho más placentera que copiar las ñoñas redacciones que le mandan los maestros. Además, le deben de fastidiar sobremanera las cosas que terminan por decir esas frases que construye con infinita paciencia y un trabajo agotador, o así le cabe a veces suponer a su padre, cuando lee con mal disimulada admiración tan irónicos y notables resultados.

Quizá por eso entienda él como su mayor obligación volver a la carga una y otra vez –al menos mientras duren las planillas de estos días–, y repetir las explicaciones muy masticadas ya de este matiz: no se trata ahora de atender al argumento, mi amor (como a un adulto le habla; sigue distraídamente con el dedo un dibujo en la escayola), sino de poner todos los sentidos en pintar las frases, hilvanando con sumo cuidado una letra tras otra, a ser posible sin que rebasen los palotes los anchos y los altos que las líneas azules te señalan con descaro. La cuadrícula, por si no lo sabes, hija, viene impresa justamente con esa intención: la de constreñir en lo que pueda tu más salvaje y virginal caligrafía.

Virginia mira a su padre y sonríe, como si algo en efecto comprendiera.

Tiene ahora Virginia que hacer todo su trabajo en casa, desde que se rompió, jugando en el recreo, unos cuantos ligamentos. Veintiún días inmovilizada escribiendo sus planillas bajo la atenta vigilancia de su padre. ¿Cuántos días han transcurrido ya?, ¿seis tan sólo? Parecen más.

Así que los dos reciben a menudo y cada vez con más ganas la visita de los abuelos. Vienen muy poco las amigas del colegio.

Con los abuelos es más fácil. Ella puede escribir entonces sin tanta cariñosa vigilancia, mientras ellos, los mayores, charlan y recharlan en voz baja.

Pero como las últimas planillas, a su manera también ellos son aburridos, pues hablan todo el rato de lo mismo, repitiéndose cada día más. Quizá por eso pierda Virginia hoy su concentración y se deje ver llorar. Ha sido cuando más enfrascados estaban ellos en la conversación. Un descuido lamentable.

Los abuelos intervienen de inmediato y al unísono, qué tiene mi cielo, queriendo suponer que Virginia echa de menos a sus amigas, los juegos, el intercambio frenético de cromos. Su padre se aventura por otros pensamientos: quizá eche también de menos a su madre sin fronteras sabe Dios dónde y con qué alternativos médicos ahora. ¿O ligeros cambios atmosféricos que podrían influir en el daño tal vez?

Pero no, no es nada de eso. Virginia se explica entre hipidos. Llora porque ellos, los mayores, han dejado por imposible el informe del traumatólogo que acompaña a las radiografías de su pie, porque nadie, ni los tíos siquiera, logró finalmente entender las letras borrachas del especialista. Llora porque le da una pena tremenda descubrir que pasados unos años pudiera olvidársele todo esto que ahora tanto le cuesta y escribir finalmente como si nunca hubiese sabido hacer la o con un canuto, como si nunca hubiese conseguido domesticar su más salvaje y virginal caligrafía. Es buen argumento, le parece, para suavizar.

La abuela será quien la anime al final: no te preocupes, mi vida; hay que ser muy estúpida para que se olvide una de escribir, eso sólo le ocurre a los médicos.

Tan poca sorna se transparenta en el tono de voz de la abuela que incluso termina Virginia luego una hojilla, sin olvidar en ningún renglón el acento de mamá. Pero la verdad sea dicha: hay en la casa, y se nota, unas ganas bárbaras de que terminen ya, de una vez por todas, las muy dolorosas y sarcásticas planillas de la eme.

**Propuesta de actividades**

1. ¿Qué adelanta el título?

2. ¿Cuál es el problema de la niña? ¿Cuándo lo sabemos?

3. La sociedad otorga a la madre un papel fundamental en la familia que no puede ser compensado con nada, y eso es lo que nos dice el cuento. Pero en un mo-

mento como el que vivimos en el que son frecuentes las separaciones, en que incluso se habla de adopción de niños por parejas homosexuales, esto parece venirse abajo. Discutid y expresad vuestras opiniones.

4. La enseñanza –los maestros– no sale bien parada: los maestros proponen redacciones ñoñas, no saben entretener y motivar a los alumnos. ¿Qué crees que habría que hacer para estimular al estudiante e impulsarlo a aprender y a trabajar?

5. La niña es muy pequeña y muy inteligente. Explica cómo lo sabemos.

6. Retrata al personaje.

7. ¿Qué figura retórica se da en «pintar frases», «hilvanar un letra tras otra»? Explícalas.

8. ¿Qué nombre recibe la repetición textual de las palabras de un personaje?¿Cómo se hace aquí?

9. Virginia domina sus sentimientos, los oculta, bien por no manifestarlos o por no hacer sufrir a los demás. ¿Qué piensas de su comportamiento? ¿Te dejas llevar por tus impulsos y emociones? ¿Debe uno controlar sus manifestaciones? ¿Por qué?

10. ¿A qué organización pertenece la madre? ¿Lo dice el autor directamente o da un rodeo?¿Cuál de las dos maneras te parece más creativa?

11. Analiza la estructura interna del relato.

12. ¿Qué es para ti una madre?

13. ¿Cómo crees que se comportan en general los hijos con las madres?¿Valoran su papel, en muchas ocasiones anónimo y rutinario?

14. ¿Cómo te portas tú? ¿Deberías cambiar algo en tu conducta?

15. ¿Qué tal si escribes un cuento que reflexione sobre la relación padres-hijos? Podrías partir de alguna situación que sea frecuente en vuestra convivencia.

## *Isósceles*

Interesa enriquecerse paulatinamente.
Enriquecerse paulatinamente interesa.
Paulatinamente Enriquecerse inTeresa.

**Propuesta de actividades**

1. Como un breve poema, un chispazo, tres renglones nos cuentan una historia. ¿Serías capaz de ampliarla? ¿Qué ocurre en ella?

2. ¿Tres palabras se repiten en un orden distinto en cada línea. ¿Encuentras alguna rima entre ellas?

3. Las dos primeras frases engañan al lector. Parece que es un juego inocuo, y es en la última cuando se nos aclara el enigma. ¿Por qué?

4. ¿Qué recursos tipográficos emplea el autor y cuál es su valor? ¿Tienen una importante carga semántica?

5. ¿Sabes lo que es el calambur? Rastréalo en el texto y explica cómo cambia el sentido de las dos oraciones anteriores.

6. ¿Por qué crees que el autor ha titulado así su cuento? Dibuja un triángulo isósceles e intenta adivinar su valor en el texto.

7. Este relato es una obra de arte en miniatura. Decía Georges Pérec, que «el arte del puzzle parece un arte breve» y que no es una suma de elementos sino un conjunto en que unas piezas encajan unas con otras. ¿Podríamos aplicar estas aseveraciones a este microrrelato? ¿Tendrían algún valor los elementos aislados, sin integrarse en el conjunto?

8. Busca información acerca del Oulipo y de George Pérec. ¿Qué has entendido de la información obtenida?

9. Pon en marcha tu imaginación y tu creatividad: invéntate un puzzle de similares características al que acabamos de estudiar. Puedes jugar con más de tres frases.

10. Imagínate a Enrique y a Teresa, descríbelos, crea un marco espacio temporal en el que situarlos. Redacta tan sólo una escena en la que veamos a Enrique interesado por Teresa.

11. Tú eres Enrique y puedes crear una Teresa a tu gusto. ¿Cómo le declararías tu amor? Escríbelo en un folio, y luego léelo en voz alta a tus compañeros de clase.

## FÉLIX J. PALMA
(España)

### — Biografía

Félix J. Palma (Sanlúcar de Barrameda,1968) tiene publicados cuatro libros de relatos: *El vigilante de la Salamandra* (1998), *Métodos de Supervivencia* (1999), *Las interioridades* (2002) con el que obtiene el Premio Tiflos de Cuento, *Los arácnidos* (2004), primer Premio Iberoamericano de Relatos Cortes de Cádiz, y dos novelas: *La hormiga que quiso ser Astronauta* (2001) y *Las corrientes oceánicas* (2005) que gana el Premio de Novela Luis Berenguer. A estos galardones se han de sumar otros como el Miguel de Unamuno o el Gabriel Aresti. Ha sido traducido al polaco. Actualmente ejerce de asesor editorial y colabora asiduamente en prensa.

Los cuentos de Felix J. Palma son un firme ejercicio de estilo y en ellos se combinan la fantasía, la ternura, el humor, la melancolía, el terror. En *Las interioridades,* que recoge el elegido para esta antología, viven seres insatisfechos que sueñan, aman, odian, y todo ello en un lenguaje refinado y adobado por una carga de humor finísimo, lo que es habitual en el autor.

### — Preguntas:

1. *Alguna vez hemos oído hablar a alguien de una experiencia lectora que lo enganchó para siempre al carro de la literatura.*

*¿Cuál fue el primer libro que leíste? ¿Hubo alguno que te marcara en especial?*

Yo fui víctima del hechizo que lanzó la editorial Orbis, allá por los ochenta, publicando una colección de quiosco de clásicos de la Ciencia Ficción. Aquellos entrañables tomitos azules despertaron en mí el gusto por las historias fantásticas, y de algún modo, trazaron las directrices de mi imaginación. ¿Cómo no hacerlo, si esa colección reunía novelas tan extraordinarias como *El fin de la eternidad*, de Asimov, *Mundo interior*, de Silverberg o *Fahrenheit 451*, de Bradbury?

2. *¿Qué es para ti el cuento? ¿Por qué lo cultivas?*

Me gusta leer y escribir cuentos porque me parece un género más difícil y atractivo que la novela, el otro género que he practicado (confieso que para el ensayo y la poesía no me veo capacitado). Pero aunque pueda parecerlo, si uno atiende a mi obra, no tengo ninguna fijación especial por el cuento. Soy consciente de sus limitaciones y abordaré la novela siempre que la complejidad de la trama me exija un espacio mayor. Aunque mi ambición es inventar un nuevo género híbrido, la novela cuento.

3. *Esta antología recopila cuentos en los que se pueden estudiar importantes aspectos estilísticos y culturales, y de los que se extraerán muchas y serias enseñanzas para la vida. ¿Qué recomendarías a los jóvenes que nunca tienen tiempo para sentarse con un libro en las manos? ¿Qué les puede aportar la lectura?*

Trataría de convencerlos de que la lectura puede depararles un entretenimiento tan grato como los juegos de la Play o las películas de *Matrix*. De hecho, muchas de las películas que consumen o los juegos de rol a los que juegan están basados en obras literarias. Lo importante, creo yo, es presentarles la literatura como algo fácil, ameno y divertido. Leer no es sinónimo de estudiar.

4. *¿Quiénes son para ti los maestros del género? ¿Cuáles los cuentistas más significativos del último siglo?*

Siempre cito a Julio Cortázar, cuya obra me supuso una revelación, ampliando mis horizontes. La gracia con que el argentino unía en sus cuentos lo fantástico y lo cotidiano como quien tira un tabique es inimitable.

5. *El relato, un género que lucha en los países de habla hispana por adquirir carta de naturaleza y del que hay quien dice que se lee menos aún que la poesía. ¿Cuál es su situación en tu país?*

En España el cuento no vende, por lo que la mayoría de las editoriales importantes exigen novelas a sus autores. El relato encuentra cobijo en editoriales pequeñas, las auténticas abanderadas del género, y gracias a ellas quienes escribimos cuentos tenemos al menos una esperanza de publicar, que no de alcanzar lectores.

*6.¿Cómo ves su futuro?*

Creo que la cosa no cambiará mientras el lector medio siga contemplando los libros de cuentos como una especie de timo o una *rara avis*. La mayoría, en realidad, desconocen lo que es un cuento. Y así difícilmente llegaremos a alguna parte.

## *La nave de los albatros*

«...te veré por vez primera, quizá,
como Dios ha de verte.»
JORGE LUIS BORGES

Nuria nunca tuvo padre pero, de vez en cuando, el mar le traía a un hombre que le ordenaba cerrar la boca al comer. Era un individuo enorme y baladrón, de perenne mirada furibunda, que malvendía sus apegos fuera de casa y repartía a su familia una calderilla afectiva con la que creía cumplir, como quien guarda las sobras de la comida para los gatos del callejón. Aquel hombre rudo y vocinglero parecía provenir del corazón mismo del mar, pues acarreaba un tufo a salitre y carnaza que vencía al jabón, un hedor a machos apretados en camarotes mínimos, a naufragio antiguo y pescadería sucia que, cuando el mar volvía a llevárselo, quedaba flotando en la casa, agarrado a las paredes como el olor del vómito.

Por las noches, cuando aquel hombre ya llevaba dos o tres días con ellos, Nuria se arrodillaba ante los pies de la cama, fijaba una mirada solemne en el crucifijo que colgaba sobre la cabecera, y pedía al mar que se lo tragara para siempre, que desistiera de escupirlo regularmente a la orilla, que mejor soportar las burlas en el colegio por no tener padre que vivir aquellos periodos de temor en los que debía conducirse sin hacer ruido, estar siempre dispuesta para irle a por tabaco y no poner los codos en la mesa. Pero sus ruegos no fueron escuchados. Acaso le pareció que sus insistentes súplicas enfadaron al Señor, pues un día su padre regresó pálido y endeble, dispuesto a quedarse para siempre en tierra sin que a nadie explicara sus motivos, como si el mar le hubiese herido con un desplante de enamorada contra el que no le quedara más remedio que hundirse en la poza de un silencio contrariado.

A partir de ese día la vida en la casa cambió por completo. Hasta entonces Nuria había llevado una existencia tranquila, casi feliz, apenas perturbada por las burlas de sus compañeras de colegio, que ya por esa época comenzaban a reciclarse en bromas sin malicia motivadas por la envidia, pues con el despuntar tierno de la adolescencia la ausencia de padre se reveló más una ventaja que una tara. En comparación con las otras muchachas de su clase, Nuria gozaba de una libertad inaudita para su edad. Sus días eran orquestados únicamente por la batuta ecuánime de su madre, con quien desde pequeña mantenía una complicidad de aliados. La intermitencia paterna, sin llegar a abolir del todo la jerarquía propia de sus edades, había forjado entre ellas una camaradería insólita, no exenta de un romanticismo trasnochado, como de mujeres que deben sacar adelante la hacienda mientras el hombre combate en el frente. A su madre no dejaba de sorprenderla la admirable sensatez con la que Nuria se conducía en la vida. Nunca olvidaría, por ejemplo, la serenidad con que la informó de su primera menstruación, sin la menor sombra de ese pánico que la había sobrecogido a ella al despertar manchada en lo más íntimo con un rastro de moras. Fue esa prudencia tan infrecuente en una niña de trece años la que hizo que Nuria nunca tuviese que privarse de ninguno de los muchos eventos que jalonan los albores de la adolescencia. Todo eso cambió, sin embargo, con la llegada definitiva de su padre.

Tomás Vallejo convirtió en trono el sillón junto al televisor, y allí se instaló con aquel mutismo torvo de volcán amansado que lo convertía en un intruso inquietante, en una deidad marina que sólo emergía del silencio para emitir sus implacables designios. Dado al compadreo, no le resultó difícil buscarse los dineros trapicheando en la lonja. Adquirió una furgoneta destartalada, y enseguida se hizo con una pequeña cartera de clientes que fue creciendo a medida que su buen tino para seleccionar el pescado de calidad se hacía célebre. Nunca mostró el menor interés, sin embargo, por fortalecer la envergadura de su negocio, ni siquiera reemplazó la ruinosa furgoneta. Le bastaba con el dinero justo para que los suyos vivieran con dignidad. Solía levantarse cuando el cielo mostraba las primeras puñaladas de luz y, antes de que la ciudad rasgara la húmeda muselina del sueño, él ya estaba de vuelta con la jornada resuelta, sentado ante el televisor, despidiendo una tufarada de colonia de bote y recovecos de océano, y dispuesto a gobernar con mano de tirano el destino de su familia.

De repente, el salón se transformó para Nuria en un ámbito impracticable; atravesar esa estancia significaba quedar expuesta a las caprichosas órdenes de su padre, cuando no a la inquietante fijeza de su mirada, que parecía estudiarla con una atención de entomólogo. Nuria se resignó a moverse por la casa con andares de fantasma, a hablar con su madre mediante murmullos y a atrincherarse en la angostura de su dormitorio, un cubículo al que sólo llegaba la melancólica claridad que se despeñaba por el patio interior, pero el único lugar del que su padre no la reclamaba. Derramó muchas lágrimas tratando de entender los motivos por los que de repente se había visto privada de toda la libertad de la que disfrutaba. Su padre parecía haber vuelto de la mar con el firme propósito de enterrarla en vida, pues sólo le permitía salir de la casa para asistir al colegio, y aún así era él quien la llevaba y recogía en la mísera furgoneta, como si se tratara de un encargo que no necesitaba conservarse en hielo. Cualquier otra actividad, por inocente que fuera, le era prohibida con una tajante sacudida de cabeza ante la que tampoco su madre podía protestar, pues a Tomás Vallejo le bastaba con amagar el gesto de una bofetada para acallarla. Durante un tiempo, Nuria confió en que ella al fin alzara la voz en su defensa, y no cesó de requerirle ayuda con las mismas miradas cómplices del pasado, pero dejó de hacerlo cuando tropezó, buscando no recordaba qué en la mesilla de su madre, con un tarrito de cápsulas azules, de esas que ayudan a dormir sin tormentos, y comprendió de golpe que estaba pidiendo auxilio a alguien que lo necesitaba más que ella. La vida se convirtió entonces para Nuria en una trabazón de tardes idénticas en la celda de su cuarto. Allí, rodeada de una cohorte de muñecas de trapo con las que ya no le apetecía jugar, se entretenía viendo llegar a la mujer que llevaba dentro en la luna del armario, o imaginándose que se fugaba para siempre a través del patio, mediante las gruesas venas de las tuberías, hasta que el odio hacia su padre la obligaba a tumbarse en la cama y a sembrar la almohada con las lágrimas blancas de las princesas cautivas.

Una tarde, su madre le contó que había tropezado en la calle con uno de los marineros con los que su padre solía embarcarse, al que no había dudado en interrogar sobre los motivos que habían forzado a su marido a quedarse definitivamente en puerto tras su última travesía. Pero era poco lo que su compañero de faena sabía al respecto, salvo que Tomás Vallejo había decidido renegar para siempre del mar al término de una noche de guardia, tras la que lo encontraron demudado y cadavérico, suplicando el regreso a la costa con un hilo de voz que le arruinaba la hombría. El mar está lleno de leyendas, acabó diciéndole el marino para mitigar su extrañeza, de cosas que cuesta creerse hasta que uno no las ve con sus propios ojos, y no hay nada peor que enfrentarse a sus fantasmagorías durante una solitaria guardia nocturna. El mar, a veces, nos dice cosas que no queremos saber.

Ni Nuria ni su madre otorgaron demasiado crédito a las palabras del marinero, impregnadas de un misterio demasiado teatral. El ogro que habitaba el salón se les antojaba un ser insensible a las sutilezas de las visiones marinas, en caso de que las hubiera. Como mucho, habría sufrido un estremecimiento en el corazón, o habría oído, en la calma nocturna del mar, la desafinada música de su interior, que le advertía que el cansancio milenario de sus huesos había alcanzado finalmente la pleamar. Lo único que parecía cierto era que algún acontecimiento o revelación crucial había tenido lugar sobre la desierta cubierta, removiendo por dentro a Tomás Vallejo y reemplazándole en un juego de manos nefasto la vastedad del océano por el rincón del salón.

Pero los días se sucedieron, monótonos y deslucidos, sin que ninguna de las dos se aventurase a interrogarlo abiertamente, intuyendo quizá que la respuesta no iba a ser otra que un desplante airado. Nuria, por su parte, trataba de mantenerse lo más lejos posible del sujeto que había conseguido que hasta el hecho simple de vivir le resultara insoportable. Le bastaba con la penitencia de tener que viajar a su lado cada mañana en la furgoneta, sofocada por el hedor turbio de la carga reciente. No sabía qué odiaba más de los recorridos compartidos en la infecta tartana, si el silencio hermético que gastaba su padre o sus grotescos intentos de comunicación, aquellos arrebatos de camaradería que lo asaltaban de vez en cuando, y que ella abortaba con lacónicos monosílabos. La furgoneta dilataba un itinerario ya largo de por sí, durante el que Nuria se entretenía en rumiar mil maneras de vengarse de aquel dictador tripón que, no contento con arruinarle la vida, pretendía además ganarse su confianza. La confundía, sin embargo, su afán por extraer de ella alguna frase cariñosa, o cuando menos cordial, pues se le antojaba imposible que su padre no fuese capaz de leer en su acritud el desprecio que le profesaba. Sus intentos de acercamiento eran siempre torpes e irrisorios, y por lo general se reducían a un par de tentativas que, una vez ella desbarataba, daban paso al impenetrable silencio que los acompañaría el resto del trayecto. Por eso la sorprendió que una mañana, como si no le importara que ella no le atendiese, su padre empezara a hablar de las leyendas del mar.

Con una voz trémula, que sin embargo fue adquiriendo confianza día a día, como si él mismo se acostumbrara al estrépito de su vozarrón reverberando en el angosto interior de la cabina, Tomás Vallejo desgranaba con su humilde oratoria, no se sabía para quién, las historias del mar que mejor conocía. Las escogía al azar, y las narraba de forma desordenada, barajando experiencias personales con leyendas que corrían de boca en boca. A veces realizaba largas pausas, conmovido por la nostalgia de los recuerdos o sorprendido por la dimensión épica que cobraban sus cotidianas gestas de marino en constante porfía contra el océano al ser contadas mientras atravesaban aquel paisaje aletargado de panaderías y kioscos. Pero sobre todo le excitaba la mella que su desesperada estrategia parecía causar en el desinterés de su hija. Con el correr de las mañanas y las leyendas, Nuria había ido desentendiéndose de lo que sucedía tras la ventanilla e interesándose por las historias que él contaba, incluso había empezado a prepararle el café por las mañanas, en un gesto que conmovió a Tomás Vallejo, quien pronto dejó de hablar para sí mismo y empezó a hablar para la persona que más quería en el mundo.

Le habló de todo lo que se le ocurrió, temiendo volver a perderla si se quedaba callado. Le habló de piratas y bucaneros, de islas desconocidas que no figuraban en los mapas, donde se escondían científicos locos que hacían experimentos con los náufragos que las mareas derramaban sobre la arena; de atolones envueltos en jirones de bruma en los que habitaban animales extraños, huidos del jardín del Edén antes de que Adán tuviese tiempo de ponerles nombre. Le habló de tritones y sirenas, de calamares gigantes y hombres-pulpos, y de toda la fauna de ensueño que el mar albergaba en su vientre. Le habló de faros fantasmas que conducían a los barcos hacia los arrecifes con sus luces perversas, y de cómo algunas noches, fondeando cerca de la costa, podía verse vagar las ánimas errabundas de aquellos que se arrojaban desde los acantilados por asuntos de amor. Le contó la asombrosa historia de Arthur Miclans, el niño que fue rescatado por un delfín tras caer por la borda de un barco de emigrantes. Le habló de los peces que bullían en los abismos marinos, en ranuras tectónicas donde la ausencia de luz y las bajas temperaturas habían fraguado un universo refulgente de seres eléctricos y majestuosos. Y le describió la sobrecogedora estampa de una playa rebosante de ballenas varadas, tendidas sobre la arena como dólmenes derrumbados.

Su hija atendía a sus palabras sin poder disimular el arrobamiento que le producían. Hasta ese momento, Nuria no había considerado el mar como otra cosa que una inmensa llanura azul en cuyo interior revolvían algunos hombres para ganarse el sustento. Hombres tan barbados y fieros como su padre, que se echaban a la mar con los primeros fulgores del alba, dejando a sus espaldas la rémora de una familia que sólo parecían amar verdaderamente cuando mediaba entre ellos la distancia. Nunca se le ocurrió que el océano albergara otra cosa que el pescado ceniciento y resbaloso que exhibían los tenderetes del mercado sobre un lecho de hielo picado y hojas de lechuga, relumbrando bajo los focos como alfanjes herrumbrosos. Pero de las redes de su padre surgían a veces criaturas fabulosas, como si los aparejos hubiesen buceado en los sueños de un Dios que, cansado de modelar el barro con solemnidad, envidiara a los niños que jugaban sin trabas con la plastilina. Sobre la cubierta, entre el palpitante botín de rapes y merluzas, podía infiltrarse también el pez trompeta, con sus labios de trovador; el pez gato, con su mirada de mujer fatal, o el pez ángel, arrancado del retablo de alguna basílica submarina. El océano se le antojaba ahora a Nuria un arcón rebosante de leyendas, un escenario capaz de rivalizar en atractivo con los castillos espectrales o los bosques encantados.

Pero no fue el mar lo único que cambió para ella. El hombre que conducía a su lado pareció transformarse también, alcanzar una dimensión humana de la que antes carecía. Nuria no sabía que durante los periodos en los que su padre permanecía embarcado, el tiempo goteaba con una lentitud huraña y dolorosa. Ni que para aquellos hombres a merced de los elementos cada minuto arrancado a la vida era el motivo de una celebración íntima que les amansaba la expresión con una sonrisa apenas sugerida. Expuestos a los caprichos de un mar que lo mismo podía colmarle las redes que ahogarlos bajo un golpe de agua, cada amanecer sin bajas era un humilde triunfo del que sólo cabía regocijarse en silencio, conscientes en el fondo de que el mérito no era suyo, pues desde que escogieron esa vida su destino lo reescribía la espuma sobre la arena. Ahora sabía Nuria que mientras ella disponía de toda la casa para sí, su padre convivía con otros muchos en un mundo oscilante que medía treinta y dos metros de eslora y siete de ancho, hecho de espacios angostos cuyas paredes estaban empapeladas de vírgenes llorosas y hembras desnudas, porque tanto valían unas como otras si ayudaban a mantenerse firme en medio de un temporal. Y sintió una punta de piedad hacia aquel hombre curtido en la adversidad, que cada vez que ponía pies en tierra debía experimentar un alborozo de superviviente que no podía compartir con su familia por temor a estremecerle las esperas, que sólo podía festejar en alguna taberna con otros como él, entendiéndose a gritos porque todavía conservaban en los oídos el estruendo infernal de los motores.

Fue aquella piedad, sumada a las migajas de confianza que los viajes compartidos habían hecho surgir entre ambos, la que movió a Nuria a interrogar a su padre sobre los motivos que le habían llevado a huir del medio que tanto parecía amar. Se lo preguntó con un hilito de voz dulce, aprovechando el distendido silencio que siguió a una de sus joviales risotadas. Pero Tomás Vallejo no contestó. Al oír la pregunta, giró la cabeza hacia su hija con lentitud de fiera, y le dedicó una mirada entre enojada y sombría que le hizo comprender que la amistad que había creído percibir entre ellos no era más que un espejismo. Sea lo que fuere que su padre había visto, sólo llegarían a saberlo los gusanos que habrían de devorarle el corazón.

Tomás Vallejo nunca había creído en las leyendas del mar hasta aquella guardia fatídica que cambió el curso de su vida. Había oído cientos de historias, a cuál más descabellada, pero hasta esa noche las había considerado hijas de las fiebres y el escorbuto, cuando no del tedio de las largas travesías. Sin embargo, todavía conservaba en las venas el temor que había experimentado durante aquella guardia, cuando un rumor siniestro que parecía provenir del mar lo sobrecogió en mitad de su tercer café. El lúgubre soniquete le hizo levantarse para asomarse a la borda con cautela. En un principio, no logró discernir nada en la oscuridad reinante, pero no había duda de que aquel chirrido quejumbroso anunciaba la inminente llegada de algo que se deslizaba hacia el pesquero lentamente, sin alterar el sueño de las aguas. Desconcertado por el hecho imposible de que el mar no acusara su avance, Tomás Vallejo contempló surgir de la negrura el maltrecho casco de un velero. Tanto por lo antiguo de su diseño como por la podredumbre de la madera supo que aquella embarcación había sido construida hacía siglos. Poseía dos mástiles provistos de sendas velas cuadradas, y en el costado, bajo un recamado de algas acartonadas, aún podían apreciarse las cuencas vacías de una hilera de portas por donde antaño asomaron las fauces de los cañones. Dedujo que debía tratarse de un bergantín de los muchos que ejercían de naves corsarias en el pasado. Aterrado, conteniendo el vómito ante el hedor a leprosería que exhalaba la aparición, la contempló desfilar procesionalmente ante él, cruzándose con su embarcación a una distancia tan íntima que le hubiese bastado con alargar la mano para poder acariciar su lomo repujado de sargazos. Pudo observar entonces que en su arboladura anidaban unos albatros enormes. Algunos planeaban sobre la nave como pandorgas fúnebres, y otros permanecían sobre las jarcias y obenques, no sabía si dormidos o acechantes. Pero la sangre acabó de helársele en el corazón cuando reparó en la silueta que se encontraba de pie sobre la cubierta de proa. Por su tamaño, parecía una niña. Cuando la tuvo cerca, pudo ver el rostro de su hija. Nuria, vestida con un abrigo rosa con dibujos de osos y el cabello recogido en trenzas, le dedicó una mirada indescifrable mientras pasaba ante él. Y Tomás Vallejo tuvo que apretar los dientes con fuerza para no lanzar un alarido desgarrador con el que se le hubiera escapado también la cordura.

Lo encontraron al amanecer encogido en la cubierta, suplicando el regreso entre lágrimas de mujer. Tomás Vallejo sabía lo que significaba aquel barco. Algunos años antes, bebiendo en una taberna del puerto, un marinero le había hablado de la existencia de un bergantín que surcaba los mares al servicio de la muerte. Entre confidentes susurros con olor a vinazo le contó que, durante el transcurso de una guardia, un compañero suyo había sido sorprendido por la espectral aparición de una nave que parecía navegar a la deriva, escoltada por una decena de albatros, en cuya proa alcanzó a distinguir, sobrecogido, la silueta de un hombre que era él mismo. Tras aquella visión, el marinero no volvió a echarse al mar. En tierra, nadie creyó su relato. Se atrincheró en el diminuto apartamento donde vivía con su numerosa familia, negándose a salir de allí bajo ninguna circunstancia, pues estaba seguro de que haberse visto como pasajero de aquel navío fantasma sólo podía significar que su muerte estaba próxima. El marinero dejó pasar los días postrado en el lecho, como un enfermo sin más dolencia que el horror de una muerte trágica que no sabía cuándo ocurriría, pero a la que pretendía esquivar sin demasiada fe. Una mañana, al regresar de la compra, su mujer se lo encontró tendido sobre la alfombra con la cabeza reventada y la Luger que había heredado de su abuelo todavía empuñada en la mano, y supo que su marido, incapaz de soportar la angustiosa espera, había decidido embarcar en la nave de los albatros antes de tiempo, ayudándose de una bala que guardaba ayuno desde la guerra civil. Tomás Vallejo había escuchado aquella leyenda entre los vapores del vino, asintiendo con una gravedad teatral, convencido de que esa historia, como la mayoría de las que circulaban por las tabernas, no era más que la fábula de algún marino aburrido o febril, una invención que el roce del tiempo habría ido puliendo, y estaba seguro de que ni siquiera la versión que acababa de oír sería la definitiva. Eso era lo que ocurría siempre con las leyendas, atravesaban los siglos trasmitiéndose como un virus, estremeciendo almas a la lumbre de las hogueras. Hasta que de tanto ser relatadas acababan haciéndose realidad.

Tomás Vallejo había regresado a tierra para salvar la vida de su hija. Hubiese querido abrazarla y retenerla para siempre entre sus brazos, pero sólo pudo convertirse en su enemigo. Lo primero que hizo fue someterla a un chequeo médico, al que, para evitar sospechas, también tuvo que obligar a su mujer e incluso prestarse él mismo. Cuando obtuvo los resultados, que disipaban cualquier duda de que la muerte ya hubiese sembrado su oscura semilla en las entrañas de su hija, Tomás Vallejo comprendió que el ataque habría de llegar desde fuera, e hizo todo lo que estuvo en su mano para mantener a Nuria vigilada la mayor parte del día, confiando en que la Parca se cansara de esperar su oportunidad para robarle el aliento. Eso le había canjeado la aversión de Nuria, un odio visceral que había intentado combatir durante los viajes en la furgoneta, tratando de hacerle ver a su torpe manera cuánto la quería. Al principio, había creído que podría conseguirlo, pero su forma de reaccionar ante el deseo de su hija por conocer aquello que él jamás podría decirle, había arruinado para siempre sus esperanzas. Tras aquel interrogatorio fallido, nada volvió a ser como antes. Tomás Vallejo se afanó en reanudar sus historias, pero, para su desazón, le resultó imposible reparar el daño que su mirada había causado en su hija, quien había vuelto a refugiarse en un hiriente distanciamiento.

¿Hasta cuándo lograría tenerla vigilada?, se preguntaba ahora con la mirada fija en la puerta cerrada del cuarto de Nuria. ¿Cuánto tardaría su hija en revelarse? Los días se sucedían lentamente, como un castigo para ambos, y él no acertaba a entrever el desenlace que podía tener aquel encierro cada vez más injusto. Una noche se despertó sobresaltado, con la seguridad de que Nuria habría recurrido a la cuchilla para arrancarse a tirones de las venas aquella vida de reclusión insoportable. Al descubrirla dormida en su cama, los ojos se le habían inundado de lágrimas. Extremadamente cansado de todo aquello, se había sentado en la silla del escritorio donde su hija estudiaba, y había velado su sueño un largo rato, dejándose conmover por el aire de terrible vulnerabilidad de aquel cuerpecito arrebujado en la madriguera de las mantas. Se acostumbró a visitarla de aquella manera por las noches, y siempre, al abandonar su habitación, Tomás Vallejo se preguntaba si ya podría devolverle la libertad, si habría logrado evitar su muerte o todavía la reclamaban los albatros.

La respuesta la obtuvo el día del cumpleaños de Nuria, cuando su hija, tras apagar las catorce velitas de su tarta, rasgó el envoltorio del paquete que su madre le había regalado para mostrar, con un entusiasmo que contrajo de terror la expresión de su padre, un abrigo rosa con dibujos de osos. Tomás Vallejo comprendió entonces, como si aquella alegre escena escondiese una amarga consigna que sólo él podía descifrar, que aún no había logrado desbaratar el trágico destino de su hija. Cerró los ojos para no verla dando vueltas vestida con el abrigo, haciendo girar las dos trenzas con que ese día había decidido recogerse el cabello.

Tomás Vallejo asistió a la lenta extinción de la fiesta mudo en su rincón, como un púgil reuniendo valor para subir al cuadrilátero, y no le sorprendió que, una vez llegada la noche, su mujer se sentara a su lado por primera vez en mucho tiempo y, tras varios rodeos, le rogase que le diese permiso a Nuria para ir de excursión a la sierra con el colegio a la mañana siguiente. A Tomás Vallejo acabó de partírsele el alma mientras sacudía la cabeza en una negativa que no admitía discusión, no supo si por el daño que su nueva oposición causaría en su hija o porque su cabeza, adelantándose a los acontecimientos, ya le mostraba la imagen del autobús escolar volcado en el asfalto, rodeado de una confusión de cristales rotos y cuerpos destrozados entre los que despuntaba un abrigo rosa. La muerte jugaba al fin sus cartas, y él no podía hacer otra cosa que tratar de retener a su lado el objeto de su codicia. Desde el sillón, contempló a su mujer entrar en el cuarto de Nuria para trasmitirle su negativa, y permaneció toda la noche allí, centinela de su descarnado llanto, queriendo irrumpir en su cuarto para consolarla pero consciente de que las palabras de aliento de quien todavía conserva en la mano el puñal ensangrentado pueden hendir más profundo aún que la propia puñalada.

Lo despertó el calor amigo de una taza de café entre las manos. Abrió los ojos y, en el barrunto de luz que perfilaba el salón, pudo ver la sonrisa sin rencor de su hija. No hubo palabras entre ellos. Tomás Vallejo le sonrió agradecido, y dejó que Nuria le acariciara el cabello con ternura, en un gesto casi maternal con el que tal vez tratase de decirle que la mujer que ya iba siendo comprendía aquella forma de protegerla, pese a considerarla desorbitada. Mientras el café dulzón le cartografiaba la garganta, la observó conmovido regresar al encierro de su dormitorio, para continuar destejiendo en silencio el velo de su juventud hasta que él quisiera devolverla a la vida. Tomás Vallejo apuró la taza con la mirada absorta en la puerta cerrada que lo separaba de su hija, preguntándose cuál debía ser su movimiento ahora que ella había dado el primer paso hacia la reconciliación. Finalmente, decidió que quizá fuese oportuno abandonarse al deseo de abrazarla, que tal vez su hija no estuviese sino esperando una muestra de cariño que le insinuara que, pese a todo, contaba con un padre que la quería.

Secándose las lágrimas con el dorso de la mano, Tomás Vallejo se acercó al cuarto y abrió la puerta con cautela de confidente. Le desconcertó no encontrarla en el dormitorio. Luego reparó en la ventana que daba al patio interior, abierta de par en par, y comprendió, sintiendo cómo una mano de hielo le trenzaba las vísceras, que Nuria al fin había decidido rebelarse. Salió del cuarto dando tumbos, cogió las llaves de la furgoneta y se precipitó escaleras abajo convenciéndose de que aún quedaba tiempo, que la estación de autobuses de donde debía partir el autocar escolar no estaba demasiado lejos. Arrancó la furgoneta y surcó las todavía entumecidas calles aplastando el acelerador con saña. Arribó a la estación a tiempo para ver cómo su hija, plantada ante la puerta del autobús con su abrigo rosa y el cabello recogido en trenzas, le dedicaba una mirada indescifrable antes de subir al autocar que la conduciría a las tinieblas.

Nuria se sentó en el último asiento del autobús con una débil sonrisa de triunfo en los labios, una mueca apenas imperceptible que se amplió aún más cuando, al girarse en la butaca, observó cómo la miserable furgoneta de su padre se internaba también en la carretera en pos del autocar. Según decía la etiqueta del bote de somníferos de su madre, sus efectos eran casi inmediatos, y ella no había escatimado en pastillas a la hora de disolverlas en el café. Tuvo que esconderse la sonrisa entre las manos al contemplar los primeros bandazos de la tartana, que no tardaría en irrumpir en el carril contrario, donde su padre encontraría el fin que merecía, liberándola de su tormento, de todas aquellas noches en que, muerta de miedo, le oía entrar furtivamente en su dormitorio para observarla dormir, temiendo el momento en que su mano se internase entre las sábanas en busca de sus recientes formas de mujer. Pero aún tuvo tiempo, antes de que la furgoneta se fuera a la deriva, de cruzar una última mirada con aquel hombre al que nunca había considerado su padre, y Tomás Vallejo pudo comprender, a pesar del pegajoso sopor que amenazaba con vencerlo sobre el volante, que durante aquella guardia fatídica, la nave de los albatros no le había avisado del trágico final de su hija, sino que le había mostrado el rostro mismo de la muerte.

**Propuesta de actividades**

1. El título esconde el desencadenante de la historia. ¿Cuál es? ¿Por qué se va Tomás Vallejo a vivir con su familia?

2. La lengua literaria de este relato es de una gran riqueza. Di qué figura retórica se da en cada uno de los siguientes ejemplos extraídos del texto –no queremos ser exhaustivos por lo que hacemos una selección de ellos– y explícalas:

El corazón mismo del mar
El mar escupe a los marineros
El mar le traía a un hombre
Hundirse en la poza de un silencio contrariado
Manchada con un rastro de moras
Mutismo de volcán amasado
Húmeda muselina del sueño
La claridad se despeñaba por el patio interior
Enterrarla en vida
Sembrar la almohada con lágrimas
El ogro que habitaba el salón
Paisaje aletargado
Como dólmenes derrumbados
Sobre un lecho de hielo picado

Labios de trovador
El tiempo goteaba
Un mundo oscilante
El sueño de las aguas

3. La sintaxis del texto es también rica y compleja. Busca y explica los emparejamientos empleados por el autor.

4. Silencio herético, grotescos intentos de comunicación. ¿Qué recurso sintáctico encuentras aquí?

5. Puedes aprender mucho léxico con este cuento. Escribe una frase en la que emplees las siguientes palabras: Baladrón, torvo, cohorte, entomólgo, fantasmagorías, reverberando, dólmenes, escorbuto, rémora, recamado, sargazo, jarcia, obenque.

6. La incomunicación, el abismo que el silencio crea entre las personas, tema de este relato. ¿Cómo crees que debían haberse desarrollado las cosas? ¿A qué crees que se debe que el padre oculte a la hija el motivo de su comportamiento?

7. La cita inicial pertenece a Borges, escritor argentino y uno de los grandes narradores de todos los tiempos. ¿Qué valor aporta a la historia?

8. El comportamiento de Tomás Vallejo podría considerarse paradigma de muchas actitudes familiares: se es gentil, amable, cordial fuera de casa; desagradable y hostil puertas adentro. ¿En qué grupo te consideras? ¿No es mejor ser amable con los que te rodean día a día?

9. De nuevo surge un motivo frecuente en los cuentos incluidos en este libro. Los compañeros se burlan de Nuria, en este caso de su desgracia: no tiene un padre como los demás. La crueldad, la falta de respeto, cebarse con el que se considera más débil, constantes en las aulas en todos los tiempos. Analiza la situación, discútela con tus compañeros y extraed conclusiones.

10. Nuria vive con una madre comprensiva que la deja ser ella misma. ¿Qué es para ti ser libre? ¿Haces buen uso de la libertad que tienes? ¿Cómo entiendes las imposiciones de los padres? ¿Qué harás el día de mañana cuando te encuentres en su lugar?

11. Parece ser que las niñas tienen mejor relación con los padres y que los chicos prefieren a las madres, lo que no ocurre en esta narración. Infórmate de lo que es el complejo de Edipo y escribe una historia en la que se cumpla.

12. Las alusiones bíblicas no son infrecuentes en el texto. ¿Puedes localizarlas? ¿Sabes lo que son las relaciones entre textos o intertextualidad? Busca información al respecto.

13. Tomás, en una ocasión, le habla a su hija de calamares gigantes. ¿Has leído *Veinte mil leguas de viaje submarino*? ¿Hay algún episodio en ese libro semejante al descrito aquí?

14. No siempre son bien interpretadas nuestras acciones, porque somos superficiales y nos dejamos llevar por las apariencias. ¿A qué extremos puede conducir todo ello? ¿Qué piensas de la reacción de Nuria? ¿Tiene justificación?

15. Un objeto anticipa el desenlace terrible: ¿cuál crees que es?

16. ¿Cuál es el tono del cuento? ¿Y el registro o nivel de lengua empleado?

17. El personaje del padre es impresionante y terrible. Analízalo.

18. Imagínate que eres Nuria. ¿Cómo te comportarías? Reescribe el cuento y dale otro giro a la historia.

## ELOY TIZÓN
(España)

— BIOGRAFÍA

Nace en Madrid en 1964. A los 20 años, en 1984, publica el libro de poesía *La página amenazada* (Ed. Arnao). En 1992, Anagrama edita su primer libro de narrativa, *Velocidad de los jardines,* con once relatos sorprendentes. En 1995 queda finalista en el Premio Herralde de Novela con *Seda salvaje* (Ed. Anagrama). En 2001 sale a la luz *Labia* (Ed. Anagrama), y *La voz cantante* (Ed. Anagrama) en 2004. Se acaba de publicar su último libro *Parpadeos* (Ed. Anagrama, 2006). Para Eloy, en un cuento, en una película, no hay que pretender «entenderlo» todo; es bueno que haya zonas de penumbra. En el terreno del arte, hay que convivir con cierta dosis de ambigüedad. No debemos olvidar que toda forma de creación tiene un componente misterioso. Crear algo es misterioso, sobre todo el instante en que surge la idea inicial. El chispazo que hace que se ponga en marcha toda la maquinaria. El relámpago alucinatorio que aparece por sorpresa, nos acelera el pulso y nos advierte: «Ahora». Este flechazo es el responsable de que uno se enamore de la literatura con un amor eterno. Eso es lo único que no es trabajo. Excepto eso, todo lo demás lo es. Trabajo duro, además.

—**PREGUNTAS:** ———————

1. *Alguna vez hemos oído hablar a alguien de una experiencia lectora que lo enganchó para siempre al carro de la literatura. ¿Cuál fue el primer libro que leíste? ¿Hubo alguno que te marcara en especial?*

La verdad, ya no recuerdo cuál fue el primer libro que leí, ni si hubo un título en concreto que me afectó de manera especial. Me acuerdo que me inicié en la lectura, de niño, con los tebeos, de los que fui un gran aficionado. De ahí pasé a las novelas de aventuras tipo Julio Verne. En la adolescencia descubrí una bella literatura poblada por voces que parecían dirigirse a mí y tratar de mis problemas personales de entonces, a través de la poesía (generación del 27) y de la narrativa (sobre todo, la latinoamericana).

2. *¿Qué es para ti el cuento? ¿Por qué lo cultivas?*

Escribir, para mí, es una cuestión de necesidad. Escribo porque necesito escribir; porque, en caso contrario, noto que me falta algo; como si respirase peor. Escribir me completa, me construye, me libera, me ayuda a sobrellevar las dificultades de la vida y sus pérdidas. A decir lo hermoso y lo cruel, lo gracioso y lo triste, la alegría y la pena, la luz y la sombra.

3. *Esta antología recopila cuentos en los que se pueden estudiar importantes aspectos estilísticos y culturales, y de los que se extraerán muchas y serias enseñanzas para la vida. ¿Qué recomendarías a los jóvenes que nunca tienen tiempo para sentarse con un libro en las manos?¿Qué les puede aportar la lectura?*

Es difícil convencer a alguien de las bondades de la lectura; es un sabor que uno tiene que probar y experimentar por sí mismo. Considero que leer debe ser un placer, antes que una obligación. Alguien dijo que leer es parecido a enamorarse: nunca tenemos tiempo para ello, pero siempre que nos sentimos atraídos hacia otra persona encontramos ese tiempo, por muy atareados que estemos lo sacamos de donde sea. Una vida sin libros sería como una vida sin besos: se puede sobrevivir sin ambos, desde luego, pero en ese caso nuestra existencia sería más pobre, menos intensa. Nos habremos perdido un aspecto valioso. Pasamos por la vida medio dormidos y leer o amar nos ayudan a despertarnos.

4. *¿Quiénes son para ti los maestros del género? ¿Cuáles los cuentistas más significativos del último siglo?*

Considero al ruso Anton Chéjov como uno de los grandes maestros del cuento, por su concisión, hondura y al mismo tiempo complejidad. Otro autor que me parece muy importante, por su mirada irónica al tiempo que compasiva, es el norteamericano John Cheever. Y sin salir del ámbito de nuestro idioma hay gigantes del cuento: Julio Cortázar, Jorge Luis Borges, Juan Carlos Onetti...

5. *El relato, un género que lucha en los países de habla hispana por adquirir carta de naturaleza y del que hay quien dice que se lee menos aún que la poesía. ¿Cuál es su situación en tu país?*

Bastante desfavorable, me temo. Salvo excepciones, en España lo que impera es la indiferencia hacia este hermoso género en peligro de extinción, y que no cuenta con librerías especializadas, ni críticos especializados, ni secciones especializadas en los medios de comunicación, ni revistas propias. Esto contrasta con su calidad literaria, que en líneas generales considero alta. Por fortuna, esta situación semiclandestina del cuento queda aliviada por el entusiasmo –minoritario, aunque admirable– por parte de un puñado de escritores, lectores, editores y críticos inquietos que sostienen ellos solos el género a pulso.

*6.¿Cómo ves su futuro?*

Desafiante. Es verdad que el panorama literario actual es confuso (muy contaminado por la publicidad y el engaño), y que el solo hecho de dedicarse a escribir cuentos ya implica una cierta toma de postura, un acto de rebeldía y enfrentamiento con lo establecido. Lo que me conmueve es pensar que, pese a todas las dificultades y obstáculos, pese a todos los vaticinios pesimistas, al margen del mercado, nada ni nadie van a impedir que en algún lugar haya un muchacho o muchacha que en este mismo instante, ahora mismo, a solas en su habitación, están escribiendo con entera libertad un relato emocionante.

## VELOCIDAD DE LOS JARDINES

Muchos dijeron que cuando pasamos al tercer curso terminó la diversión. Cumplimos dieciséis, diecisiete años y todo adquirió una velocidad inquietante. Ciencias o letras fue la primera aduana, el paso fronterizo que separaba a los amigos como viajeros cambiando de tren con sus bultos entre la nieve y los celadores. Las aulas se disgregaban. Javier Luendo Martínez se separó de Ana Mª Cuesta y Richi Hurtado dejó de tratarse con las gemelas Estévez y Ana Mª Paz Morago abandonó a su novio y la beca, por este orden, y Christian Cruz fue expulsado de la escuela por arrojarle al profesor de Laboratorio un frasco con un feto embalsamado.

Oh sí, arrastrábamos a Platón de clase en clase y una cosa llamada hilomorfismo de alguna corriente olvidable. La revolución rusa se extendía por nuestros cuadernos y en la página sesenta y tantos el zar era fusilado entre tachones. Las causas económicas de la guerra eran complejas, no es lo que parece, si bien el impresionismo aportó a la pintura un fresco colorido y una nueva visión de la naturaleza. Mercedes Cifuentes era una alumna muy gorda que no se trataba con nadie y aquel curso regresó fulminantemente delgada y seguía sin tratarse.

Fue una especie de hecatombe. Media clase se enamoró de Olivia Reyes, todos a la vez o por turnos, cuando entraba cada mañana aseada, apenas empolvada, era una visión crujiente y vulnerable que llegaba a hacerte daño si se te ocurría pensar en ello a medianoche. Olivia llegaba siempre tres cuartos de hora tarde y hasta que ella aparecía el temario era algo muerto, un desperdicio, el profesor divagaba sobre Bismark como si cepillase su cadáver de frac penosamente, la tiza repelía. Los pupitres se animaban con su llegada. Parecía mentira Olivia Reyes, algo tan esponjoso y aromático cuando pisaba el aula riendo, aportando la fábula de su perfil, su luz de proa, parecía mentira y hacía tanto daño.

Los primeros días de primavera contienen un aire alucinante, increíble, un olor que procede de no se sabe dónde. Este efecto es agrandado por la visión inicial de las ropas veraniegas (los abrigos ahorcados en el armario hasta otro año), las alumnas de brazos desnudos transportando en sus carpetas reinados y decapitaciones. Entrábamos a la escuela atravesando un gran patio de cemento rojo con las áreas de baloncesto delimitadas en blanco, un árbol escuchimizado nos bendecía, trotábamos por la doble escalinata apremiados por el jefe de estudio –el jefe de estudio consistía en un bigote rubio que más que nada imprecaba–, cuando el timbrazo de la hora daba el pistoletazo de salida para la carrera diaria de sabiduría y ciencia.

Ya estábamos todos, Susana Peinado y su collar de espinillas, Marcial Escribano que repetía por tercera vez y su hermano era paracaidista, el otro que pasaba los apuntes a máquina y que no me acuerdo de cómo se llamaba, 3º B en pleno con sus bajas, los caídos en el suspenso, los desertores a ciencias, todos nosotros asistiendo a las peripecias del latín en la pizarra como en un cine de barrio, como si el latín fuese espía o terrateniente.

Pero 3º B fue otra cosa. Además del amor y sus alteraciones hormonales, estaba el comportamiento extraño del muchacho a quien llamaban Aubi, resumen de su verdadero nombre. Le conocíamos desde básica, era vecino nuestro, habíamos comido juntos hot-dogs en Los Sótanos de la Gran Vía y después jugado en las máquinas espaciales con los ojos vendados por una apuesta. Y nada. Desembarcó en 3º B medio sonámbulo, no nos hablaba o a regañadientes y la primera semana de curso ya se había peleado a golpes en la puerta con el bizco Adriano Parra, que hay que reconocer que era un aprovechado, magullándose y cayendo sobre el capó de un auto aparcado en doble fila, primera lesión del curso.

En el test psicológico le salió introvertido. Al partido de revancha contra el San Viator ni acudió. Dejaba los controles en blanco después de haber deletreado trabajosamente sus datos en las líneas reservadas para ello y abandonaba el estupor del examen duro y altivo, saliéndose al pasillo, mientras los demás forcejeábamos con aquella cosa tremenda y a contrarreloj de causas y consecuencias. Entre unas cosas y otras 3º B se fracturaba y la señorita Cristina, que estuvo un mes de suplente y tan preparada, declaró un día que Aubi tenía un problema de crecimiento.

El segundo trimestre se abalanzó con su caja de sorpresas. Al principio no queríamos creerlo. Natividad Serrano, una chica de segundo pero muy desarrollada, telefoneó una tarde lluviosa a Ángel Andrés Corominas para decirle que sí, que era cierto, que las gemelas Estévez se lo habían confirmado al cruzarse las tres en tutoría. Lo encontramos escandaloso y terrible, tan fuera de lugar como el entendimiento agente o la casuística aplicada. Y es que nos parecía que Olivia Reyes nos pertenecía un poco a todos, a las mañanas desvalidas de tercero de letras, con sus arcos demedio punto y sus ablativos que la risa de Olivia perfumaba, aquellas mañanas de aquel curso único que no regresaría.

Perder a Olivia Reyes oprimía a la clase entera, lo enfocábamos de un modo personal, histórico, igual que si tantas horas de juventud pasadas frente al cine del encerado diesen al final un fruto prodigioso y ese fruto era Olivia. Saber que se iría alejando de nosotros, que ya estaba muy lejos aunque siguiese en el pupitre de enfrente y nos prestase la escuadra o el hálito de sus manos, nos dañaba tanto como la tarde en que la vimos entrar en el descapotable de un amigo trajeado, perfectamente amoldable y cariñosa, Olivia, el revuelo de su falda soleada en el aire de primavera rayado por el polen. Sucedía que su corazón pertenecía a otro. Pensábamos en aquel raro objeto, en aquel corazón de Olivia Reyes como en una habitación llena de polen.

Acababa de firmarse el Tratado de Versalles, Europa entraba en un período de relativa tranquilidad después de dejar atrás los sucesos de 1914 y la segunda evaluación, cuando el aula recibió en pleno rostro la noticia. Que la deseada Olivia Reyes se hubiese decidido entre todos por ese introvertido de Aubi, que despreciaba todas las cosas importantes, los exámenes y las revanchas, nos llenaba de confusión y pasmo. Meditábamos en ello no menos de dos veces al día, mientras Catilina hacía de las suyas y el Kaiser vociferaba. Quizá, después de todo, las muchachas empolvadas se interesaban por los introvertidos con un problema de crecimiento. Eso lo confundía todo.

En tercero se acabó la diversión, dijeron muchos. Lo que sucede es que hasta entonces nos habíamos movido entre elecciones simples. Religión o Ética. Manualidades u Hogar. Entrenar al balonmano con Agapito Huertas o ajedrez con el cojo Ladislao. Tercero de letras no estaba capacitado para afrontar aquella decisión definitiva, la muchacha más hermosa del colegio e impuntual, con media clase enamorándose de ella, todos a la vez o por turnos, Olivia Reyes detrás del intratable Aubi o sea lo peor. Y es que Aubi seguía sin quererla, no quería a nadie, estaba furioso con todos, se encerraba en su pupitre del fondo a ojear por la ventana los torneos de balón prisionero en el patio lateral. Asunción Ramos Ojeda, que era de ruta y se quedaba en el comedor, decía que era Olivia Reyes quien telefoneaba todas las tardes a Aubi y su madre se oponía a la relación. Se produjeron debates. Aubi era un buen chico. Aubi era un aguafiestas. Lo que pasa es que muchos os creéis que con una chica ya está.

Luego nos enteramos que sí, que el Renacimiento había enterrado la concepción medieval del universo. Fíjate si no en Galileo, qué avance. Resultaba que nada era tan sencillo, hubo que desalojar dos veces el colegio por amenaza de bomba. Los pasillos desaguaban centenares de estudiantes excitados con la idea de la bomba y los textos por el aire, las señoritas se retorcían las manos histéricamente solicitando mucha calma y sólo se veía a don Amadeo, el director, fumando con placidez en el descansillo y como al margen de todo y abstraído con su úlcera y el medio año de vida que le habían diagnosticado ayer mismo: hasta dentro de dos horas no volvemos por si acaso.

El curso fue para el recuerdo. Hasta el claustro de profesores llegó la alteración. A don Alberto le abrieron expediente los inspectores por echar de clase a un alumno sin motivo. Hubo que sujetar entre tres a don Esteban que se empeñaba en ilustrar la ley de la gravedad arrojándose él mismo por la ventana. La profesora de Inglés tuvo trillizos; dos camilleros improvisados se la llevaron a la maternidad, casi podría decirse que con la tiza entre los dedos, mientras el aula boquiabierta, con los bolígrafos suspendidos, dejaba a medio subrayar una línea de Mr. Pickwick. La luz primaveral inundaba las cajoneras y parcelaba la clase en cuadriláteros de sombra, había ese espesor humano de cuerpos reunidos lavados apresuradamente y hastío, y entonces Benito Almagro, que odiaba los matices, hizo en voz alta un comentario procaz e improcedente.

Notamos desde el principio que aquél iba a ser un amor desventurado. La claridad de Olivia Reyes se empañaba, incluso nos gustaba menos. Hay amores que aplastan a quien los recibe. Así sucedió con Aubi del 3º B de letras, desde el momento en que Olivia tomó la decisión de reemplazarnos a todos, en el inmueble de su corazón, por el rostro silencioso de un rival introvertido. Se notaba que Aubi no sabía qué hacer con tan gran espacio reservado, reservado para él, estaba solo frente a la enorme cantidad de deseo derrochado. En absoluto comprendía el sentido de la donación de Olivia Reyes, así que salía aturdido del vestuario camino de los plintos o del reconocimiento médico. Todos en hilera ante la pantalla de rayos X y luego el christma del esternón te lo mandaban a casa. La dirección del colegio enviaba por correo los pulmones de todos los matriculados y el flaco Ibáñez estaba preocupado porque le habían dicho que si fumas se notaba. En el buzón se mezclaría el corazón de Olivia Reyes, certificado, con la propaganda de tostadoras o algo por el estilo.

Ella le telefoneaba todas las tardes a casa. A nosotros nunca nos había llamado. Era un planteamiento incorrecto. El aula contenía la respiración hasta que sonaba la sirena de salida, parecía que callados sonaría antes, salíamos en desbandada dejando a medias la lección y la bomba de Hiroshima flotando interrumpida en el limbo del horario.

Pero volvamos al aire y la luz de la primavera, que deberían ser los únicos protagonistas. Se trataba de una luz incomprensible. Siendo así que la adolescencia consiste en ese aire que no es posible explicarse. Podría escribirse en esa luz (ya que no es posible escribir sobre esa luz), conseguir que la suave carne de pomelo de esa luz quedase inscrita, en cierto modo «pensada». Aún está por ver si se puede, si yo puedo. La luz explicaría las gafas de don Amadeo y el tirante caído de la telefonista un martes de aquel año, la luz lo explica todo. Ahora que me acuerdo hubo cierto revuelo con el romance entre Maribel Sanz y César Roldán (delegado).

La tutora aprovechó para decirnos que los trillizos habían nacido como es debido y, después de atajar el estruendo de aplausos y silbidos, no se sabía bien si a favor de los trillizos, o en contra de ellos, pasó a presentarnos al profesor suplente de Inglés. No sé qué tenía, la chaqueta cruzada o el aire concentrado y lunático. De golpe 3º B en pleno perdió interés por el idioma («perdió el conocimiento»), todo el mundo se escapaba a la cafetería El Cairo en horas lectivas a repensar sus raros apuntes y a mirar mucho las pegatinas del vecino. Lo importante era contar con una buena nota media, una buena nota media es decisiva, a ti qué te da de nota media.

El aula estaba prácticamente desierta, mientras el nuevo profesor de Inglés desempolvaba adverbios, nerviosísimo con el fracaso pedagógico y los pupitres vacíos. Mayo estallaba contra los ventanales, por un instante hubo un arcoiris en el reloj de pulsera de Aubi que sesteaba al fondo, la clase parpadeaba en sueños a la altura del cinturón del docente desesperado, y entonces entró Olivia Reyes. Fue un suceso lamentable, la velocidad que lo trastocaba todo. Pero también fue una escena lenta, goteante. Primero el profesor le recriminó el retraso y después continuó echándole en cara a la palpitante Olivia Reyes la falta de interés colectiva y la indiferencia acumulada y su propia impotencia para enseñar. Después la expulsó por las buenas y le anunció que no se presentaría al examen. Era algo muy peligroso, a esas alturas del curso (el curso en que la diversión concluyó), porque una expulsión significaba la posibilidad casi segura de tener que repetir. El nuevo no sabía nada de los problemas de Olivia ni de su corazón ocupado en desalojar una imagen dañina.

Todavía flotaba en el aire el aroma aseado del cuerpo de Olivia Reyes, no había acabado de salir cuando inesperadamente Aubi se levantó y solicitó que a él también lo expulsaran. Estaba patético y tembloroso ahí de pie, con el espacio que Olivia Reyes le había dedicado y que él rechazaba, nos rechazaba a todos, pero reclamaba del nuevo profesor la expulsión, repetir curso, el fin de los estudios. Los años han difuminado la escena, cubriéndola de barnices (¿quién se dedica a embrumar nuestros recuerdos con tan mal gusto?), pero la clase conserva la disputa entre los dos, la tensión insoportable mientras Aubi, y tres o cuatro más que se le unieron, recogían sus ficheros deslomados y salían hacia el destierro y la nada. Allí terminaba su historial académico, por culpa de unos trillizos.

Más tarde los alumnos nos juntamos en El Cairo y tuvimos que relatarlo cien mil veces a los ausentes. La escena se repasó por todos lados hasta deformarla, añadiendo detalles a veces absurdos, como la versión que presentaba al profesor amenazando a Olivia con un peine. Nada une tanto a dos personas como hablar mal de una tercera. Fue la última ocasión que tuvo la clase para reconciliarse, antes de hundirse del todo en el sinsentido de la madurez, en el futuro. Resulta curioso que sólo recuerde de aquel día unos pocos fragmentos irrelevantes. Grupos de cabezas gritando. Un gran esparadrapo sobre la nuez de Adriano Parra. Las piernas de Aubi continuaban temblando mientras recibía las felicitaciones y la envidia de muchos de nosotros. Fue el mártir de los perezosos, ese día, con la cazadora brillante de insignias y las zapatillas de basket.

En el otro extremo, separada por la masa de cuerpos escolares exaltados, Olivia Reyes estrenaba unos ojos de asombro y melancolía. Lo sigo recordando. No se acercó a agradecer el gesto loco de Aubi al enfrentarse al profesor (que poco después fue trasladado a otro centro y ahí terminó el incidente: que en aquel momento nos parecía tan importante como el asesinato del archiduque en Sarajevo y el cálculo integral, pero juntos). Buscó algo en su bolso, que no encontró, y ya sin poder contenerse, vimos cómo Olivia se alejaba a otra parte con su aflicción y sus nuevos ojos de estreno arrasados por el llanto.

No he vuelto a ver a ninguno. Tercero de letras no existe. He oído decir que las gemelas Estévez trabajan de recepcionistas en una empresa de microordenadores. ¿Por qué la vida es tan chapucera? Daría cualquier cosa por saber qué ha sido de Christian Cruz o de Mercedes Cifuentes. Adónde han ido a parar tantos rostros recién levantados que vi durante un año, dónde están todos esos brazos y piernas ya antiguos que se movían en el patio de cemento rojo del colegio, braceando entre el polen. Los quiero a todos. Pensaba que me eran indiferentes o los odiaba cuando los tenía enfrente a todas horas y ahora resulta que me hacen mucha falta.

Los busco como eran entonces a la hora de pasar lista, con sus pelos duros de colonia y las caras en blanco. Aquilio Gómez, presente. Fernández Cuesta, aún no ha llegado. Un apacible rubor de estratosfera se extiende por los pasillos que quedan entre la fila de pupitres, la madera desgastada por generaciones de codos y nalgas y desánimo. Una mano reparte las hojas del examen final, dividido ingenuamente en dos grupos para intentar que se copie un poco menos. Atmósfera general de desastre y matadero. La voz de la profesora canturrea: «Para el grupo A, primera pregunta: Causas y consecuencias de.» Hay una calma expectante hasta que termina el dictado de preguntas. El examen ha comenzado. Todo adquiere otro ritmo, una velocidad diferente cuando la puerta se abre y entra en clase Olivia Reyes.

**Propuesta de actividades**

Eloy Tizón publica *Velocidad de los jardines* en 1992. Un libro primerizo, melancólico y poético, con cuentos que evocan la infancia y la adolescencia con nostalgia, trozos de vida sin comienzo ni fin, sin apenas anécdota, con finales abiertos en la línea de Carver. La crítica acoge este libro como la revelación de un talento que se ha confirmado en libros posteriores. El relato que hemos seleccionado es una vuelta a los años perdidos con una lengua literaria rica y compleja como vamos a ver a continuación.

1. Parece ser que nuestra percepción del tiempo cambia a medida que crecemos de tal modo que cuando somos niños las horas pasan lentamente. Cuando somos mayores, esto cambia y lo apresura lo que estaría en relación con el concepto de tiempo interno –el de la subjetividad– y tiempo objetivo y externo. Estas reflexiones se deben a Bergson, un filósofo francés del siglo XX. Busca información sobre él en Internet o en una enciclopedia y exponla a tus compañeros.

2. ¿En qué momento cambia para los personajes de la historia? Salir del nido, cambio brusco que es preludio de otros que vendrán. ¿Te has sentido así en algún momento de tu vida? ¿Crees que es bueno y que sirve de aprendizaje?

3. Al final del primer párrafo se alude a la gamberrada de un alumno, Christian Cruz. ¿Te llama la atención? ¿Qué opinión te merece su conducta? ¿Existe en tu medio esa costumbre? ¿Crees que hay que respetar a los profesores?

4. Este relato está lleno de alusiones culturales variopintas. ¿Qué es el hilomorfismo? ¿Quién fue Bismark? Investiga acerca de todas las que aparecen en el texto. Si es excesivo, tu profesor podrá elegir entre ellas las que le parezcan más convenientes.

5. El texto está plagado de figuras retóricas. Analiza y explica las metáforas que aparecen en el mismo.

6. La metonimia hace su aparición en varias ocasiones. Un ejemplo sería ese bigote rubio que es el jefe de estudios. Busca otros ejemplos. Clasifícalas.

7. En el terreno de la sintaxis, nos encontramos con enumeraciones, emparejamientos-posiciones comparables y paralelas. ¿Podrías decir cuáles son?

8. «Mañanas desvalidas de tercero de letras»: ¿en qué consiste esa figura? ¿Quiénes son los desvalidos?

9. La conjunción copulativa **y** une sintagmas que deben tener una coherencia morfológica y semántica: pan y chocolate sí, pero no guapa y niña. El autor une de manera consciente y rompedora palabras imposibles de asociar copulativamente: «repetía por tercera vez y su hermano era paracaidista». Busca otra en el texto e intenta ver qué efecto consigue con ello.

10. Rastrea los puntos de giro que marcan el paso de una parte a otra entre el planteamiento, el nudo y el desenlace.

11. El final del relato, abierto o cerrado. Razona tu respuesta.

12. La antonomasia consiste en llamar a alguien por sus rasgos más relevantes. ¿Encuentras algo parecido? ¿Cómo se conocen los estudiantes entre sí?

13. A lo largo de la historia, se repiten por tres veces unas palabras ¿Cuáles son?

14. El amor está en el centro de esta historia, una amor adolescente, colectivo, sin esperanzas. ¿Te has sentido en una situación parecida alguna vez? ¿Qué es para ti el amor? Proponemos un debate en el que se analice el sentimiento amoroso, se vean sus ventajas y sus inconvenientes.

15. Te proponemos una actividad divertida. Si no sabes lo que es el rumor, vas a comprenderlo enseguida: el profesor cuenta a un alumno una historia cualquiera. Luego este ha de repetírsela a otro compañero que no ha oído lo anterior, este a otro más y así sucesivamente. Coteja luego lo que contaste y en lo que ha llegado a convertirse al final. Verás cómo se ha deformando, hasta tal punto que se ha convertido en algo irreconocible.

# ÁNGEL ZAPATA
(España)

Ángel Zapata nace en Madrid en 1961. Es profesor de escritura creativa en los Talleres Fuentetaja y colabora activamente como columnista y crítico literario en diversos periódicos nacionales. Entre otros galardones ha obtenido el «Premio Ignacio Aldecoa» (1996), el «Premio Jaén de relato» (1995) y el «Premio de la Fundación Fernández Lema». Es coautor del libro *Cartas eróticas* y ha publicado *La práctica del relato* y los libros de narraciones breves *Las buenas intenciones y otros cuentos* y *La vida ausente* (2006).

El cuento incluido en esta antología pertenece a *Las buenas intenciones*, que nos ofrece relatos llenos de humor, de experiencias lúdicas, de absurdo, de ternura. Historias que tienen como protagonistas a seres humanos con sus miserias, sus anhelos y sus frustraciones. Un libro experimental en la forma y en los temas.

Aunque el autor siente predilección por «Yo diría que un domingo» un cuento que está más en la línea de lo que hace ahora, hemos elegido «La dura realidad» porque es divertido y porque, a partir de una situación equívoca y aparentemente inocua, nos hace reflexionar sobre temas profundos que subyacen en él.

—**Preguntas:** ——————

1. *Alguna vez hemos oído hablar a alguien de una experiencia lectora que lo enganchó para siempre al carro de la literatura. ¿Cuál fue el primer libro que leíste? ¿Hubo alguno que te marcara en especial?*

En uno de mis libros, *La práctica del relato*, he contado mi primer deslumbramiento con la lectura, de la mano de las historias juveniles de Enid Blyton. El «enganche», sin embargo, se lo debo a una narración maravillosa que todavía hoy sigo releyendo cada dos o tres años: *Tarzán de los monos*, de Edgar Rice Burroughs.

2. *¿Qué es para ti el cuento? ¿Por qué lo cultivas?*

Para mí el cuento, cada cuento, es un descubrimiento y una aventura: nunca sé de antemano qué va a ocurrir en uno de mis relatos. Las palabras se hacen señas desde lejos unas a otras, entablan relaciones imprevistas; escribo una primera frase, y esta frase abre un campo magnético en donde se trata de esperar –o de favorecer, algunas veces– la aparición de la segunda y la tercera. Poco a poco, el relato sucede. Me gusta esa gran fiesta en el vacío que es el cuento. Cultivo el cuento –supongo– porque se parece a la vida.

3. *Esta antología recopila cuentos en los que se pueden estudiar importantes aspectos estilísticos y culturales, y de los que se extraerán muchas y serias enseñanzas para la vida. ¿Qué recomendarías a los jóvenes que nunca tienen tiempo para sentarse con un libro en las manos? ¿Qué les puede aportar la lectura?*

Decía Breton que no hay que confundir los libros que uno lee en un viaje con los que hacen viajar. Por lo mismo, hay que distinguir entre las actividades de ocio –en las que somos meros espectadores de la vida de los demás–, de la lectura; pues la lectura es un tiempo destinado a proveernos de armas y equipajes, para llegar a ser protagonistas de la nuestra.

4. *¿Quiénes son para ti los maestros del género? ¿Cuáles los cuentistas más significativos del último siglo?*

Los maestros fundadores del género son los que todo el mundo cita y conoce: Poe, en la vertiente del cuento fantástico y maravilloso; y Chéjov en la línea del realismo. En el último siglo –y por ceñirme sólo al ámbito de habla hispana– destacaría los nombres de Borges, Córtazar, Monterroso, Arreola, y –en España, más concretamente– el realismo intensamente lírico y existencial de Medardo Fraile.

5. *El relato, un género que lucha en los países de habla hispana por adquirir carta de naturaleza y del que hay quien dice que se lee menos aún que la poesía. ¿Cuál es su situación en tu país?*

En los últimos años, el cuento es en España un género en relativo auge; y en mi opinión esto se debe a tres factores confluyentes. Hay, de un lado, el activismo cultural de algunas pequeñas editoriales –entre las que Páginas de Espuma ha sido pionera–, empeñadas en promover el relato breve. De otro, una nueva generación de cuentistas que apuestan fuerte por la defensa y la renovación del género. Y como telón de fondo, la reconversión de lo que hasta ahora era la novela en una avalancha de deleznables productos estándar, destinados –simplemente– a satisfacer la avidez de beneficios de la Industria. Esto ha convertido al cuento en el último refugio de una narratividad específicamente artística. Y en un territorio de frontera, también, donde aún es posible el riesgo, la búsqueda y la exploración.

6.*¿Cómo ves su futuro?*

Los cuentistas vamos teniendo algo de parientes pobres y mediotontos de los escritores mediáticos, de «conjurados» borgianos, de anarquistas de los de antiguamente. No sé. Como el futuro sólo podemos pensarlo como una variante del presente, yo desconfío mucho de todas las cosas de las que se dice que «tienen futuro». Ojalá el cuento no lo tenga. Ojalá su futuro sea algo que nunca habríamos imaginado hoy.

## *La dura realidad*

–Quería un bombón de nata –le digo al hombre de los helados.

–No me quedan –me contesta él.

–¡Vaya! Pues tenía yo capricho con la nata, ya ve. En fin. Entonces deme uno de vainilla. De los que llevan almendra.

–No hay.

–Ya. Bien... pues un polo de hielo, venga. De estos de aquí: de naranja.

–Se han acabado –dice.

–¿Está usted seguro de que vende helados?

–Sí.

–Muy bien: pues deme un polo de limón.

–Tampoco hay.

–Entiendo. ¿Y un heladito del corte? ¿No tendrá usted por casualidad un heladito del corte?

–No me quedan galletas.

–Ajá. Oiga: ¿y si en vez de este cartel que pone «Helados» coloca otro que diga «Se fastidia a la gente»? ¿No piensa que sería más comercial?

–Puede.

–Porque un polo de fresa tampoco tendrá.

–No.

–Y de pistacho, mucho menos; claro.

–Se han terminado.

–Está bien. Ahora deje que lo adivine yo: si le digo si tiene tarrinas, me va a decir usted que no le quedan cucharillas ¿a que sí?

–Eso es.

–Ya. Mire: dígame una cosa y acabamos antes: ¿de qué leches le quedan helados?

–Me queda lo que ve. Caramelos y latas frías.

–Pero helados no tiene.

–No.

–Y en cambio aquí arriba, en el cartel del puesto, dice «Helados». No dice: «Se da por saco con caramelos y latas frías». Dice «Helados». Yo lo leo perfectamente: «Helados».

–Sí.

–Ya. Oiga, dígame otra cosa: hay una cámara oculta ¿no es eso? Dentro de un momentito va a salir de aquella furgoneta un gilipichis trajeado, con un micrófono en la mano y un montón de helados de nata. Lo he acertado ¿verdad?

–No.

–Entonces es cierto que no vende helados.

–Sí vendo helados.

–No: no me quiera hacer ver lo blanco negro. Usted no vende helados. Usted tiene un puesto de no vender helados.

–Vendo helados.

–Está bien. Pues véndame uno. Quería un bombón de nata, por favor.

–No me quedan.

–Bien... pues uno de vainilla entonces. De los que llevan almendra.

–No hay.

–¿Lo ve?
–Qué.
–Que usted no vende helados después de todo.
–Sí vendo helados.
–No señor. No los vende. ¿O es que me toma por idiota? Usted está aquí, en su puesto, haciendo como si vendiera helados, con el único fin de enmierdar a la gente. Esa es la realidad.
–No. La realidad no es esa. Yo vendo helados. ¿No lo ha leído? Lo dice aquí, en el cartel del puesto: «Helados». De qué se extraña. No hay cámaras ocultas. Esto es la dura realidad.
–De acuerdo. Usted gana. ¿Qué tal si comenzamos otra vez? Vamos a ver: no importa el tiempo que nos lleve ¿vale? Quiero un helado. Sólo eso. Es todo lo que quiero en esta vida. Usted los vende ¿no? Muy bien. Pues véndame entonces una mierda de helado.
–De qué lo quiere.
–De nata. Lo que yo quiero es un bombón de nata –le digo al hombre de los helados.
–No me quedan –me contesta él.

**Propuestas de actividades**

1. Aunque el diálogo es el vehículo con el que se nos cuenta esta breve historia, hay un hilo narrativo, una voz que debes identificar. ¿Qué persona de la narración se emplea?

2. Lee lo que en el taller de teatro se dice acerca del diálogo y su inclusión en el cuento. ¿Piensas que es acertado su uso?

3. Podrás comparar, si lo reescribes todo en estilo indirecto: Él le dijo al hombre de los helados que quería

un bombón de nata. ¿Cómo te parece más expresivo y eficaz?

4. ¿Cómo se van definiendo los personajes? ¿Qué sabemos sobre ellos? Intenta hacer su retrato con tus palabras.

5. El condicional simple, en su uso recto, es un futuro del pasado, pero puede tener usos desviados como vemos en la primer frase: ¿cómo se emplea aquí?

6. Reúne todos los rasgos coloquiales que encuentres en el texto.

7. El diminutivo no siempre tiene un valor empequeñecedor. Puede tomar valor de aumentativo –«deme los churros calentitos»–, puede ser afectivo –«qué carita tienes»–. ¿Qué matiz toma en el relato?

8. El comprador que está usando la función conativa o apelativa del lenguaje con verbos en imperativo –«deme»–, pasa a pedir la mercancía con otra técnica. Explica de qué se trata y en qué momento ocurre esto.

9. ¿Cuándo empieza a enfadarse?

10. ¿Crees que se usan diferentes niveles de lengua? ¿A qué situación están ligados? ¿Quién los emplea?

11. El humor es un ingrediente de este relato. ¿Cómo se consigue?

12. Encuentra algún caso de antítesis. ¿Qué se contrapone? Piensa en las dos posturas de los personajes.

13. El autor abre y cierra su historia con las mismas palabras, lo que se conoce como técnica de encuadre. Escribe un minirrelato en que la emplees.

14. En este cuento se da una situación completamente absurda, como absurdas son muchas veces las cosas en la vida. A mediados del siglo XX, surge una corriente literaria que tiene el absurdo como un recurso humorístico que enmascara la angustia existencial que supone para el hombre la incertidumbre de los destinos humanos. Investiga todo lo que puedas acerca de ella y de sus máximos representantes.

15. Esta es la historia de nunca acabar, o el juego de niños del cuento de la buena pipa. Nietzsche fue un filósofo muerto en 1900 creador del concepto de «infinito retorno». Si el cosmos es finito, la totalidad de sus elementos, producto de distintas combinaciones, será también finita, pero teniendo un tiempo infinito por delante cabrá la posibilidad de sucesivas combinaciones en donde se vuelvan a repetir los estados precedentes una y otra vez indefinidamente. Estas ideas tendrán repercusión en escritores como Borges o Azorín. Es el momento para que te informes acerca de estos dos escritores y lo compartas con tus compañeros.

16. Te proponemos una actividad divertida: por parejas, aprendeos los diálogos y escenificad el cuento.

## FRANCISCO ALEJANDRO MÉNDEZ
(Guatemala)

BIOGRAFÍA

Nace en Guatemala en 1964. Narrador, periodista y catedrático universitario, obtiene el doctorado en Letras Centroamericanas por la Universidad de Costa Rica. Es Licenciado en Periodismo por la Universidad San Carlos de Guatemala. Ha publicado una novela y numerosos libros de cuentos. *Reinventario de ficciones* es una antología que recoge cuentos de varios de sus libros: *Bestiario, Mujeres, Crónicas suburbanas* y *Censurados y corregidos.*

Esta muestra puede calificarse de dura. Hay en ella crítica feroz contra EEUU y su desafortunado intervenir en el mundo; tipos patibularios que sufren vidas terribles; el hombre y sus miserias –prostitución, necrofilia, locura, pesadillas–, la realidad sin paliativos de la droga y el alcohol; la soledad del individuo, su desamparo frente a su propio cuerpo y sus limitaciones; la realidad política terrible –desmanes del ejército, ignominias, las miseria del pueblo–, pero también la experimentación y el universo virtual como lo ejemplifica el relato que hemos seleccionado, «Combate virtual» y que pertenece a *Bestiario.*

**PREGUNTAS:**

1. *Alguna vez hemos oído hablar a alguien de una experiencia lectora que lo enganchó para siempre al carro de la literatura. ¿Cuál fue el primer libro que leíste? ¿Hubo alguno que te marcara en especial?*

Tuve la suerte de crecer en una casa en la que mi abuelo paterno (Francisco Méndez Escobar), escritor y periodista fallecido en 1962, dejó una biblioteca con más de diez mil volúmenes, por lo que la cercanía con los libros fue desde pequeño. Claro que de los libros que más me impactaron fueron los relatos de Edgar Allan Poe. Su forma de imaginar las historias, de columpiarse entre lo fantástico, el terror y lo policial me llevaron de viaje y me transportaron por esos enigmáticos mundos.

2. *¿Qué es para ti el cuento? ¿Por qué lo cultivas?*

Estoy totalmente de acuerdo con Cortázar en que el cuento es como un combate de box que se gana en el primer round. Quizá, ese gancho o golpe a la quijada que producen los autores a sus lectores o viceversa, es lo que encanta en una narración breve. Cuando escribo cuentos lo hago con mucho placer y me gusta que mis relatos sorprendan, hagan reír o le provoquen algo al lector. Lo mismo me ha ocurrido cuando leo a los maestros del cuento.

3. *Esta antología recopila cuentos en los que se pueden estudiar importantes aspectos estilísticos y culturales, y de los que se extraerán muchas y serias enseñanzas para la vida. ¿Qué recomendarías a los jóvenes que nunca tienen tiempo para sentarse con un libro en las manos? ¿Qué les puede aportar la lectura?*

No me queda ninguna duda de que los jóvenes encontrarán en la lectura algo de ellos mismos. No olvidemos que cuando leemos algo, esto también nos lee a nosotros. A través de la lectura no solamente viajamos por mundos imposibles, sino que reinventamos nuestras vidas; nos transformamos en los héroes de los relatos, sin darnos cuenta los protagonizamos cuando jugamos con nuestros amigos o lo discutimos con los seres queridos. La lectura es un punto de partida para que de allí en adelante, transformemos las historias, nos adueñemos de ellas, las reescribamos, las convirtamos en nuestras y sobre todo, las compartamos a los demás. Así como los cuentos populares o las leyendas se trasladan de boca en boca, los cuentos escritos nos ofrecen todas esas posibilidades de viajar, disfrutar y reinventar la vida.

4. *¿Quiénes son para ti los maestros del género? ¿Cuáles los cuentistas más significativos del último siglo?*

Pues, no me cabe duda que Edgar Allan Poe, Balzac, Conan Doyle, Dashiell Hammett, Horacio Quiroga, Julio Cortázar, Augusto Monterroso, Juan Rulfo, Jorge Luis Borges, Ramón Ribeyro, Bryce Echenique, Dalton Trevisan, Sergio Ramírez, Salarrué y Horacio Castellanos Moya (El Salvador), Francisco Méndez Escobar (mi abuelo), Carlos Paniagua (Guatemala).

Para mí los cuentistas más significativos del siglo XXI, Rubem Fonseca, Reinaldo Arenas, Onetti, Muñoz Molina, Charles Bukowsky, entre otros.

5. *El relato, un género que lucha en los países de habla hispana por adquirir carta de naturaleza y del que hay quien dice que se lee menos aún que la poesía. ¿Cuál es su situación en tu país?*

Me parece que la tradición de extraordinarios cuentistas guatemaltecos, que van desde el siglo XIX con José Milla, pasando por Rafael Arévalo Martínez, Miguel Ángel Asturias, Mario Monteforte Toledo, Francisco Méndez Escobar, Ricardo Estrada, José María López Valdizón, Augusto Monterroso y en la actualidad Rodrigo Rey Rosa y si sumamos la gran tradición oral, pues tenemos mucho de donde escoger. Es cierto que mi país es uno de lo que tiene más índice de analfabetismo por lo que, en general, la lectura de literatura es bajo, pero de todas maneras se lee más narrativa que poesía.

6.*¿Cómo ves su futuro?*

Creo que el cuento tiene que volver a retomar protagonismo, pues siempre hay historias que contar. Quizá el recurso de la oralidad, que en países como Guatemala es bastante fuerte, ayude a que el relato breve tomo protagonismo. Por lo general, en muchas editoriales se le da prioridad a la novela y como que el cuento no es llamativo, pero en realidad hay tantas técnicas narrativas, autores, experimentaciones que, seguramente continuarán surgiendo figuras tan ingeniosas como Monterrroso, que hagan que el cuento tome un lugar de privilegiado.

## *Combate virtual*

### 1

Antes de salir a la calle, se rascó los huevos, jaló la línea del pantalón de lona que se le había metido dentro de las nalgas, se echó el fleco del pelo para atrás, dio una mirada al espejo y se largó al infinito.

Tras caminar bamboleándose entre la oscuridad y las luces de los postes, encontró en la primera esquina por la que pasó, un ridículo restaurante, del que provenían luces al ritmo del decadente ruido mexicanoide. El dueño del asqueroso bodrio, un oriental sobreviviente del naufragio de un barco que encalló en las costas del Pacífico, maltrataba a las meseras y cobraba de más a los borrachos, «soldados en su mayoría», quienes tras pagar el fraude y con una monumental embriaguez, tambaleaban hacia la calle, prestos a ingresar a la primera casa de golfas.

Jean Claude observó con asco el bullicio, pero no pudo evitar pasar enfrente. Dos borrachos abrazados y jurándose fidelidad hasta la muerte caminaron hacia él.

El guerrero los recibió en dos potentes patadas en las espinillas. Empuñó las manos, alzó los brazos al frente y con un par de descomunales trompadas los arrojó hacia ese suelo pegajoso, vomitado, escupido, pisoteado y con capas de humo negro.

Uno de los desventurados golpeó contra una persiana de metal, mientras que el otro cayó en medio de la carretera, donde una gigantesca máquina lo hizo desaparecer debajo de sus neumáticos.

Jean Claude sacó un pañuelo de la bolsa trasera de su pantalón. Limpió sus puños apestados a heridas ajenas, sacó un peine y arregló su fino cabello frente al vidrio de un automóvil. Lo guardó con rapidez. Se escupió las manos y se adentró entonces al callejón de los espantos.

El obstáculo muy bien salvado, ocurrido minutos antes con las dos cabezas semirrapadas, le provocó que sus tríceps se inflamaran exageradamente, rasgaran su playera blanca y sus pechos se ensancharan como globos a punto de reventar.

## 2

El callejón estaba oscuro. La luna había escapado del esperpéntico ruido de otros restaurantes similares y desparramados en toda la avenida. Las estrellas desaparecieron ofendidas por el espectáculo nocturno y la noche permanecía negra, negra. Negra, como la boca que se tragó a la puta de Caperucita.

La basura estaba esparcida por todos los rincones del callejón. Las ratas, fofas, bigotudas e impunes, seleccionaban lo peor para deglutirlo a prisa y con el apoyo de sus patas delanteras. Una de ellas chilló cuando Jean Claude pisó su desnuda cola con las botas. La dientuda roedora se lanzó contra el caminante nocturno, pero de inmediato fue rematada de un taconazo en su diminuta cabeza.

La tomó de la cola y estrelló su inerte cuerpo contra un muro impregnado de petróleo. Las otras alimañas se abalanzaron hacia el cuerpo sin vida y se hartaron los fetos que flotaban dentro de la caliente barriga del animal.

## 3

Fue entonces cuando Jean Claude presintió que él estaba allí. Por supuesto que no se inmutó. Por cada parte de su cuerpo circuló una alarma silenciosa, que lo mantuvo en alerta, justo hasta el momento que su cuerpo vibró tras sentir la primera patada del maldito monstruo en la espalda.

Jean Claude impactó justo sobre el cuerpo semicomido del roedor, al que él mismo había dado muerte. Las demás ratas se abalanzaron sobre el guerrero, quien las hipnotizó tras pasar sus manos frente a sus diminutos ojos.

Jean Claude sintió un grave dolor en su cuerpo. La patada impactada en su costado, similar a la embestida de un toro metálico, penetró lo más profundo de su ser.

Como por obra de una pequeña fuente mágica de energía, se incorporó y de inmediato tomó la posición de culebra cascabel a punto de atacar al enemigo.

Por todo el deforme cuerpo del espantajo no pasó ni la más mínima correntada de miedo. Tomando la silueta de huracán, avanzó hacia Jean Claude. Tragó todo el cuerpo del guerrero y lo hizo girar cientos de veces. Seguidamente, la cosa tomó su verdadera figura. Lastimó la espalda de Jean Claude, casi partiéndola con su verde rodilla con escamas espumosas.

El guerrero se lamentó. De su cabeza emergieron pequeñas gotas de sudor acompañadas de un fuerte estremecimiento. Por su mente cruzó la imagen de su padre, cuando, durante una práctica de combate, le ocurrió lo mismo.

Con su cuerpo trató de enrollarse sobre el piso, pero su espalda quedó atorada en una piedra. Un pequeño hilo de sangre escurrió de sus labios. Sus ojos observaron cuando el animal sacó de su cola una larga y ancha cadena que terminaba en un pesado anzuelo. La cadena giró varias veces, hasta que la punta acerada del arpón impactó sin misericordia en el glúteo izquierdo del guerrero. El horrendo esperpento descargó una ráfaga de electricidad entre los eslabones. Eso estremeció a Jean Claude, provocándole una alteración total a su cuerpo a punto de desfallecer. Otra mágica fuerza emergida del cuerpo del guerrero hizo que Jean Claude arrancara la oxidada pieza de acero de su pierna y la apuntara hacia el cuello de la bestia. El anzuelo se clavó en la cara del monstruo, a quien rápidamente le brotó un viscoso líquido verde que, tras caer al suelo, expelía blanco vapor y un olor nauseabundo. El guerrero aprovechó el sufrimiento de su rival. Se levantó y descargó decenas de patadas y trompadas en ese pesado cuerpo amorfo.

Con cada patada, acertada técnicamente en cada punto vulnerable, el pesado cuerpo de la bestia retrocedía centímetro a centímetro. Una de las verdes gotas alcanzó el cuerpo de una bigotuda. La rata cayó al instante fulminada en el piso, con las patas hacia arriba, pero sus congéneres no se atrevieron ni a tocarla. Un pastoso líquido salía de la bestia, cada vez que luchaba por extraerse el arpón de su cara. El vaho también alcanzó a Jean Claude: unas gotas cayeron en su camiseta. Otras manchas rebotaron en su pantalón.

Ambas prendas se saturaron de agujeros y de su cuerpo comenzaron a brotar ronchas negras.

El animal se desintegró. De inmediato una bola de humo entre verde y flameado se posó en la herida espalda del guerrero. Retomó su amorfa imagen y con el espeso moco y las patas traseras golpeó a Jean Claude hasta comprobar que su espalda estaba lo suficientemente dañada. Con el mismo moco, recogió una gran piedra, escupió encima y la transformó en una materia ponzoñosa. La balanceó con las dos patas y la arrojó hacia el guerrero.

La verde nata impregnó todo el cuerpo que se estremecía de dolor. Jean Claude luchó, pero la masa lo aprisionó por completo. Como pudo, tomó el cuchillo de su tobillo y cortó la masa verde hasta hacerla trizas.

El arma de Jean Claude cambió de forma: creció y creció hasta que moldeó la figura de una espada. La hizo girar con ambas manos. Apuntó hacia el negro cielo, saltó varios metros hacia arriba y con su arma dirigida hacia la cola de la bestia, cayó al suelo. Simultáneamente partió en dos el flácido trozo verde con manchas amarillas y azules.

Hubo varios segundos de silencio. Luego se escuchó un estridente grito, que algún mutante confundió con la inoportuna bocina de una nave espacial en mal estado. Ese esperpéntico sonido invadió las oscuras viviendas. Nadie se percató o quiso percatarse del berrido del animal.

Jean Claude no sonrió, pero por su mente pasó algo parecido a la emoción. Nunca había estado tan cerca de fulminar a la bestia. Ahora era su oportunidad y no la iba a desperdiciar. Levantó la espada, apuntó hacia el pecho del animal, pero, de pronto, el cuadro completo quedó sin movimiento. La sangre de Jean Claude, las babas de la bestia, las ratas, la asquerosa música del fondo, el ridículo chino estafando a la gente, los borrachos regados en las calles.

El cielo negro también quedó congelado cuando Camilo apretó la pausa en su joystick y corrió al baño a orinar. La pantalla del ordenador mostraba cada una de las escenas, pero todo estaba perfectamente congelado.

Sin embargo, por los ojos del monstruo corrieron lágrimas de alegría. Su hocico parecía implorarle clemencia a Camilo, quien, mientras se la sacudía, se debatía entre salvar al animal o hundirle la espada, hasta volverlo una masa verde, inerte, fétida...

**Propuesta de actividades**

1. El título adelanta el contenido del cuento. Por él se puede adivinar la realidad de la historia que se nos cuenta. ¿Te parece una medida acertada? Juega a encabezarlo de otra manera.

2. Por idiolecto se entiende el uso particular que cada hablante hace de la lengua. De todos los autores estudiados, este es el más alejado de la norma castellana. ¿Qué giros o expresiones te llaman la atención?

3. En el español normativo, tambalearse es un verbo pronominal que se conjuga obligatoriamente con la forma *se* que no es pronombre –ya que no está en lugar de ningún nombre– sino un morfema externo del verbo. El autor le da un empleo diferente y peculiar, ¿cuál es?

4. ¿Qué opinión le merece México al narrador? ¿Cómo lo sabemos?

5. En este cuento, el lenguaje es directo y contundente. No se va por las ramas ni juega con eufemismos. Cita expresiones que confirmen esta aseveración.

6. En español normativo, ingresar *en*. ¿Qué preposición utiliza el escritor?

7. El personaje se identifica como un macarra. ¿Cuáles son los gestos que lo definen?

8. Hipérbole, personificaciones, metáforas, enumeraciones son figuras que adornan el texto. Señala dónde están y explícalas.

9. En un momento de la historia aparecen en escena unos cabezas rapadas. Proponemos una puesta en común para intercambiar información y opiniones acerca de estas tribus urbanas que perturban a la sociedad[1].

10. El autor califica de esperpéntico el ruido que sale de los restaurantes. ¿Qué sabes del esperpento? ¿Quién fue Valle Inclán? Es el momento de investigar en la figura y en la obra de este gran escritor español.

11. Sabes lo que son los cuentos tradicionales, transmitidos oralmente a través de los siglos, puestos por escrito por autores cultos en un momento de su historia. Aquí se alude a un personaje de un cuento popular. ¿De quién se trata? ¿Te parece coherente el modo en que el autor lo descalifica?

12. Estos cuentos se pueden reescribir, recrear. Te proponemos la destrucción y reelaboración de una historia –Blancanieves, La sirenita, El gato con botas– de manera que desvirtúe el original.

13. El epíteto es aquí un recurso constante. ¿Te parece acertado su uso?

14. A medida que avanza, el relato se desvincula del mundo real para adentrase en el universo de la imaginación y de la fantasía. ¿En qué momento podríamos decir que se alcanza la cima de lo imposible?

15. Te proponemos una actividad que pensamos que puede ser una interesante alternativa a la historia narrada. Dibuja un cómic que refleje la historia y ponle palabras.

16. ¿Qué tal hacer un corto? Te apuntamos algunos rasgos del guión cinematográfico que te pueden ayudar:

---

1 Lo que le sirve al autor de referente es una imagen de los militares en Guatemala que llevan el pelo como los *skin head.*

a) Una página debe equivaler a un minuto de narración audiovisual (para ello es importante el formato, ver ejemplo abajo)

b) Reparte tu historia en tres actos (planteamiento, nudo, desenlace)

c) Elementos fundamentales: personaje, conflicto, acción.

d) La estructura: divide tu historia en secuencias.

Cada secuencia tiene unidad espacio-temporal: ocurre en el mismo lugar y en el mismo tiempo

Cada secuencia tendrá acción y/o diálogo (ver formato abajo)

e) Sintetizar: en dos frases: que se entere la gente de qué va el cuento.

Los personajes deben expresarse por sus acciones no por sus palabras.

Diálogo, esencial: no deben repetir lo que ya se ha visto

f) Narrar de una forma visual (pensar en imágenes)

Es preferible ver con una mirada lo que el personaje quiere/siente que con palabras.

g) El formato

Se suele utilizar el formato de letra Courier de tamaño 12. El diálogo va centrado, el resto de elementos no. Aquí una secuencia de ejemplo:

INT/DIA - CALLEJÓN VACÍO

JAVIER, hombre conservador en su cuarta década, vestido de gabardina, titubea antes de continuar su camino.

Suenan PASOS detrás de él, y Javier voltea para encarar a MISTERIOSA, una figura femenina de negro que le entrega una nota en la mano.

MISTERIOSA

(murmurando)

Nunca me viste. Sigue tu camino.

Misteriosa desaparece tras una barda. Javier guarda la nota y regresa por donde vino.

Este esquema de guión cinematográfico, muy elemental, teniendo en cuenta el público al que va dirigido, se lo debo a Jorge Torregrossa (Alicante 1973). Licenciado en Ciencias de la Información por la Universidad Complutense de Madrid y por la Cátedra de Historia y Estética de la Cinematografía de la Universidad de Valladolid. Master of Fine Arts en Cine - Dirección, por el Graduate Film Department de la Tisch School of the Arts, New York University. Estudia en Nueva York con una beca de la Fundación La Caixa, otorgada por uno de los bancos más importantes de España, entre 1997 y 1999. En 1999 mientras asiste a NYU recibe el Martin Scorsese Young Filmmaker Award (Premio Joven Cineasta Martin Scorsese), que el director neoyorquino otorga anualmente.

Ha dirigido televisión, publicidad, videoclips. Sus cortos, entre ellos *Desire* y *Mujeres en un tren*, han viajado por todo el mundo y recibido más de cien galardones en certámenes nacionales e internacionales. En la actualidad prepara su primer largometraje.

# IGNACIO PADILLA
(México)

## BIOGRAFÍA

Ignacio Fernando Padilla Suárez nació en la Ciudad de México en 1968. Licenciado en Comunicación por la Universidad Iberoamericana, doctor en Literatura Inglesa en la Universidad de Edimburgo y en Literatura Española e Hispanoamericana en Salamanca. Colaborador en medios escritos y audiovisuales. Perteneciente al grupo literario *Crack* en sus propias palabras ello significa «el rompimiento no con el *boom* de la literatura latinoamericana o con el Realismo Mágico, pues lo que nos gustaría es plantear una continuación con estos movimientos, sino... con lo que se ha denominado el post-boom y posteriormente se llamó boommerang, que era la vulgarización (y mala imitación) de esta literatura». Entre sus principales obras se encuentran las novelas *El año de los gatos amurallados* (1994); *Las tormentas del mar embotellado* (1994); *La catedral de los ahogados* (1995); *Si volviesen sus majestades* (1996); *Los funerales de Alcaraván* (1999), y *Amphitryon* (2000) –traducida a seis idiomas– y de los libros de relatos, *Imposibilidad de los cuervos* y *Las antípodas y el siglo.*

Ha sido galardonado con el Premio Nacional de las Juventudes Alfonso Reyes 1989; Premio Kalpa de Ciencia Ficción, 1994;

Premio Nacional Juan Rulfo para Primera Novela, 1994; Premio Nacional de Cuento Infantil Juan de la Cabada, 1994; Premio Nacional de Ensayo Literario Malcolm Lowry, 1994; Premio Nacional de Ensayo José Revueltas, 1999, y Premio Primavera de Novela, 2000.

Ha sido agregado cultural de la embajada de México en el Reino Unido durante los años 2001-2003.

—PREGUNTAS:

1. *Alguna vez hemos oído hablar a alguien de una experiencia lectora que lo enganchó para siempre al carro de la literatura. ¿Cuál fue el primer libro que leíste? ¿Hubo alguno que te marcara en especial?*

Naturalmente, no recuerdo qué libro leí por vez primera. Lo que sí recuerdo con emoción y constantemente es mi lectura de *El Conde de Montecristo*. Esto no es nada nuevo, supongo. Pero así es la literatura: nos unen las experiencias grandes de los grandes libros que leímos cuando empezábamos a navegar por la literatura.

2. *¿Qué es para ti el cuento? ¿Por qué lo cultivas?*

Un género mayor, una joya preciosa, la precisión radical. Lo cultivo porque no tengo más remedio que hacerlo, porque el cuento es el género que mejor se ajusta a mi aliento, a mi tiempo, a mi manera de ver el mundo y a mi deseo de expresar el universo en una gota de agua.

3. *Esta antología recopila cuentos en los que se pueden estudiar importantes aspectos estilísticos y culturales, y de los que se extraerán muchas y serias enseñanzas para la vida. ¿Qué recomendarías a los jóvenes que nunca tienen tiempo para sentarse con un libro en las manos? ¿Qué les puede aportar la lectura?*

La lectura no sólo es un placer, sino una herramienta de enriquecimiento en sentidos infinitos, desde los más frívolos hasta los más trascendentes. Si lees, se nota. Nos han enseñado a reverenciar demasiado a los libros como entes inaccesibles y distantes de la vida cotidiana. Todo lo contrario: nada más cercano a nuestro día a día que un libro. Basta intentarlo una vez para comprenderlo.

4. *¿Quiénes son para ti los maestros del género? ¿Cuáles los cuentistas más significativos del último siglo?*

Naturalmente, Borges. En América Latina tenemos otros autores de primera línea: Cortázar, Arreola, Monterroso, Ribeiro, Fonseca, Quiroga. De la tradición americana no podemos olvidar a Poe y a Carver. De la anglosajona, acaso la más importante, Chesterton, Kipling y Wilde, entre muchos otros. En nuestro siglo hemos visto crecer a cuentistas excepcionales como McEwan y Tabucchi, por mencionar sólo algunos.

5. *El relato, un género que lucha en los países de habla hispana por adquirir carta de naturaleza y del que hay quien dice que se lee menos aún que la poesía. ¿Cuál es su situación en tu país?*

Definitivamente no creo que el cuento esté pugnando por adquirir carta de naturaleza. Al menos en América Latina, el cuento sigue siendo el rey. Claro que en términos editoriales o de lectores masivos falta mucho por hacer. Pero eso no hace menos al cuento.

6.*¿Cómo ves su futuro?*

Como siempre: el cuento seguirá estando allí, influyendo nuestras vidas, marcando nuestras novelas, removiéndolo todo desde un punto discreto o aun secreto. Y está muy bien que así sea.

## *El tiempo recobrado*

Nadie esperaba su muerte, si bien tampoco puede decirse que a Lord Gronogham le faltasen motivos para despedir un buen día a la servidumbre, prender fuego a su plantación y aguardar desnudo la fatalidad en la cumbre helada del Masatmalá. Los tripulantes de un carguero que atracó en Samoa algunos días más tarde, requisaron palmo a palmo la isla en busca de una muestra, una fórmula secreta o una brizna de hierba que pudiera justificar no sólo su larga travesía desde Liverpool, sino sus vidas enteras. Pero Lord Gronogham se había cuidado bien de no dejar tras de sí nada que pudiera perpetuar la atroz confirmación de sus quimeras. Su cuerpo ahora reposaría para siempre en las nieves del volcán, mudo y culpable como la lápida de un ajusticiado, y no habría en adelante Dios ni ayuda que pudiesen arrancarle su secreto ni la abrumadora certeza de haber reconocido sus faltas demasiado tarde.

Durante meses, su mujer le había escrito desde Rochester para contarle el desastroso efecto de sus sueños de gloria, pero Lord Gronogham sólo se avino a aceptar su responsabilidad cuando ella resolvió contarle cómo incluso el arte había comenzado a desvanecerse al otro lado del mar. Con una minucia no exenta de resentimiento, la dama explicó a su marido, en pocas y descarnadas líneas, cómo sus cuadros predilectos iban naufragando en galerías cada vez más parecidas a cementerios. No los tocaba nadie, simplemente se iban desgastando de tanto que los miraban. El óleo se cuarteaba lentamente y sin remedio, pulgada a pulgada, hasta que un día las imágenes en apariencia más sólidas se desprendían del lienzo en hojuelas diminutas. Por órdenes expresas de Su Majestad, los más aptos curadores se ocupaban ahora de rescatar aquellas escamas, las lloraban y las guardaban en cajas membretadas junto a un catálogo del museo, quién sabe si por nostalgia o con la esperanza de que alguien, en un siglo mejor, se tomara la molestia de reconstruir aquellos tristes rompecabezas. Allí quedaban, pues, los paisajes ríspidos y coloridos que habrían llevado a Lord Gronogham a emprender sus exploraciones por el Pacífico, y allí quedaban también sus niños lánguidos, sus bufones escurridos en carmesí, sus furibundos azules venecianos, sus verdes franceses y sus Cristos, cuántos Cristos españoles que habrían muerto como él: desnudos, solitarios, abandonados a la tristeza y al frío, esperando que la peste de su cuerpo alcanzara un día a todos los hombres y los obligara a vomitar el veneno que él había inventado o descubierto para ellos.

Veneno. Así se dio a llamarlo él mismo a medida que los reclamos epistolares de Lady Gronogham se hicieron más explícitos. La sola idea de que su milagrosa infusión bañaba ahora las tráqueas de hombres cada vez más torpes frente al tiempo prolongado de sus noches, acabó por parecerle insufrible. El opio al menos los habría envuelto en una somnolencia sin angustia, y el cianuro los habría matado reduciendo la pesadumbre de sus vacuas jornadas a un instante fatal. Su infusión, en cambio, prolongaba sin piedad tanto el insomnio como la agonía que le viene aparejada, entregaba a quienes la bebían una monstruosa serpiente de horas vanas que nadie supo nunca aprovechar.

Al principio, cuando reparó en que los nativos de la isla procesaban esas hierbas para constreñir su sueño al mínimo y sin secuelas, Lord Gronogham estuvo seguro de haber hallado lo más próximo a la fuente de la eterna juventud. Y así se lo hizo saber de inmediato a la Real Sociedad de Ciencias en informes que acusaban ciertamente el triunfalismo de quien ha encontrado el Santo Grial. En pocas palabras, el ilustre viajero anunciaba la supresión casi total del sueño y, con ello, la abolición del último obstáculo para devolver al mundo civilizado un ocio secular e imprescindible para el renacimiento de las artes, las ciencias y las ideas. Los argumentos de Lord Gronogham parecían tan diáfanos como definitivos: bastaba una sola dosis para reducir a su cuarta parte las habituales ocho horas de sueño sin efectos negativos para la salud, no hacía falta receta médica y no había riesgo alguno de sobredosis. El único sacrificio que exigían las infusiones samoanas era la renuncia a los sueños, lo cual era de esperarse cuando la ampliación de la vigilia reducía el descanso a una suerte de catatonia. Lord Gronogham, sin embargo, argumentaba en su favor que perder los sueños implicaba también deshacerse de las pesadillas, y si acaso la gente despertaba un día del letargo con la sensación de haber perdido algo incierto aunque indispensable, ya se ocuparían otros de hallar la solución de ese problema cuando sobrase el tiempo para el estudio.

Es verdad que no faltó a todo esto quien sugiriese prolongar el período experimental del bebedizo y controlar su distribución, pero a aquellas alturas las autoridades habían descubierto en el brebaje su oportunidad de resarcir las mermadas arcas del imperio y juzgaron impensable escamotear a otras naciones los miles de pedidos que comenzaban a abarrotar sus bodegas. Una mundanal de cajones samoanos se apilaba cada tarde en los puertos del continente sin que nadie fuese entonces capaz de reparar en que los barcos que los transportaban navegaban más despacio de lo habitual o en que la prisa proverbial de los estibadores había sido reemplazada por una morosidad de ascetas. Las cajas eran conducidas luego tierra adentro en carretones cuyas bestias se sentían fustigar por manos cada vez menos ansiosas, manos idénticas a las que más tarde se tomarían un minuto entero en extenderse sobre el mostrador para adquirir sus costalillos de infusión reparadora y bañar con ella sus demás actos cotidianos: duelos, charlas y partidas de bridge que podían durar semanas, miradas sin sueño que se detenían por horas en el encabezado de un periódico mientras que otros dedos tumefactos se resistían a cambiar las páginas de novelas demasiado vertiginosas, guiños o puñetazos que duraron siglos ante los ojos de quienes se resistieron a beber la infusión sólo para despertar un día en el seno de un pavoroso jardín de estatuas. De la noche a la mañana el pulso de todos los cuerpos comenzó a marcar un compás de réquiem, y sus poros sólo transpiraron un poco al internarse en el tiempo sin tiempo de aquellos museos y galerías de los que Lady Gronogham hablaba con tanta pesadumbre en sus cartas.

En ese tiempo Lord Gronogham, empeñado aún en demostrar que ese desastre le era ajeno, decidió consagrar sus propias jornadas muertas a esculpir con barro del archipiélago la figura de su mujer, una estatua acariciada, prometida y postergada largamente en su juventud de artista sin talento ni tiempo para dar rienda suelta a sus deseos. La escultura, no obstante, quedaría inconclusa desde el momento en que su autor descubrió que con el sueño también él había perdido la medida de su impaciencia. Gracias a él ahora no sólo sobraba el tiempo para el arte, sino para la duda, la desmemoria y la infinita corrección de formas, curvas y texturas que nunca acabarían de convencerle.

Acaso sea verdad que habría bastado a Lord Gronogham destruir sus plantaciones y su laboratorio para detener el soporífero desastre que había provocado en ultramar, pero eso no significa que su inmolación haya sido evitable. Ningún hombre en su lugar habría podido nunca hacerse a la idea de que, cuando las víctimas de la infusión despertasen de su pesadilla vigilante, tendrían que enfrentar una existencia nuevamente regida por la certeza de la muerte, un horizonte desnudo de cristos y bufones chorreantes cuya sola ausencia sembraría en los antiguos sonámbulos la sensación de haber visto pasar un tren fundamental que jamás volvería a detenerse para ellos. Entonces, seguramente, pensarían en Lord Gronogham y maldecirían en vano la cobardía que le llevó aquella mañana a desnudarse y aguardar a que lo matase el frío mientras estrechaba una litografía del Durero tan gris y deslavada que parecía haber perdido su última sustancia.

## Propuesta de actividades

Publicado en 2001, *Las antípodas y el siglo* es un libro de relatos en el que las cosas, los objetos, están a veces por encima del hombre –con toda la carga de angustia que esto supone–, en el que el bien y el mal, el crimen y el castigo son una entelequia. Los doce cuentos que componen este libro nos presentan a seres muy especiales que intentan superar las limitaciones que su condición les impone.

1. El título de esta historia ¿cuándo puede explicarse?

2. Para un habitante del continente europeo, Hispanoamérica puede ser un lugar exótico y lleno de atractivos. Para el escritor mexicano, lo exótico ¿dónde se encuentra?

3. Busca el significado de la palabra requisar y comenta su empleo en el texto.

4. Analiza los emparejamientos y los quiasmos que proliferan en su sintaxis.

5. En el primer párrafo se alude a una ciudad inglesa que fue cuna de un importante grupo musical que marcó un hito en la historia de la música en el siglo XX. ¿A quién nos referimos? Proponemos la audición en clase de alguna de sus canciones más famosas.

6. «Mudo y culpable como la lápida de un ajusticiado». Como verás si analizas estas palabras, las licencias retóricas no sólo se dan de un modo lineal, sino que pueden superponerse y estratificarse en espesor.

7. El sufijo -uelo, de clara tradición literaria –jarchas, Lope de Vega– aparece asociado a un adjetivo –diminutas–. ¿Qué efecto consigue el autor con esa asociación? ¿Crees que el adjetivo le aporta algo al sustantivo? ¿Qué matiz le añade?

8. La metonimia es un recurso empleado por el autor. Localízala en el segundo párrafo.

9. Clasifica los adjetivos que ofrece el texto, de gran riqueza en este aspecto.

10. La conjunción *o* puede ser disyuntiva o identificadora. ¿Cuál es su valor en «había inventado o descubierto»? Razona tu respuesta.

11. En algún otro momento de este libro hemos aludido al filósofo francés Bergson quien habla de tiempo real y tiempo subjetivo. ¿Qué significado encierra «al tiempo prolongado de su noches»? ¿Piensas que la medida del tiempo depende de nuestra percepción del mismo? ¿Alguna vez se te ha hecho corto o largo?

12. ¿Qué figura retórica hay en «una monstruosa serpiente de horas vanas»?

13. Por estos días se habla de la invención de un medicamento capaz de reducir la necesidad de sueño sin que afecte a otras funciones vitales, y se comenta sus virtudes en situaciones de alto riesgo –guerras, por ejemplo–. Todavía se desconocen los motivos por los que necesitamos dormir ni por qué lo hacemos, pero es algo evidente, que si no se duerme, no funcionamos. ¿Piensas que seríamos más productivos? ¿Cómo afectaría a nuestro organismo esa carga extra de actividad nocturna?

14. ¿Cuál piensas que es el tema central del cuento? ¿Estaría en relación con lo que hemos comentado en la pregunta anterior? ¿Crees que el funcionamiento de nuestro organismo es el correcto y que no podría ser otro?

15. En algún momento del relato se habla de que el hombre también necesita soñar. Intenta informarte acerca del valor de los sueños, su significado, por qué hay veces que los sueños se nos repiten. ¿Tienes algún sueño reiterado? Cuéntalo y vamos a interpretarlo.

16. ¿Cuál era el estado al que quedaban reducidos los que se toman la infusión? ¿Se dormían?

17. El párrafo quinto se puede considerar como la bisagra de la historia. Señala en qué momento y por qué.

18. Explica la paradoja «en el tiempo sin tiempo». ¿Qué quiere decir con la unión de esas ideas en apariencia irreconciliables?

19. Corremos constantemente, se nos quedan muchas cosas por hacer por falta de tiempo, porque se nos va de entre las manos y queremos aprovecharlo. ¿Qué te gustaría hacer que ahora no puedes si tuvieras mucho más para gastarlo más despacio?

20. El texto es rico en metáforas de todo tipo. Analízalas.

21. Al final se alude a un pintor, Durero. Busca información sobre él. Sería un buen momento para ver en clase –tu profesor de historia quizás pueda ayudarte– alguna muestra de su arte.

22. ¿Dónde se desarrolla la historia? Qué te parece si organizamos un viaje para conocer el país. Por grupos, preguntad en un agencia de viajes y organizadlo todo con detalle. ¿Cuántos días estaréis? ¿De qué dinero disponéis? ¿Qué lugares vais a visitar? ¿Qué platos vais a pedir? ¿Qué ropa pensáis llevar? Sería magnífico que contarais a la clase cuáles han sido vuestras experiencias, qué regalos habéis comprado, qué es lo que más os ha gustado de este maravillosos y soñado viaje.

## MILIA GAYOSO
(Paraguay)

### BIOGRAFÍA

Nació en Villa Hayes (Paraguay), el 30 de mayo de 1962. Vivió allí hasta los 9 años, época en que comenzó a crear sus primeros relatos orales. Esta ciudad costera del Bajo Chaco aparece en varios de sus cuentos. Residió en Buenos Aires (Argentina) desde los 9 hasta los 15 años. Sus primeros escritos datan de esa época. De regreso a Paraguay, estudió Periodismo en la Facultad de Filosofía de la Universidad Nacional de Asunción. Publicó sus primeros artículos en la revista universitaria Turú, y los primeros relatos y cuentos breves en el suplemento femenino del diario *Hoy* de Asunción, en una columna denominada «Historias diminutas». Actualmente es la coordinadora y redactora del Suplemento femenino Eva del diario *La Nación*.

Tiene publicados 5 libros de narrativa breve: *Ronda en las olas* (1990), *Un sueño en la ventana* (1991), *El peldaño gris* (1994), *Cuentos para tres mariposas* (1996), *Microcuentos para soñar en colores* (1999), *Para cuando despiertes* (2002).

Ha sido incluida en varias antologías. Dos cuentos de su autoría figuran en la *Antología Narrativa Paraguaya* de Guido Rodríguez Alcalá y María Elena Villagra. También aparece en la antología de autores paraguayos preparada por Teresa Méndez

Faith y en el diccionario de literatura paraguaya de la misma autora. Susan Smith Nash la incluyó en su antología *First light*, con dos cuentos. Uno de sus relatos, denominado «En llamas sobre el Ganges», figura en la *Antología de Nuevos Narradores Hispanoamericanos «Líneas Aéreas»*, publicado por la editorial española Lengua de Trapo (1999), que reunió a autores de 20 países de Hispanoamérica. Sus trabajos fueron incluidos en la *Antología de Narradoras Paraguayas* preparada por José Vicente Peiró y Guido Rodríguez Alcalá. Su cuento «Elisa» fue traducido al francés por Agnés Poirier y está próximo a ser incluido en una antología de escritoras latinoamericanas. Uno de sus cuentos fue incluido en *Pequeñas Resistencias 3. Antología del nuevo cuento sudamericano*, publicado por la Editorial Páginas de Espuma, de Madrid, España. Ella realizó la selección del capítulo paraguayo de la antología, que incluye su trabajo y el de otros tres autores compatriotas.

Milia Gayoso ha recibido numerosos premios. En 1993 obtuvo el segundo premio del Concurso de cuentos breves «Guy de Maupassant», con la obra «Cuando acabó el reinado». Ese mismo año obtuvo la primera mención de honor del Concurso de cuentos organizado por el Club Centenario de Asunción, con el relato «En el segundo cajón». En 1995 obtuvo una mención de honor por su cuento «Huyendo de las aguas» presentado al V Concurso de Narrativa Argentina-Paraguay, en homenaje a Augusto Roa Bastos. Todas sus obras se encuentran disponibles en la Biblioteca Virtual Cervantes. Milia Gayoso Manzur es miembro de la Sociedad de Escritores del Paraguay, de Escritoras Paraguayas Asociadas (EPA) y del Pen Club del Paraguay.

## —PREGUNTAS: ———

1. *Alguna vez hemos oído hablar a alguien de una experiencia lectora que lo enganchó para siempre al carro de la literatura. ¿Cuál fue el primer libro que leíste? ¿Hubo alguno que te marcara en especial?*

Si tuviera que remontarme al primerísimo libro que leí, no podría dejar de recordar a mi libro de lectura del tercer grado. El mismo tenía varios textos que yo adoraba, como un diálogo entre el lapacho y la golondrina. Además, en la parte última del libro habían agregado un diccionario donde me gustaba volver una y otra vez. Recuerdo a mi primo Nenito, con quien hacíamos los deberes, llamarme la atención porque cada vez que abría el diccionario leía: brisa: airecillo suave. Lo hacía una y otra vez, a propósito, para molestarlo y porque me gustaba esa palabra. A mitad de año de aquel tercer grado, mi madre me llevó a vivir a la Argentina, donde me «empaché» de lectura; leí a Luisa M. Alcott y sus queridos libros *Mujercitas*, *Hombrecitos* y *Una Guirnalda de Flores*, a Edmundo de Amicis en *Corazón*, comencé a conocer a Horario Quiroga, me empapé con los poemas de Federico García Lorca, de Antonio Machado, de Rubén Darío.

2. *¿Qué es para ti el cuento? ¿Por qué lo cultivas?*

Es un vehículo para sanar heridas, para compartir momentos, para narrar historias, simples, cotidianas, vitales, que necesitan ver la luz para dejar de doler. Creo que empecé a escribir para contar cosas que nadie quería escuchar, cosas mías; luego para compartir lo que le sucede a los demás y así fue convirtiéndose mi trabajo en una suerte de espejo de problemas sociales. Aunque escribir para mí es tan necesario como respirar, descubrí que no sólo me sirve a mí, que puede servir para ayudar, para difundir, para clamar cambios, para soñar mejores horizontes.

3. *Esta antología recopila cuentos en los que se pueden estudiar importantes aspectos estilísticos y culturales, y de los que se extraerán muchas y serias enseñanzas para la vida. ¿Qué recomendarías a los jóvenes que nunca tienen tiempo para sentarse con un libro en las manos?¿Qué les puede aportar la lectura?*

Abrir un libro es como llegar hasta un prado y descubrir el verdor del césped, los colores de las amapolas, la fragancia increíble de las rosas, la bella sencillez de las margaritas, el canto de los pájaros, el ruido del agua en la pequeña cascada, los sonidos del amanecer, los cantos de grillos y pequeñas ranas al atardecer, los colores del crepúsculo, y todos los maravillosos espectáculos de la naturaleza. En un libro encontrarán historias, vida, esperanza; al leerlo irán viviendo cada uno de los momentos de los personajes, riendo y sufriendo, compartiendo cada latido de las palabras. Vale la pena dejar un rato de lado Internet o los auriculares para hojear un libro y adentrarse en sus páginas.

4. *¿Quiénes son para ti los maestros del género? ¿Cuáles los cuentistas más significativos del último siglo?*

Varios y muy buenos hacia este lado del charco: Horacio Quiroga, Julio Cortázar, José Mauro de Vasconcellos, Gabriel García Márquez, Jorge Luis Borges, José Donoso, Augusto Roa Bastos, Juan Carlos Onetti, Gabriel Casaccia Bibolini y Adolfo Bioy Casares. Sumo a otro escritor paraguayo que aún vive y produce: Rubén Bareiro Saguier.

5. *El relato, un género que lucha en los países de habla hispana por adquirir carta de naturaleza y del que hay quien dice que se lee menos aún que la poesía. ¿Cuál es su situación en tu país?*

En Paraguay, la narrativa vio la luz de la mano de Gabriel Casaccia a mitad del siglo XX, pero fue don Augusto Roa Bastos quien logra consolidar el cuento paraguayo hacia 1960 con su obra «Hijo de hombre», lo sigue Rubén Bareiro Saguier con una obra vasta y riquísima que sigue dando frutos. Con un escenario sumamente difícil, marcada por dictaduras, guerras y exterminios, la literatura y el cuento en particular han logrado sobrevivir, vivir y florecer. Paraguay tuvo y tiene excelentes narradores como Josefina Plá (española pero con muchos años de residencia en nuestro país, donde creó toda su obra), Ana Iris Chavez de Ferreiro, Juan Bautista Rivarola Matto, Yula Riquelme de Molinas, Augusto Casola, Guido Rodriguez Alcalá, René Ferrer de Arréllaga, Helio Vera, Raquel Saguier, Lita Pérez Cáceres, Delfina Acosta, Nila López, Dirma Pardo Carugatti, Chiquita Barreto y varios nombres más que le dieron cuerpo a la literatura de mi país.

6.*¿Cómo ves su futuro?*

El mejor. El escritor paraguayo no se deja amilanar por censuras ni inconvenientes como el de vivir en un país que lee poco, donde en la mayoría de los casos, el propio escritor debe edita sus libros y que no puede en absoluto vivir de su trabajo. La creación sigue, a buen ritmo y a mejor resultado. Por estos lares hay escritores y cuentos para muchísimo rato.

## *Naomi*

En realidad se llama Teodora, pero cuando entró al mundo de los blancos, descubrió nombres que sonaban mejor y quiso cambiarse el suyo. En casa de Alicia Cohene encontró una revista de modas, y allí estaba una mujer muy negra pero fascinante, que vestía las ropas más finas, y se llama Naomi.

Me quiero llamar así, dijo Teodora ante la mirada asombrada de su amiga, una jovencita rubia de ojos azules, la única que la aceptó desde el primer día. De piel cobriza y pelo negro y lacio, Teodora Moteroi llegó una mañana al colegio, apretando sus cuadernos contra el pecho, para que no se le notara el temblor. Siéntese allí, le dijo la maestra. La chica de al lado no pudo disimular su risita burlona cuando la vio vacilar ante la silla.

Se quedó derechita, quieta, con la mirada fija hacia la profesora y el pizarrón. No quiso mirar hacia ninguno de los lados, porque adivinó decenas de ojos curiosos observándola. El corazón le galopó de sólo pensar que alguien le pudiera dirigir la palabra y verse en la necesidad de contestar en su castellano maltrecho, mezcla de guaraní y maká.

Cuando sonó el timbre del primer recreo, Teodora no se movió del asiento, y fue Alicia quien se acercó a invitarla con un chicle. Gracias, le dijo ella, a punto de llorar. Alicia insistió y se preguntó Teodora por qué esa chica tan linda, como un ángel, estaba queriendo ser amigable con ella.

Recién cuatro días después salió al recreo. Alicia volvió a ofrecerle un chicle, y Teodora tuvo que aceptar. Desde allí se hicieron inseparables. Los primeros días su amiga soportó las bromas de las demás compañeras, pero ella no les hizo caso. Con el tiempo, era normal ver esa pintoresca unión de una rubia y una indígena, incluso en la presentación de los trabajos prácticos.

Yo te debo todo. Así decía la tarjetita hecha artesanalmente, para acompañar al bolso indígena tejido con cariño para Alicia. Se lo pasó en plena clase, cuando estaban copiando la lección de Historia. Veintiséis pares de ojos se posaron en ambas, cuando la linda rubia que siempre huele a Madame Rochas se levantó de su asiento y abrazó con fuerza a su Teodora, de piel cobriza y olor a colonia barata.

La apretó contra sí mucho rato, balanceándola suavemente como para mecer ese cariño tan puro que le entregó desde que llegó a su vida. La profesora dejó de dictar un ratito y se ajustó los anteojos para disimular una lágrima que bajaba hasta el pómulo izquierdo.

Insistió durante mucho tiempo en llamarse Naomi, al tiempo de soñar que trabajando mucho como lo hacía, cambiaría la situación de su gente que se apiñanaba en la toldería de Mariano Roque Alonso, y sobrevivía malvendiendo sus artesanías por las calles. Teodora-Naomi quería un futuro mejor para su familia y su tribu.

Dos años después, al terminar la secundaria, se hacía inevitable la separación. Alicia iría a perfeccionar su inglés a Estados Unidos y Teodora se pondría a estudiar alguna profesión corta que le permitiera un trabajo seguro.

Intentaron disfrutar del verano juntas, los fines de semana, cuando a Teo le daban libre en la casa donde trabaja y vive. Pero el día D llegó y se hizo inevitable la despedida.

Vestida con sus mejores galas, Teodora fue al aeropuerto con un oso de peluche para su amiga, para que la acompañara durante su nueva vida. A punto de pasar a la zona de embarque, Alicia le entregó un paquete.

Lo abrió en el colectivo, cuando volvía a su casa con los ojos enroquecidos de tanto llorar. Estoy volando entre las nubes Teodora y lloro como vos, pero también sonrío porque he conocido la mayor felicidad del mundo desde que llegaste a clase aquella tarde. Soy yo la que te debe todo querida amiga. No hace falta que te llames Naomi, simplemente no dejes de ser Teodora y de luchar por tus ideales. Yo volveré y te ayudaré a cuidar a los tuyos.

Las lágrimas le impidieron ver con claridad que Alicia le había dejado en el paquete, sus tesoros más preciados: sus aros de plata, su dije celeste en forma de estrella, su pulsera de perlas de agua dulce, su cadena de oro con el dije en forma de corazón y su anillo de fibra de coco, que ella misma le había regalado. Úsalos mientras no estoy, rezó la tarjetita de hoja de cuaderno.

Teodora apretó el paquete contra su corazón mientras se preparaba para bajar del ómnibus en la parada, cerca de su comunidad.

**Propuesta de actividades**

1. El tema central de este cuento se nos da desde la primera frase. ¿Cuál crees que es?

2. ¿Qué dos mundos se contraponen en la historia?

3. ¿A qué famosa modelo se hace alusión en el primer párrafo?

4. ¿Somos lo que somos porque nos llamamos de un modo u otro? ¿Te ha ocurrido alguna vez que te guste un nombre o no porque conoces a alguien que lo lleva? ¿Qué querría cambiar en el fondo Naomi?

5. Por si no lo sabías, Teodora pertenece a la tribu maká[1]. Si convives con esa comunidad y conoces sus costumbres, podrías hacer un trabajo maravilloso: ex-

---

1 *Maká* es una de las etnias de este país, y la que quizás se ha occidentalizado más. Uno de sus asentamientos se encuentra a pocos kilómetros de la capital, en la localidad de Mariano Roque Alonso. Allí se les ha otorgado cierto espacio de tierra donde ellos han levantado sus tolderías, que ya no son tal, porque en la mayoría de los casos han levantado pequeñas casitas, algunas precarias (de madera, chapa o cartón) y otras de ladrillos. Dicha comunidad ya cuenta con una escuela donde se enseña a los niños a leer y escribir en español y en su idioma. Esta penetración en la cultura del paraguayo común tiene sus pros y sus contras para ellos, ya que por un lado pueden acceder a una mejor calidad de vida, pero, por otro, los viejos de la tribu dicen que les produce un problema de identidad a los jóvenes, ya que no quieren conservar sus costumbres y se deslumbran por las otras (por ejemplo los teléfonos móviles o celulares). Si bien algunos miembros han logrado insertarse, la gran mayoría sufre discriminación y vive en muy malas condiciones, por ello no es raro verlos por las calles vendiendo sus artesanías o pidiendo dinero para comer. Algunos indígenas maká acceden a los estudios superiores, pero son los menos y no todos los aceptan como a cualquier compañero. Inspirada en ellos, nació Naomi. Debo a Milia Gayoso esta información.

plicarles al resto de los estudiantes de otros países con los que puedas contactar todo lo que sepas acerca de ella. Cómo son sus gentes, cuáles son sus hábitos, de qué manera son vistos en tu entorno.

6. El racismo está en el centro de este relato, un tema candente en la sociedad de hoy. La inmigración es un hecho que desborda los países e intenta romper fronteras, y es una realidad social que no siempre es aceptada. Desde que el hombre empieza a sobrevivir sobre la tierra, ya sea debido a cambios climáticos o a otras causas, no ha permanecido inamovible sino que ha tenido que desplazarse de un lugar a otro. Un ejemplo bíblico sería el Arca de Noé. Pero hubo un periodo de migraciones muy importante en la historia de la humanidad. Investiga sobre ello.

7. ¿Cuál es la situación en tu país? Proponemos un debate en el que se discuta el tema: causas por las que ocurre, repercusiones sociales que conlleva, y, sobre todo, soluciones para evitar el desarraigo que supone para el ser humano abandonar a la familia, la patria y el hogar.

8. Una vez más surge otro tema de plena actualidad en las aulas: el acoso escolar, que no tiene por qué ser físico. ¿Cómo tratan a Teodora? ¿Qué opinas al respecto? Un lema que seguir sería aquel que dice que no le hagas a los demás lo que no te gustaría que te hicieran.

9. La lengua literaria de este cuento es sencilla, directa, pero se pueden rastrear una metáfora y una comparación. Encuéntralas y procura explicarlas.

10. Los olores se cargan de valor simbólico. Razona esta afirmación.

11. Este relato es un canto a la generosidad y a la amistad. ¿Debemos dar lo que tenemos? ¿Qué es una amigo para ti?

12. Alicia le dice a su amiga «no dejes de llamarte Teodora y de luchar por tus ideales». Estas palabras, en

medio del mundo frío y calculador en el que vivimos, dominado por el egoísmo y el afán de consumir, nos recuerdan la necesidad de elevarnos por encima de lo material, de ser nosotros mismos. ¿Cuáles son tus ideales?

13. Y ahora, una actividad de creación: invéntate una historia paralela que tenga como tema la inmigración tal y como tiene lugar en tu país.

## *Una capa de rouge*

Me descubrió en el baño cuando me estaba probando uno de sus labiales. No sé si del asombro fue que se me quedó mirando con esa sonrisa forzada. Pero, apenas al rato, vi cómo los ojos se le llenaron de lágrimas.

Me limpié los labios con el dorso de la mano derecha y le sonreí con torpeza. No, en realidad con un poco de miedo.

¿Qué estás haciendo Antonio? Le pude haber contestado que estaba jugando o que le iba a gastar una broma. Pero no. Decidí enfrentarla por primera y última vez en mi vida.

Me pinto, le dije, o sea, estoy probando cómo me queda este color y cómo me voy a ver pintado como una chica. ¿Por qué? ? La cara de la conocida abogada María Inés Lafuente Pérez se puso tan pálida y descompuesta que parecía un viejo papiro del Nilo, como aquellos descriptos en las clases de historia.

Júrame que no estás volando del otro lado, me dijo. ¿De cuál lado mamá?, le respondí. Depende de cómo lo mires. Realmente, ¿cuál es el lado correcto para vos?

No me hables así, dijo y me miró sacando chispas por los ojos. Mariné Lafuente, quien siempre sale en los diarios, posando en tés canastas, en reuniones de beneficiencia, o siempre entrevistada por los suplementos femeninos por el día de las madres, como una abnegada madre soltera que salió adelante y hoy en día está en la cúspide de su carrera, se vino abajo. Perdió totalmente la compostura y comenzó a gritarme.

Apareció Lucrecia, a ver qué le pasaba a la señora. Pero ésta la envió de nuevo sin escalas hasta la mesa de planchar, con su poco amistosa respuesta. Me pasé crema por los labios para quitarme el resto del rouge que quedaba, porque ese tono rojo se pegó intensamente. Ella me tomó de los hombros y me sacudió con fuerza.

¿Qué te pasa Antonio? ¿Te volviste maricón? Y sí, le dije. Me volví un mariposito, como vos solés decir. Entonces le grité en la cara que me cansé de no darle el gusto jamás. Nada le gusta, vive plaguándose de todo: porque no consigo empleo, porque no regué las plantas, porque no saqué la basura un domingo de noche, porque mi papá la dejó embarazada, porque nunca le gustan mis novias, porque soy un fracaso en su vida... Eso de madre soltera feliz es pura fachada. Creo que siempre se arrepintió de no haber abortado.

Le dije: sólo soy un chico de diecinueve años, no soy tu marido, ni tu papá, ni tu novio. Soy tu hijo, pero lleno de defectos y con una vida propia, y sabés, tanto insististe en que me vaya a probar con el doctor Antúnez para ver si conseguía un empleo, que lo hice. El fue amable conmigo y hace cuatro meses que somos inseparables.

Él me entiende, me escucha, me aconseja. No espera todo de mí, sino sólo lo que puedo dar. ¿Te acordás aquel domingo que te enojaste porque no vine de la casa de Shirley para acompañarte al super, y me retaste tanto, con tanta rabia, con tanto rencor acumulado por papá, pero te descargaste conmigo? Me fui a su casa y le conté. Me escuchó, me hizo un té, me acarició, me abrazó... pero no como un padre o un hermano mayor.

No sé si fue su manera de tratarme lo que despertó mis instintos dormidos, pero desde entonces le pertenezco. Me pegó por la cara cuando le dije eso y luego se puso a llorar.

No llores, le dije. Hace mucho que no me siento tan aceptado. Si te molesta mi manera de ser, puedo mudarme solo. No quiero vivir con él, porque prefiero mantener mi independencia.

Le dije que me deje pasar, porque me cerró el paso. Se puso como una fiera y me volvió a pegar por la cara. Fue entonces que tomé la decisión. Traje mis cosas, si es que todavía sigue en pie tu oferta de vivir juntos para siempre.

**Propuesta de actividades**

1. Milia Gayoso toca en este relato una cuestión también de plena actualidad: la homosexualidad y los problemas que se generan a su alrededor. Agrupa todo el léxico que entre en el campo asociativo de esa palabra.

2. El asunto lo sitúa en el ámbito de la familia lo que da entrada a otros motivos como el de las relaciones padres/hijos. ¿Cómo reacciona la madre?

3. Piensa en qué situaciones te has sentido incomprendido por tus padres, cómo te habría gustado que reaccionaran, si, ahora en frío, llevaban razón ellos o tú.

4. La madre de Antonio emplea la ley del embudo: no admite la realidad de su hijo, cuando ella tiene

–según se desprende del texto– mucho por qué callar. ¿Podrías explicar por qué afirmamos esto?

5. Salir del armario, ser uno mismo, conseguir enfrentarse a la sociedad, dominar los miedos: ¿crees que hay derecho a que haya alguien que pueda sentirse como el protagonista sólo por unas conveniencias sociales creadas por el hombre?

6. Podría pensarse que ha aumentado el número de personas que afirman su índole sexual, pero ello no es debido más que a la realidad de una sociedad más permisiva que defiende la libertad del hombre a elegir su camino y a aceptarse tal y como es. ¿Cómo está vista la homosexualidad en tu país? ¿Cuál es tu opinión acerca de ella?

7. En unos momentos en los que se defienden los derechos humanos y la realidad de unas personas que se rigen por unas tendencias que se desvían de lo que se ha venido considerando como «normal» –sin pararse a pensar, como dirá el protagonista, en «cuál es el lado correcto» del asunto–, llama la atención la postura de la Iglesia Católica. ¿Qué opinión te merece?

8. Dos escritores pertenecientes a la Generación del 27 fueron homosexuales: Lorca y Cernuda. Investiga acerca de estos escritores y de qué manera su condición se reflejó en su obra literaria. Puedes pedir información a tu profesor.

9. El cuento está narrado en primera persona, pero hay un momento en que se pasa a la tercera. Señala dónde.

10. La enumeración y las posiciones comparables son recursos sintácticos utilizados. Analízalos.

11. Di qué figuras retóricas aparecen el texto y explícalas: la cara de María Inés se parece a un viejo papiro, Antonio se vuelve un mariposito, el doctor Antúnez es amable con él.

12. El voseo, característico de los países del Plata, consiste en la pérdida del pronombre tú que es sustituido por el arcaico vos y conlleva el uso verbal de la segunda persona de singular con acento en la última sílaba. ¿Es homogéneo su empleo en el relato? Pon ejemplos de los dos usos que aparecen en el texto.

13. La preposición «por» se utiliza de un modo que no es usual en el español normativo: ¿qué preposición introduce el complemento circunstancial de lugar entre pegar y cara?

14. «Fue entonces que tomé la decisión» es un calco del francés «*C'est... que*». ¿Qué pondrías en su lugar?

15. El estilo directo consiste en reproducir las palabras de alguien textualmente. ¿Cuándo tiene lugar este fenómeno en el cuento?

## FERNANDO IWASAKI
(Perú)

### — BIOGRAFÍA —

Nació en Lima en 1961. Realizó sus estudios de Licenciatura y Maestría en la Pontificia Universidad Católica del Perú, donde fue profesor de historia de 1985 a 1989, y los de Doctorado en la Universidad de Sevilla, donde fue profesor invitado en 1985 y 1991.

Sus libros –a caballo entre las memorias, el ensayo y la creación literaria– han recibido numerosos elogios: «Fernando Iwasaki Cauti explora la historia con ojos de artista y creador de ficciones» (Mario Vargas Llosa); «Iwasaki se ha propuesto antes que nada deleitarnos y de paso instruirnos» (Guillermo Cabrera Infante); «Fernando Iwasaki escribe como si estuviera celebrando espontáneamente un milagro» (Juan Manuel de Prada); «La prosa de Iwasaki es un ejemplo de lo que debe ser la prosa castellana de fines del siglo XX» (Luis Alberto de Cuenca); «El limeño Fernando Iwasaki llegó a Sevilla en pleno Siglo de las Luces, y por eso alumbra tantas y tan brillantes con sus escrituras. No se lo digan a nadie, pero Iwasaki llegó con el séquito de su paisano don Pablo de Olavide, cuando el indiano vino a hacerse cargo de la Asistencia de Sevilla y de la Superintendencia de las Nuevas Poblaciones de Sierra Morena. Si lo sé es porque yo entré una mijita antes, con San Fernando» (Antonio Burgos); «Fernando Iwasaki es un *latin glober* de la literatura: tiene arte por un tubo, mala leche, humor y ternura. Un virguero del lenguaje que, fintando entre las letras, hace soñar, sonreír, provoca sonrojo y emociona en la eternidad de su *tempo* y mando» (Vicente Tortajada).

Es «Premio Copé» de Narrativa (Lima, 1998); Conference on Latin American History Grant Award (New York, 1996); Premio Fundación del Fútbol Profesional (Madrid, 1994) y Premio de Ensayo «Alberto Ulloa» (Lima, 1987). Ha sido colaborador de *Diario de Sevilla* (1999-2000), *La Razón* (1998-2000), *El País* (1997-1998), *Diario 16* (1991-1996), *Expreso* (1986-1989) y *La Prensa* (1983-1984).

Fue director del área de cultura de la Fundación San Telmo de Sevilla (1991-1994) y profesor de la Universidad del Pacífico de Lima (1988-1989). Desde 1989 reside en Sevilla, donde es director de la revista literaria *Renacimiento,* director de la Fundación Cristina Heeren de Arte Flamenco y columnista del diario ABC.

Es autor de una docena de títulos de diversos géneros como la novela *Libro de mal amor* (2001), *Neguijón* (2005), el ensayo literario *El descubrimiento de España* (1996), las crónicas reunidas *La caja de pan duro* (2000) y *El sentimiento trágico de la liga* (1995), la investigación histórica *Extremo Oriente y Perú en el siglo XVI,* y los libros de relatos *Tres noches de corbata* (1987), *A Troya, Helena* (1993), *Inquisiciones peruanas* (1997), *Un milagro informal* (2003), *Ajuar funerario* (2004) y *Helarte de amar* (2006). Ha sido incluido en numerosas antologías.

*Ajuar funerario,* libro de Fernando Iwasaki publicado por Páginas de Espuma en abril de 2004, inscribe el terror de sus historias en el marco condensado del microrrelato, breves chispas de horror inesperado, como protagonista el hombre con su mente y el desconocimiento de los límites.

Si Bioy Casares dice que lo fantástico es tan viejo como el miedo y anterior a las letras, Todorov remonta al siglo XVIII su aparición en la literatura, pero lo que no se puede negar es que los grandes maestros del género arrancan del XIX y llenan el XX con nombres como Poe, Kafka, Monterroso, Calvino, Arreola, Borges, Lovecraft o Cortázar.

Casi todas las teorías coinciden en que lo fantástico incrusta lo irreal en lo real; conviene quedarse en el territorio de lo irreal para que no se pierda lo fantástico que no debe explicarse; debe producir miedo; uno de sus recursos habituales es el de la intertextualidad –literatura dentro de la literatura–; lo onírico, el despertar en situaciones insólitas como en *La metamorfosis* de Kafka; la importancia de lo que se sugiere y no se dice como modo de hacer pensar al lector; la falta de lógica entre causas y efectos; los finales truncados antes de que acabe la historia; la presencia de universos anormales que escapan a la razón, transgreden el orden natural y producen terror porque no se pueden explicar naturalmente; la constatación de que existen otros mundos que destruyen el orden real, con poderes maléficos: son posibles mundos que pensábamos imaginarios y que cuestionan nuestra verdad; el miedo a la muerte, uno de los temas que lo alimentan; en lo maravilloso y lo fantástico, lo sobrenatural desborda la realidad; se puede o no volver al territorio real inicial; el suspense, el miedo, dependen del lector pues los personajes viven lo inusitado con naturalidad en la mayoría de las ocasiones; supone variedad de motivos: vampiros, fantasmas, cosas que se mueven, muertos vivientes, vivos y muertos que viven dramáticas interacciones; como sostener largo tiempo el horror supone una tensión difícil de sostener, su molde es el relato breve.

Lo fantástico no es un género sino una categoría que se puede encontrar en varios de ellos. Lo fantástico está en lo gótico: recintos horribles, caos sobrenatural, ruptura con lo racional –porque el hombre necesita de lo inhumano–, enterramientos prematuros, objetos inanimados que cobran vida, animalizaciones; está en lo fantasmático que extrema los límites entre realidad y fantasía.

Decía Fernando Quiñones que no es necesario mostrar el terror sino sembrarlo en el corazón del lector, que hay que novelar lo metafísico, que los escenarios naturales pueden dar lugar al prodigio. Y que ya es de por sí fantástico el hecho de existir.

—PREGUNTAS: ——————

1. *Alguna vez hemos oído hablar a alguien de una experiencia lectora que lo enganchó para siempre al carro de la literatura. ¿Cuál fue el primer libro que leíste? ¿Hubo alguno que te marcara en especial?*

Siempre fui lector de cómics y los cómics me prepararon para leer a Borges, Cortázar, Homero y Lovecraft. Quizás *Historias de cronopios y de famas* fue uno de los primeros libros que me marcó de forma especial.

2. *¿Qué es para ti el cuento? ¿Por qué lo cultivas?*

El cuento es la elaboración literaria de un chiste, la dignificación literaria de una anécdota y la coartada literaria de un buen embuste. Pero aparte de esas cosas que uno descubre en la adolescencia, literariamente hablando, el cuento es un poema narrado.

3. *Esta antología recopila cuentos en los que se pueden estudiar importantes aspectos estilísticos y culturales, y de los que se extraerán muchas y serias enseñanzas para la vida. ¿Qué recomendarías a los jóvenes que nunca tienen tiempo para sentarse con un libro en las manos? ¿Qué les puede aportar la lectura?*

La lectura sólo enriquece a quienes tienen vida interior, sensibilidad y fantasías. Quizás por eso hay más lectoras que lectores, y tal vez por eso los jóvenes varones que leen tienen más amigas que los que no leen. ¿De qué se le puede hablar a una desconocida en un tren o un avión? ¿Del último partido de Liga? ¿De la última película de kung-fu? ¿Del último modelo de coche o moto? Aunque sólo sea para parecer un poquito más inteligente antes las mujeres cultas y guapas que algún día dominarán el mundo, merece la pena leer.

4. *¿Quiénes son para ti los maestros del género? ¿Cuáles los cuentistas más significativos del último siglo?*

Los maestros del cuento son Borges, Cortázar, Ribeyro y Monterroso, en lengua española. En otros idiomas tenemos a Poe, Chéjov, Maupassant y Hemingway. Mi último gran descubrimiento ha sido Saki, que no es mi pariente.

5. *El relato, un género que lucha en los países de habla hispana por adquirir carta de naturaleza y del que hay quien dice que se lee menos aún que la poesía. ¿Cuál es su situación en tu país?*

El cuento en el Perú goza de muy buena salud, pues aparte de tener un gran escritor de cuentos como Ribeyro, Vargas Llosa y Bryce Echenique también tienen estupendos libros de cuentos. Todos los escritores peruanos han publicado alguna vez un libro de cuentos y basta con tener un libro de cuentos para alcanzar el estatuto de escritor.

6.*¿Cómo ves su futuro?*

Pienso que cada vez se leerá más cuento y especialmente microrrelatos. Todo tiende a ser muy rápido y las novelas largas van a tener cada vez menos lectores. Muy exigentes, pero menos. Es decir, lo que sucede ahora mismo con el cuento.

## *Dulces de convento*

Las monjas tenían prohibido escalar los muros del convento, porque al otro lado estaban sus perros guardianes que eran fieros y bravos como una manada de lobos hambrientos. Pero el huerto del convento era tan bello y sus frutas tan apetitosas, que todos los años surgía un imprudente que escalaba las paredes y moría a dentelladas. Una tarde se nos cayó la pelota dentro del convento y Ernesto y yo la divisamos desde lo alto del muro, al pie de una morera majestuosa. Gritamos, llamamos a las monjitas, silbamos a los perros y lanzamos piedras a través de los negros ventanucos sin cristales. Pero nada. Entonces Ernesto decidió bajar por la morera y me prometió que no tardaría, que lanzaría el balón sobre la muralla y volvería a trepar corriendo. Yo le vi descender y patear la pelota, y también vi cómo salieron aullando desde una especie de claustro que más parecía una madriguera. Eran negros, crueles y veloces. Mientras corría a la casa para avisarle a papá, pude escuchar sus masticaciones, sus gruñidos como rezos y letanías bestiales. Según la policía las monjitas no oyeron nada, porque estaban merendando al otro lado del convento. Las pobres tenían la boca como ensangrentada por culpa de las moras.

Papá enloqueció y un día saltó el muro armado para acabar con los perros, pero después de una batalla feroz volví a escuchar sus ladridos como carcajadas y el crujido de los huesos en sus mandíbulas. De mi padre apenas quedaron algunos despojos, y encima fue acusado de disparar contra las inocentes monjitas. Pero esta vez pude verles mejor desde lo alto del muro y no descansaré hasta acabar con esas alimañas. Especialmente con la más gorda, la que se santiguaba mientras comía.

**Propuesta de actividades**

1. Te recomendamos que leas otros cuentos de este libro también protagonizados por monjitas: «Las reliquias», «La casa de reposo», «Las manos de la fundadora». Las monjas son seres maléficos pero nunca tanto como en este relato. Fernando juega con lo irracional, la fantasía, lo inesperado, la asociación imposible: mujeres que la tradición nos enseña como seres bondadosos, ¿en qué se han convertido aquí?

2. Enseguida nos llama la atención un hecho que nos desorienta: si lo que ellas quieren es merendarse a la gente ¿Por qué crees que no permiten que nadie escale los muros del convento? ¿No resulta paradójico?

3. ¿De qué crees que se alimentan habitualmente? ¿Cuándo y qué rezan? ¿Cómo se divierten? ¿Cuántas monjas hay? ¿Cómo se llaman? ¿Qué edad tienen? ¿Cómo es el convento?

4. Amplía este microrrelato y escríbelo de manera que se nos desvelen muchos secretos.

5. ¿Cómo crees que está más conseguido? ¿Qué es más sugeridor, lo que tú has escrito? ¿Lo que ha redactado el autor? ¿Qué te hace pensar del microrrelato?

6. Esta miniatura de cuento tiene una sintaxis compleja, llena de emparejamientos. Rastréalos.

7. ¿Qué valor tiene el diminutivo en «monjitas»? ¿Crees que el verbo «merendar» adopta algún significado especial?

8. ¿Consideras magistral el final? ¿Cuándo sabemos que son las monjas los perros?

## *Peter Pan*

Cada vez que hay luna llena yo cierro las ventanas de casa, porque el padre de Mendoza es el hombre lobo y no quiero que se meta en mi cuarto. En verdad no debería asustarme porque el papá de Salazar es Batman y a esas horas debería estar vigilando las calles, pero mejor cierro la ventana porque Merino dice que su padre es Joker, y Joker se la tiene jurada al papá de Salazar.

Todos los papás de mis amigos son superhéroes o villanos famosos, menos mi padre que insiste en que él sólo vende seguros y que no me crea esas tonterías. Aunque no son tonterías porque el otro día Gómez me dijo que su papá era Tarzán y me enseñó su cuchillo, todo manchado con sangre de leopardo.

A mí me gustaría que mi padre fuese alguien, pero no hay ningún héroe que use corbata y chaqueta de cuadritos. Si yo fuera hijo de Conan, Skywalker o Spiderman, entonces nadie volvería a pegarme en el recreo. Por eso me puse a pensar quién podría ser mi padre.

Un día se quedó frito leyendo el periódico y lo vi todo flaco y largo sobre el sofá, con sus bigotes de mosquetero y sus manos pálidas, blancas como el mármol de la mesa. Entonces corrí a la cocina y saqué el hacha de cortar la carne. Por la ventana entraban la luz de la luna y los aullidos del papá de Mendoza, pero mi padre ya grita más fuerte y parece un pirata de verdad. Que se cuiden Merino, Salazar y Gómez, porque ahora soy el hijo del Capitán Garfio.

**Propuesta de actividades**

1. En este cuento se funden realidad y ficción. El cine, la literatura tienen un gran protagonismo pero, a la vez, conservan su carácter ficcional. Infórmate de quién fue el hombre lobo, Batman, el Capitán Garfio, Tarzán, Joker. ¿Están lejos de ti en el tiempo? ¿Cuáles son los personajes que ahora los sustituyen?

2. ¿Qué efecto crees que producen sus hazañas en las mentes infantiles?

3. ¿Qué crees que piensa el autor? ¿Qué es conveniente engañar a los niños pequeños o que, por el contrario, sería mejor tratarlos como adultos? ¿Cuál es tu opinión?

4. La influencia del cine no siempre es afortunada: hubo en accidente que conmovió al mundo. En Estados Unidos, un chico quiso imitar a Superman y se decidió a volar saltando al vacío desde una ventana. ¿Son acertadas esas películas especialmente filmadas pensando en los jóvenes?

5. Algo nos llama poderosamente la atención: los padres de los muchachos son héroes o villanos famosos. ¿Qué implicación social supone? ¿Es natural que imitemos no sólo a los buenos sino a los malos? ¿Sale así a relucir todo lo reprobable que llevamos dentro?

6. Una reflexión: en el fondo de este relato, se esconde el deseo el hombre de superar la mediocridad de

la existencia ¿El heroísmo sólo está en los gestos hiperbólicos? ¿Dónde reside el verdadero valor del ser humano?

7. El hombre es gregario y por eso el niño quiere ser como los demás. Mira a tu alrededor: nos peinamos, nos vestimos, actuamos como la mayoría. ¿No sería mejor que cada uno afirmara su individualidad?

8. Un tema de plena actualidad, el *bulling*, aparece en este cuento. Al protagonista le pegan en el recreo. ¿Has sufrido alguna situación parecida? ¿Te has convertido alguna vez en verdugo?

9. ¿Encuentras algún rasgo propio del lenguaje coloquial?

10. En el texto se alude a los tres mosqueteros. Investiga quién los creó y exponlo en clase.

11. El final, como tantos de *Ajuar funerario* es escalofriante y sorprendente. ¿Es prolijo, o por el contrario conciso y concreto?

12. Como en tantos otros relatos del libro, las relaciones familiares son muy especiales, y los protagonistas seres monstruosos. Razona esta afirmación.

## *El monstruo de la laguna verde*

Comenzó con un grano. Me lo reventé, pero al otro día tenía tres. Como no soporto los granos me los reventé también, pero al día siguiente ya eran diez. Y así continué mi labor de autodestrucción. En una semana mi cara era una cordillera de granos, pequeñas montañas nevadas de pus, minúsculos volcanes en podrida erupción. Los granos de los párpados no me dejaban ver y los que tenía dentro de la nariz me dolían al respirar. Pero seguí reventándolos con minuciosa obsesión. No me di cuenta de que me habían saltado a los dedos y a las palmas de las manos hasta que sentí ese dolor penetrante en las yemas. La infección se había esparcido por todo mi cuerpo y los granos crecían como hongos por mi espalda, las ingles y mi pubis. Si cerraba los brazos se reventaban los granos de mis axilas. Un día no pude más. Me miré al espejo por última vez y dejé sobre la mesa del comedor mi carné de identidad. Después me perdí en la laguna.

**Propuesta de actividades**

1. La intertextualidad, según la búlgara Julia Kristeva, no es otra cosa que la relación entre textos, las posibles influencias literarias que ha recibido un autor, ya sean conscientes o inconscientes. Tienen que ver con el concepto las parodias, los plagios. El protagonista de este cuento sufre una metamorfosis imposible que nos recuerda a la de un personaje literario que, al despertarse, se encuentra convertido en un enorme insecto. ¿Sabes de qué libro se trata? ¿Quién fue su autor? Para darte una pista te adelantamos que el título del libro es el mismo que uno de un escritor latino llamado Ovidio.

2. Busca información en Internet acerca del monstruo que da título al libro. ¿A qué otro animal monstruoso habitante de un lago te recuerda?

3. ¿Has oído hablar del elasmosaurio? Infórmate acerca de Robert Rines.

4. La primer oración contiene la esencia del cuento, que a partir de ahí avanza en progresión geométrica. Dibuja un gráfico que reproduzca el desarrollo de la historia.

5. El texto está –dentro de su brevedad– plagado de metáforas. Encuéntralas y explícalas.

6. ¿Encuentras alguna enumeración?

7. Te proponemos una actividad divertida: invéntate otra enfermedad original que sea capaz de convertirte en un monstruo. Escribe tu microrrelato.

## HELVECIA PÉREZ
(Uruguay)

### — Biografía

Nace en Minas, un pueblecito uruguayo, en 1967. Pasa su infancia en el campo, en Ombúes de Bentancor situado entre Canelones y Lavalleja, y en la localidad de Villa del Rosario. La enseñanza Primaria la cursa en la escuela Arroyo de Los Patos y la Secundaria en la ciudad de Tala. Vive en Montevideo desde 1985 donde estudia y trabaja como socióloga y periodista en radio, prensa y televisión. Amplía sus estudios sociales en Costa Rica y México. En la actualidad es profesora de Ciencias de la Comunicación en la Universidad de la República, y es editora de la Revista de Ciencias Sociales. Participa en el taller de escritura creativa de Mario Levrero desde 1997. Su primer libro de relatos, *Palpites,* se publica en 2004.

### — Preguntas:

1. *Alguna vez hemos oído hablar a alguien de una experiencia lectora que lo enganchó para siempre al carro de la literatura. ¿Cuál fue el primer libro que leíste? ¿Hubo alguno que te marcara en especial?*

En verdad, al primero de todos no lo recuerdo, tal vez algún libro de texto de la escuela... En cuanto al primero difícil de olvidar, por ese sabor indefinible que dejan ciertos libros, fue *Siddharta*, de Hermann Hesse y luego *Perico* de Juan José Morosoli.

2. *¿Qué es para ti el cuento? ¿Por qué lo cultivas?*

Cultivo el cuento porque es una manera de buscar la libertad, la salud, la belleza y en el camino he descubierto que es un modo de encontrar lo que se siente, en toda la gama infinita que se despliega entre esos dos polos llamados alegría y tristeza. ¡Ah!, en el andar me encontré una gran sorpresa: el cuento es una ofrenda, que se recibe al escribir y que se entrega, cuando sigue su propio sendero.

3. *Esta antología recopila cuentos en los que se pueden estudiar importantes aspectos estilísticos y culturales, y de los que se extraerán muchas y serias enseñanzas para la vida. ¿Qué recomendarías a los jóvenes que nunca tienen tiempo para sentarse con un libro en las manos?¿Qué les puede aportar la lectura?*

Mmm... A «los que nunca tienen tiempo» les puedo contar que, en algún tiempo, supe ser uno de ellos, y en ese tiempo era muy poco feliz. Un día, con su voz cascada y cálida, en medio de un recital, el poeta y músico uruguayo Eduardo Darnauchans pronunció unas palabras mágicas, que en algún rincón del alma se me grabaron a fuego: «El tiempo es nuestro, recuérdenlo».

La lectura, especialmente de un cuento, es un encuentro, un encuentro de un alma con otra alma, y en ese universo son posibles todas las cosas ¿no?

Tal vez lo más sabroso de la lectura, justamente, es que tiene la virtud de abrirnos puertas y mucho más allá de hacernos llorar o reír, es una oportunidad para descubrir... tantos secretos, nuevos y antiguos, de los otros y míos también.

4. *¿Quiénes son para ti los maestros del género? ¿Cuáles los cuentistas más significativos del último siglo?*

No sé responder a estas preguntas, ¡me falta todavía leer tantos cuentos!

Los más significativos son los que te llegan al corazón y eso es algo que si se busca... se encuentra. A veces son ellos los que te encuentran a ti, por más que parezcan cosas de dioses, o de diablos; depende del momento y del lugarcito que en este mundo nos toca.

5. *El relato, un género que lucha en los países de habla hispana por adquirir carta de naturaleza y del que hay quien dice que se lee menos aún que la poesía. ¿Cuál es su situación en tu país?*

En Uruguay, por lo que veo a mi alrededor, es un género floreciente en cuanto a escritores: no creo que haya otro momento de la historia en el que se escribieran tantos y tan variadísimos relatos.

Pero, ¿quiénes y cuántos son los lectores? Es una verdadera intriga para mí, y creo que para todos. Muchísimos de los que se escriben jamás llegan a la imprenta.

6.*¿Cómo ves su futuro?*

¿El futuro del relato? Pues, los escritores van a seguir escribiéndolos, sin dudas, por largo rato, aunque desconozco cuánto durará el «furor». En cuanto a los lectores... depende de tantas cosas; me imagino que algunos sí y otros no, como todo.

## *René*

La conocí el primer día que fui a la escuela, porque en mi casa no existía la costumbre de visitar, ni de que nos visitaran, los Borges.

Yo con mi túnica nueva de acrocel, sin gracia y cuadrada pero de acrocel, llegué temprano y esperé a los demás niños en la puerta. Desde allí fue que la vi venir, a lo lejos entre los cerros, traía de la mano a Petronita –después lo supe– hija de unos Rochas de más allá, dicen que bastante mayores, y un poco chúcaros. Ellos nunca salen de las casas y Petronita tampoco, porque no tiene hermanos, pero ahora la dejan venir a la escuela, porque René, como si fuera la madre, la cuida y la trae de la mano.

Cruzan uno, y otro, los alambrados: primero pasa René y después estira el hilo para que pase, chiquita, Petronita.

Al pie del ombú que está atrás de la escuela, se sacan las botas embarradas y se ponen las alpargatas limpias; René envuelve las botas en una bolsa de arpillera, las guarda en el hueco del tronco, y quedan como si fueran huevos en un nido.

René con un «buen día» entredientes y Petronita ni eso. Llegan. René le suelta con cierto recelo la mano a Petronita mientras me da un beso, de cabeza gacha.

A mí, verla así tan vergonzosa me dio también un poco de vergüenza, no me animé a mirarla a los ojos; miré a Petronita y ahí me di cuenta de que ella es todavía más vergonzosa; cuando fui a darle un beso dio unos pasos hacia atrás y allí se quedó toda arrollada, mirando al suelo. Enseguida llegaron los varones, algunos a caballo, y todo fue un desparramo.

Con el tiempo, con René nos fuimos haciendo bastante amigas, porque, en el fondo y por más que sea Borges, ella tiene un corazón bueno. Y ya que estoy hablando de René, tengo que ser sincera: parece que nadie la quiere. De ella todos se ríen: los más limpios, los que se preparan y se lavan la cara y se peinan para venir a la escuela, dicen que es sucia; siempre hacen bromas a las espaldas porque tiene mal olor y porque tiene el pelo chuzo, y porque la túnica de ella es de brin. Y los otros, que la conocen más de cerca, la pelean como si fuera un varón y la molestan porque es burra, o porque cuida tanto a Petronita.

Nos fuimos haciendo bastante amigas, digo, porque yo también algunas cosas reconozco: tiene los pies grandes y las alpargatas y las botas más grandes todavía, pero eso es porque tiene muchos hermanos mayores y varones y los Borges son pobres, y por eso ella usa una túnica de brin que, es cierto, es de base bastante amarillenta y arriba se le embarra y se le ensucia porque, como es una niña, si juega a la pelota es como yo, porque falta alguno, y sin sacarse la túnica. Pero en la casa de los Borges no se usa, como en la mía, que la túnica se lave todos los fines de semana, porque si el tiempo está feo, llega el lunes y la túnica de brin todavía está mojada. Y además, ella no se preocupa de peinarse, ni de lavarse la cara para venir a la escuela; pero la verdad es que, si no fuera por obligación, yo tampoco lo haría.

Y olor tiene, se sabe, pero yo por eso no me hago tanto problema, bueno, sí, algunas veces, cuando le toca jugar a la pelota (ella es la primera suplente, cuando falta alguno), ahí, después del recreo, la cosa se pone un poco brava; pero la mayoría de las veces, ella y yo, quedamos en el banco de suplentes y armamos juegos de niñas, aunque a mí mucho no me gustan esos juegos, y me parece que a ella tampoco.

Lo de que es burra, es cierto, también lo reconozco, pero si voy a dejar de querer a los niños porque sean burros, al final, me voy a quedar sola o dándome sólo con los niños limpios y buenos, como quiere la maestra.

Y además, ella no tiene la culpa de llamarse René, se sabe, que es nombre de hombre, pero aunque aquí no se use, en otros lados, René también es un nombre de mujer. Ella muy conversadora no es, para qué voy a negarlo, cuando todos la miran, casi si la obligan dice alguna palabra, pero conmigo en el recreo ella conversa, con palabras atravesadas pero conversa –y ella tampoco tiene la culpa si los Borges no la saben enseñar a hablar–. Y por eso yo sé que René tiene un corazón bueno, nunca dice nada de nadie y, cabeza gacha y pelos greñudos, ella levanta los ojos grandes para mirarme y por eso sé lo que digo...

Ya que estoy diciendo toda la verdad, no voy a andar con vueltas: los ojos grandes, negros y saltones de René, y más exactamente su mirada mansa, se parecen a la de la vaca. De esto, casi todo el mundo se da cuenta –los varones, cuando ella no los oye, esto lo dicen todos los varones, los limpios y los otros–; a mí también cuando me mira ella me lo recuerda, pero son ojos de vaca buena, de los que te miran sin pedirte nada, más bien parece que te miran para recordarte que en la vida hay cosas que son hondas y que se puede mirar profundo sin tener que hacer nada y que si hay muchas cosas atrás de esa mirada pueden quedarse ahí contenidas, y sin hacerle mal a nadie.

Pero creo que lo peor, en esto de René y su mirada de vaca, fue que un día, se dio una especie de confirmación oficial, por parte de la maestra...

Resulta que a la señorona –maestra gorda de labios rojos, con sus palabras tan marcadas y correctas– se le ocurrió que los niños de esta escuela deberíamos hacer, para la fiesta de fin de año, una representación de la canción de la vaca, la de la Quebrada de Humahuaca; aquella vaca que, a pesar de que ya era abuela, un día quiso ir a la escuela.

La señorona maestra colocó el disco en el tocadiscos y sobre él la gran púa; yo tenía tanta ilusión de que íbamos a escuchar música que me desbordaba de alegría y el corazón me saltaba y galopaba y creo que a otros niños les pasaba algo parecido porque todos estábamos sentados y quietitos, para escuchar qué era lo que de aquel misterioso aparato saldría. Y salió la canción de la vaca. En total silencio la escuchamos. Cuando terminó, ella nos dijo que debíamos movernos para representarla: había una maestra, los niños de la escuela de la Quebrada de Humahuaca, que en este caso serían los niños de Arroyo de Los Patos, y la vaca. Uno de nosotros tendría que ser la vaca.

Nos tocó hacer teatro, aunque todos desde el principio sospechamos que René tendría que ser la vaca... La vaca y la maestra eran los dos personajes claves, porque el resto eran niños atrevidos que se reían de todo y en especial de la vaca vieja y de esos está llena esta escuela, bueno, no tan llena, pero los trece que somos, estamos.

A René todo aquello le daba mucha, mucha vergüenza: primero representó a la maestra y, como tenía tanto miedo, quedó una maestra muy muy boba, y como la maestra es muy muy perfesta, eso no le pareció nada bien. Después, René tuvo que representar a la vaca, en el medio del salón de la escuela, porque para ensayar hicimos un gran escenario y los bancos los pusimos alrededor; en cuatro patas, René con su túnica cuadrada de brin, de cabeza levantada y con esa mirada; no tenía que hacer más nada para que todos supiéramos que ella sería la vaca...

Pero después me tocó a mí... representar a la maestra con ademanes grandes y moviendo la boca redonda, como que decía palabras importantes, no me dio casi ningún trabajo. También tuve que representar a la vaca. No hice prácticamente nada, yo en mis cuatro patas, pero la cabeza se me caía, yo no lo elegía pero me salía mirar los pies de los niños mientras pensaba, yo sólo pensaba, que sería horrible, en la fiesta de fin de año, hacer como que fuera una vaca, por más que se tratara de una vaca buena y que quisiera ir a la escuela y con el pensar me venía un sentimiento de asco, por ser la vaca, pero junto con este me venía otro, un remordimiento, porque si yo no era la vaca sería René y este sería un modo de confirmar lo que dicen y piensan todos y yo sé que, si es que está a mi alcance, tengo que hacer algo para llevarles la contra, para demostrarles que todo no es como creen que es, y, sobre todo, hay que hacer algo para que se den cuenta de que René tiene muchas otras cosas, y no es solamente una vaca. Pero de tanto pensar y sentir –sobre todo sentir, culpa, rabia, porque sean la maestra y los niños todos tan injustos– se ve que en mi papel de vaca no me salió nada, porque cuando terminé, los labios rojos de la maestra perfestos sentenciaron:

–Tú serás la maestra, y René será la vaca.

Cuando salimos al recreo yo conversé con René y no sé muy bien lo que le dije, pero algo así como que ella no tenía que preocuparse por tener que ser la vaca, que era la protagonista mientras todos los demás serían nomás niños de escuela, pero en el fondo aquel remordimiento, el de darles la razón a todos, me quedó para siempre.

Después, todo muy lindo, la representación se preparó y se hizo y, en la fiesta de fin de año, todos me felicitaban y me decían que yo tenía pinta de maestra; no lo decían pero yo sé que en eso tenían que ver otras cosas, como mi túnica de acrocel y la obligación de lavarse la cara para ir a la escuela y todas esas costumbres que me hacen un poco más delicada y blanquita, pero también tiene que ver que yo vivo en los cerros de más acá y que camino tres kilómetros y no cinco, como los Borges, para ir a la escuela. Y tiene que ver también que no soy Borges, se sabe, porque un Borges nunca podría ser maestra, como René, que parece que estuviera destinada a tener que ser vaca. Y yo sé que todo esto, por más que todos los padres lo confirmen –con sonrisas y besos y abrazos– no está nada, pero nada bien. Porque el corazón bueno de René se esconde atrás de todas estas cosas; en la fiesta, ella sigue cabeza gacha, y avergonzada, y además siempre, siempre, se está ocupando de que no peleen a Petronita.

**Propuesta de actividades**

*Palpites* es el primer libro de ficción de la autora. Cuenta con treinta y un capítulos que pueden considerarse aisladamente como pequeños relatos que están unidos por un hilo conductor que es la protagonista, una niña y su familia, su vida cotidiana en un ambiente rural que debe mucho al entorno en que vivió la autora. *Palpites* es un libro costumbrista, tierno, poblado de personajes humildes que viven sentimientos y emociones primarios y vitales. El amor, la solidaridad, la política, la muerte, la naturaleza, son los ingredientes que lo componen. Un libro hermoso y lleno de ternura, escrito con un lenguaje sencillo que se puebla de voces autóctonas que necesitan de un glosario para el lector español.

1. El cuento que vamos a trabajar contiene temas y motivos que nos van a hacer reflexionar mucho. Anota en tu cuaderno los que consideres más relevantes.

2. La atmósfera de esta historia nos transporta a un ambiente rural, extraño para aquellos alumnos que vivan en zonas urbanas. ¿Cómo es el lugar en el que se desarrollan los hechos? ¿Está bien conseguido? ¿Visualizamos el medio en el que viven los personajes?

3. La lengua francesa tiene una construcción «*c'est que*» que el español calca indebidamente con la traducción «es que»: *es* por eso *que* no voy, ya que cuenta con una propia, es por eso por lo que. Rastrea en el segundo párrafo una construcción similar.

4. El léxico del texto ofrece gran cantidad de voces que pueden considerarse, bien autóctonas, bien como usos específicos del país, desviados del español habitual. Consulta el glosario y localiza cada una de ellas.

5. ¿Cómo acceden René y Petronita a la escuela? ¿De dónde vienen? ¿Dónde está la escuela?

6. ¿En qué época crees que se desarrolla la historia?

7. ¿Coinciden el tiempo del relato y el tiempo de la narración? Razona tu respuesta.

8. En el quinto párrafo hay una elipsis. ¿Serías capaz de suplir el elemento que falta?

9. En el siguiente, los tiempos verbales sufren una transformación. La autora narra en presente y pasa de pronto al pasado. ¿Es oportuno ese cambio? ¿Cómo se llama al presente que se usa para contar sucesos ocurridos hace tiempo?

10. El verbo pelear admite dos posibilidades: pelearse con, o pelear con. En el párrafo siete vemos una construcción diferente: ¿cuál es?

11. ¿Cuál es la clase social a la que pertenece René? ¿Cómo lo sabemos? ¿Nos lo dice explícitamente la autora o lo sugiere? Justifica tu respuesta.

12. ¿Quién es el narrador? ¿Qué persona de la narración se utiliza?

13. Escribe el retrato de las dos protagonistas.

14. La preferencia de coordinación sobre subordinación supone más simplicidad de pensamiento, sintaxis menos compleja y elaborada. Cuando el niño empieza a hablar, coordina copulativamente; en los inicios de una lengua, las construcciones prefieren la parataxis a la hipotaxis. Busca casos de lo primero en el párrafo ocho y razona el porqué de ese uso.

15. Te adjuntamos el texto de la canción de la vaca compuesta por María Elena Walsh.

*La vaca estudiosa*

Había una vez una vaca
en la Quebrada de Humahuaca.

Como era muy vieja, muy vieja,
estaba sorda de una oreja.

Y a pesar de que ya era abuela
un día quiso ir a la escuela.

Se puso unos zapatos rojos,
guantes de tul y un par de anteojos.

La vio la maestra asustada
y dijo: –Estás equivocada.

Y la vaca le respondió:
–¿Por qué no puedo estudiar yo?

La vaca, vestida de blanco,
se acomodó en el primer banco.

Los chicos tirábamos tiza
y nos moríamos de risa.

La gente se fue muy curiosa
a ver a la vaca estudiosa.

La gente llegaba en camiones,
en bicicletas y en aviones.

Y como el bochinche aumentaba
en la escuela nadie estudiaba.

La vaca, de pie en un rincón,
rumiaba sola la lección.

Un día toditos los chicos
se convirtieron en borricos.

Y en ese lugar de Humahuaca
la única sabia fue la vaca.

¿Piensas que la canción que van a representar los niños está elegida al azar por la autora o, por el contrario, crees que está elegida con una intención especial?

16. La denuncia social de este relato es evidente. René es ridiculizada, marginada, despreciada por los que se creen superiores a ella, un comportamiento de plena actualidad en un momento en el que, al menos en España, se lucha contra el acoso escolar. Proponemos un debate en el que se trate este asunto, se enjuicie el com-

portamiento de profesora y alumnos y se propongan medidas para solucionar de raíz el problema. Sería el momento de comparar con la situación de vuestro Centro.

17. El profesor no sale ni mucho menos bien parado. Júzgalo. ¿Crees que da buen ejemplo con su comportamiento?. Haz un dibujo en el que retrates al personaje.

18. Busca en Internet dónde se encuentra la Quebrada de Humahuaca donde está esa vaca que quiere ir a la escuela de mayor. En *El País* del 28/01/2006, se da la noticia de una mujer de ochenta años que aprende a leer y a escribir, lo que presupone que el analfabetismo, al menos en España, subsiste todavía. ¿Qué ocurre en tu país?

19. Otro tema de plena actualidad en España es la falta de respeto del alumnado hacia los profesores, el desprecio hacia el aprendizaje, la violencia que lleva incluso a la agresión física. ¿Qué ocurre en tu país? ¿Qué piensas al respecto?

20. Proponemos como actividad que los alumnos escriban un relato en el que fustiguen este tipo de comportamientos.

21. Nos dejamos llevar por las apariencias, sin pararnos a pensar que por debajo de la superficie de las cosas se puede esconder un tesoro. Vivimos en una sociedad sometida al yugo de la imagen, esclava de las apariencias. ¿Qué piensas de ello? ¿Crees que hay que juzgar a las personas sólo por su exterior?

22. Una actividad entre triste y divertida: vais a escenificar el cuento de la vaca vieja.

# JUAN CARLOS MÉNDEZ GUÉDEZ
(Venezuela)

Escritor venezolano nacido en Barquisimeto en 1967, ha publicado hasta la fecha un total de nueve libros, entre los que merecen subrayarse las novelas: *Retrato de Abel con isla volcánica al fondo* (Caracas, 1997; Santa Cruz de Tenerife 1998); *Árbol de Luna* (Madrid, 2000); *El Libro de Esther* (Madrid, 1999) con la que fue finalista del XII Premio Internacional de Novela Rómulo Gallegos y *Una tarde con campanas* (Madrid, 2004), finalista del V Premio Unicaja de Novela Fernando Quiñones.

Como cuentista es autor de *Tan nítido en el recuerdo* (Madrid, 2001. VI premio de cuentos Ateneo de La Laguna), *La ciudad de arena* (Cádiz, 1999) e *Historias del Edificio* (Caracas, 1994). Próximamente aparecerá su libro ensayístico *El Barco en que viajas: momentos españoles en la literatura venezolana* (UNEY, San Felipe).

Forma parte de diversas antologías de relato como: *Narrativa venezolana attuale* (Roma, 1995); *Líneas Aéreas* (Madrid, 1999); *Un paseo por el cuento venezolano* (Santa Cruz de Tenerife, 1998), y *Pequeñas resistencias* (Madrid, 2002).

La escritura de Méndez Guédez ha recibido una entusiasta acogida crítica. Por eso a este autor se le cataloga como una de las voces más destacadas de la nueva narrativa hispanoamericana. Algunos de sus textos han sido traducidos al inglés, búlgaro e italiano.

Licenciado en Letras por la Universidad Central de Venezuela, también cursó estudios de Comunicación Social en esa misma Universidad. Se doctoró en literatura hispanoamericana con la máxima calificación de Sobresaliente Cum Laude por la Universidad de Salamanca y en la actualidad reside en España, país donde ha escrito y publicado la mayor parte de su obra. Dicta cursos de escritura creativa en la Escuela Superior de Artes y espectáculos TAI.

## PREGUNTAS:

1. *Alguna vez hemos oído hablar a alguien de una experiencia lectora que lo enganchó para siempre al carro de la literatura. ¿Cuál fue el primer libro que leíste? ¿Hubo alguno que te marcara en especial?*

No recuerdo ese primer libro. Sí sé que hubo un primer tebeo, y que había una bañera en el tebeo. Algo que en esos años resultaba imposible en mi casa. Creo que esa fue la clave. Leer era la posibilidad de ampliar la vida, de tener experiencias que la vida misma no podía ofrecer. La bañera leída era tan impactante como la bañera posible que todavía hoy sólo consigo disfrutar en los hoteles. (A veces sospecho que en el fondo escribo libros para que me inviten a dar conferencias en hoteles con bañeras, por eso no sé si me atreveré a comprar una si algún día tengo espacio para ello).

Y ese primer libro impactante sería *Las aventuras de Tom Sawyer*. Lo leí unas quince veces. Creo que me apasionaba la idea de que unos niños pudiesen escaparse a una isla, vivir como vagabundos, pescar, y al mismo tiempo tener la posibilidad de volver a casa si fuese necesario. Eso de las islas me parece fundamental. *Robinson Crusoe* fue otra novela que me impactó en la niñez, y allí hay otro hombre en una isla. Tal vez pensaba en ese entonces que vivir es tener la posibilidad de vincularte a los otros, de estar con ellos, de ser parte de ellos, pero también de aislarte cuando tu libertad te lo exige.

2. *¿Qué es para ti el cuento? ¿Por qué lo cultivas?*

El cuento es una iluminación, un milagro, eso que no debería haber ocurrido y que sin embargo un día... el beso de esa muchacha que nunca parecía voltear a mirarte, que alguna vez te había rechazado y que una tarde...un milagro, un cuento.

Lo cultivo porque la vida es bastante plana y me gusta imaginar milagros: gente que se besa, gente que se encuentra, gente que se separa, que se odia, que se ama, que se descubre, gente que guarda importantes secretos.

Lo contrario del vivir, donde lo más emocionante de un viernes cualquiera es que en la pizzería se hayan equivocado y en vez de aceitunas negras te coloquen aceitunas verdes... (lo que por cierto podría ser el inicio de un cuento, ¿por qué no?)

3. *Esta antología recopila cuentos en los que se pueden estudiar importantes aspectos estilísticos y culturales, y de los que se extraerán muchas y serias enseñanzas para la vida. ¿Qué recomendarías a los jóvenes que nunca tienen tiempo para sentarse con un libro en las manos?¿Qué les puede aportar la lectura?*

A los jóvenes prefiero no recomendarles nada porque cuando yo lo fui odiaba que me dieran lecciones. Los jóvenes que aprendan por sí mismos, que se equivoquen mucho, que acierten, y mejor no sigo extendiéndome porque terminaría intentando una enseñanza.

A los jóvenes que nunca tienen tiempo para sentarse con un libro en las manos les diría que tienen toda la razón, la lectura nada puede aportarles. Lo mejor es seguir siendo un poco idiota para que la vida duela menos y sea muy básica. Creo que mientras menos libros lean, mayores posibilidades tienen de llegar muy lejos y ser gente muy importante, muy dañina, muy retorcida, y muy hueca. Les diría además que tienen un gran futuro como militares, sacerdotes, o políticos populistas. Pero mejor no les digo nada. Que sigan sin leer y que olviden todas y cada unas de mis palabras, que por otro lado no conocerán nunca porque si no suelen leer no irán a hacer una excepción conmigo.

4. *¿Quiénes son para ti los maestros del género? ¿Cuáles los cuentistas más significativos del último siglo?*

Los maestros los conocemos todos. Chéjov y Poe. Dos maneras de encarar la narración breve: la ironía profunda y la agudeza de Chéjov que desemboca en un final muy neutro; y el crecimiento ascendente de Poe hasta llegar a esos finales explosivos.

¿Los cuentistas más significativos del XX? Te doy los míos. Borges; Cortázar; Onetti; Julio Ramón Ribeyro; José Balza; Ian McEwan, Juan Rulfo, Carver, Hemingway, Kafka, Gustavo Díaz Solís, Bryce Echenique, Francisco Massiani....

5. *El relato, un género que lucha en los países de habla hispana por adquirir carta de naturaleza y del que hay quien dice que se lee menos aún que la poesía. ¿Cuál es su situación en tu país?*

Creo que debe ser buena, pero vivo fuera de mi país hace diez años. Allí el cuento se leía con fervor por quienes practicaban la lectura sin establecer distinciones chocantes con la novela. Pero tenemos un universo de lectores restringido en Venezuela (lo que es una señal común en Hispanoamérica). Sin leer se puede llegar muy lejos en mi país. Hemos tenido y tenemos una secuencia muy coherente de Presidentes y ministros analfabetos, verdaderos animales que de vez en cuando citan algún poeta para darse brillo pero a los que se les enredan los versos en la boca, como si estuvieran comiendo clavos. A pesar de eso, me parece que en ese universo muy ceñido de escritores y lectores venezolanos se mantiene un interés por lo narrativo que excluye los géneros.

Por otro lado, después de todo este tiempo, España también es mi tierra, porque así como se hereda el país de los padres uno también adquiere el país de los hijos. Aquí la situación es esperanzadora, pero todavía hace falta un buen trecho para que se entienda que la obra cuentística de Medardo Fraile es más importante para la literatura española que muchos novelones premiados nacional e internacionalmente. Y lo mismo ocurre con gente más joven. Yo no cambio los cuentos de Eloy Tizón, de Hipólito G. Navarro, de Fernando Iwasaki, de Andrés Neuman, de Ernesto Pérez Zúñiga, de Dolores Campos Herrero, de Anelio Rodríguez, de Nicolás Melini, por muchas de esas novelas premiadas que venden dos ediciones en una semana y que parecen escritas por gente que en vez de neuronas tiene hipotecas.

6.*¿Cómo ves su futuro?*

Me encantaría ver el futuro, pero mientras lo consigo te hablaré de mis deseos: imagino el cuento como un género cada vez más poderoso, más diverso, más profundo. Un género con muchos y muy inteligentes lectores. Me encantaría que la mayor parte de esos lectores se fijen en mí y compren mis libros de manera torrencial, consumista, repetitiva y sobre todo muy irresponsable.

## *La bicicleta de Bruno*

Tuve fiebre, Gianna, mucha fiebre. Tengo otra fiebre como esta hace muchos años, Gianna, así que no puedo callarme, nunca te lo he dicho pero tienes que saberlo ahora, tengo fiebre, Gianna ¿no comprendes? Es como la picadura de un insecto. Guardas algo, algo pequeño, tan pequeño que parece no importar pero que te va jodiendo un poco, que se inflama, que te duele, Gianna, que te duele porque no eres tan limpio como te piensan, y en esta jodida fiebre todo vuelve, amor, todo regresa.

Fui yo, Gianna.

No, no me voy a callar. Claro que me duele la cabeza, me duelen los huesos y los ojos. Hoy al salir de la oficina olvidé el paraguas en el escritorio. Y llovía, claro, llovía mucho. Y fue eso, claro, pero ahora quiero contarte Gianna, quiero hablarte porque la fiebre me ahoga y siento una araña caminando en mi garganta. Debo hablarte, debo hablar porque el aire se está haciendo muy húmedo, apenas puedo tragarlo, apenas puedo Gianna, pero fui yo. Fui yo, allá en la vereda 12 número 3, en la casa azul, en la casa junto a la tuya.

Soy yo que salta en el jardín y encuentro un sapo y me quedo paralizado al ver sus ojos, hinchados, como una bolsa a punto de estallar. Soy yo. Entonces alargo mi mano y me repugna la sensación de su piel y es como si algo frío me quemase los dedos. ¿Nunca te ha pasado, Gianna? Entro a casa corriendo y me quedo callado, pero ya en la noche estoy prendido en fiebre. Y grito porque el sapo se escucha en el jardín, croando, saltando entre las matas y los arbustos. Y algo como vidrio, como escarcha, se va regando en mis brazos, en mis hombros. Entonces mi madre me cambia la camisa empapada de sudor y me pide que duerma. Mi padre me coloca sus manos heladas en la frente y me dice que duerma, tú me abrazas y me pides que duerma, pero no, Gianna, no insistas, no voy a callarme, tengo que hablar, no quieran ustedes que me calle, porque si lo hago allí estará el sapo en la puerta del apartamento, y allí estará la araña colgando entre mis dientes, saltando entre mis muelas, esperando que deje de hablar para saltar sobre mi garganta y ahogarme.

Fui yo, ya se los dije. Fui yo, papá, yo que estoy ahora con la espalda y las piernas adoloridas. Y así me encuentras, Gianna, los oídos llenos de burbujas, los párpados inflados, densos. Ya después me llevas al cuarto y cuando me arropas dices que estoy enfermo.

¿Pero cómo puedes estar así, junto a mí, con esos ojos, y esa cabellera larga, y ese cuerpo tan blanco y tan desnudo? Llegaste hace pocos meses. Te vi desde el jardín, o quizás apenas te distinguí pues eras un pequeño bulto entre los brazos de tu madre. Todos te vimos y alguien dijo que la vereda se iba a llenar de emigrantes porque cuando llegaba uno llegaban todos.

Por eso no puedo callarme, Gianna.

Escucho desde el patio las voces agudas, ese sonido que tienen ustedes cuando hablan, como de viento soplando entre botellas. Pero no. Tú tienes un año de nacida, son ellos, tus padres, tus hermanos, quienes conversan, ríen, gritan, y yo los imito burlándome porque me parece que nadie puede entenderse hablando con esas palabras tan extrañas.

Entonces cuando pasan las semanas tu hermano Giuseppe comienza a salir a la calle y nos mira de lejos, como queriendo unirse a nosotros. Pero es tan opaco, tan pálido, tan mal vestido, Gianna, y además no habla español, y cuando un día se nos acerca lo rodeamos entre todos y comenzamos a empujarlo y a gritarle que se vaya a comer espaguetis, a comer espaguetis, y a él se le ponen los ojos rojos pero no llora, y cuando se da la vuelta para irse yo veo que lleva unos pantalones muy grandes, unos pantalones que no pueden ser suyos, y comienzo a decirle: culo ancho, culo ancho, culo ancho, y ya luego le doy una patada. Entonces él comienza a correr y todos lo perseguimos hasta que logra esconderse en su casa, Gianna, allí donde tú duermes, donde lloriqueas.

Fui yo, Gianna, siempre fui yo.

Soy yo quien más grita, quien más corre montado en la bicicleta cada vez que tu hermano sale a comprar y todos lo seguimos para lanzarle piedras.

Pero Giuseppe es rápido y cada vez conoce mejor la urbanización. Logra esconderse, escabullirse, Gianna, y alguna vez hasta se ríe de nosotros cuando corre a nuestro lado llevando la compra en la mano y no se deja pegar ni una sola pedrada.

Tú apenas existes, Gianna, te oigo a veces desde mi cuarto: un quejido, un murmullo, pero sólo comienzas a salir a la calle cuando ya caminas y Giuseppe te lleva tomada por una de tus pequeñas manos. Y así llega el día, Gianna, en que los vemos andando juntos y yo me lanzo con los bolsillos llenos de piedras a perseguirlos pero veo que ninguno de mis amigos me sigue, entonces los llamo, los animo, pero nadie me acompaña, «coño, va con la güarita», y furioso me coloco frente a ustedes dos y lanzo un peñonazo que salta en tus pies y levanta polvo. Entonces tu hermano te carga en brazos y comienza a correr entre los árboles, escurriéndose entre los carros, brincando las zanjas. Giuseppe es ágil pero ahora su velocidad es menor porque tiene que cuidar que no te caigas, entonces yo aprovecho para apuntar mis peñonazos. Acierto una, dos, tres veces, y un sonido como el de tambor sacude la tarde.

Pero me duele la cabeza, Gianna. Y a tu padre no lo vemos casi nunca. Ya tú me dices, claro, trabajaba doce horas en una fábrica de ropa, toda la noche, claro, y en el día dormía un poco para repartir números de lotería en la tarde, y hacer arreglos de electricidad. Y un día frente a la casa de ustedes aparece el carro: Un Volkswagen, un rojo, brillante y muy nuevo Volkswagen.

Mucha gente lo comentó con extrañeza, con rabia. El Volkswagen en medio de la vereda era como un insulto, como una provocación para todos esos carros viejos, olorosos a aceite quemado, a humo, a frituras, a sudor, que salían cada mañana de las otras casas. Y fui yo, Gianna, fui yo el que pinchaba los cauchos cada viernes, con un clavo pequeñito, muy delgado, casi un alambre, y sentía el silbido, un soplo ligero, una agonía muy suave.

Por eso me asomaba a ver a tu papá cada sábado. Silencioso, hosco, mirando a todas partes como para adivinar al autor de la fechoría. Y sus brazos peludos, y sus manos gruesas, daban un golpe aquí, otro allá, colocaban un parche, hasta que el Volkswagen estaba otra vez erguido, alzado en cuatro cauchos negros, relucientes.

Pero encuentro el sapo en el jardín, Gianna, lo encuentro y hasta pensé en arrojarlo al patio de ustedes para escuchar los gritos de tus hermanas, oírlas a ellas, a las dos, tan pálidas y maravillosas, con esas bocas gruesas, con ese caminar onduladito, con esos culos alzados, orgullosos de sí mismos, con esas caderas asesinas que destrozaban la vereda cada vez que salían a caminar. Entonces callábamos, mi padre callaba, los vecinos callaban, los árboles, las casas, los faros de la calle, el cielo, las nubes, el mundo entero callaba para ver cómo tus hermanas caminaban por la Vereda 12 hasta llegar a El Obelisco. Y era mi futuro que se estaba mostrando, porque así caminarías tú quince años después, izquierda derecha, izquierda derecha, pa ti pa mí pa ti pa mí musiuita bella, estrujando mi corazón con cada paso, con esos pantalones, con esa cabellera castaña y larga.

No, Gianna, no me callo, no me digas que hasta con fiebre quiero abrazarte, que hasta con fiebre. Porque fui yo, Gianna, fui yo Gianna, y la nonna y tu papa y tu mamma que me abrazan el día de nuestra boda, sin saber que fui yo Gianna, siempre fui yo.

Porque agarro el sapo con la mano y siento un escalofrío.

Algo así como una conciencia de que algo no va bien, de que debo escapar, de que debo huir. Y en la noche es la fiebre, soy la fiebre, así que mi madre toma agua fría para ponerme paños en la cabeza. Pero yo me agito. Días atrás tu hermano me mira, sin soltarte la mano se acerca y me da un golpe que me lanza contra la pared. Allí me quedo, Gianna, odiándolos, jurando quemar tu casa, romper los vidrios de las ventanas. Y ahora mismo escucho sus gritos, lo escucho jugando fútbol con mis amigos, riendo con ellos, saltando, y nadie me hace caso cuando sugiero que le tiremos piedras, porque Giuseppe acaba de hacer un gol de media volea, y no sólo habla un español perfecto, sino que le escucho expresarse en un guaro cerrado, cerradísimo. Tengo fiebre, Gianna, ahguaropendejo mirápaquemehagáselpase bahsié. Y tengo fiebre, Gianna, nosabésjugar eslavainapues. Tengo fiebre, Gianna, pero le digo a mamá que debo salir a la vereda, porque Giuseppe hace otro gol, Gianna. Ya más nunca mis amigos querrán jugar conmigo. Tengo fiebre pero debo salir, aunque el sapo esté afuera y la araña camine por mis encías y quiera cerrarme la garganta.

Entonces como no mejoraba me pusieron la televisión. Al principio miraba un poco. En medio de los temblores, parecía que me serenaba el olor mentolado del cuarto, el sabor de la pepsi-cola, pero el sapo estaba afuera, y volvía el ardor en los ojos, la inflamación de la garganta. Vuelven. Me duele el cuerpo entero, y eres tan bella, tan desnuda, Gianna, caminas tan bello, caminas como Sofía Loren paralizando el tráfico de Roma, paralizando la respiración de Mastroiani, y yo la veo, toda curvas, toda ojos, boca, toda toda, pero estoy pequeño, no sé quién es Loren ni quién es Marcelo, ni sé qué es Roma porque tengo fiebre y en la televisión están dando un ciclo de cine italiano.

Ya luego me duermo. Algo ocurre en una comisaría, reparten tazas de café, la Loren apenas se afeita, y aunque eso es horrible me sigue gustando cómo camina, y tú me dices que allá se usaba eso, pero que tú siempre te has afeitado, entonces yo te amo, pero me arde la cabeza, me estallan las sienes, yo te amo, Gianna, ti amo, pero mamá me coloca rueditas de papa en la frente mientras tiemblo bajo las cobijas.

Giuseppe ya debe haber hecho noventa goles esta tarde; cien, doscientos goles. Ahora en mitad de lo oscuro, en plena madrugada, la vereda sigue retumbando con los balonazos. Pero es mentira, mañana cuando salga ya no podré perseguirlo. Hace tres días volvimos a pegarnos, lo sacudí un par de veces, Gianna, y él también logró empujarme, pero cuando nos separaron, mis amigos no se rieron, no hablaron, alguno incluso me reclamó que esperase que el Musiú estuviese de espaldas para tirármele encima, y nadie dijo más nada, pero yo supe que ese silencio, que esos rostros serios.

Así estamos, Gianna, una concha de plátano en la cabeza, un sabor de tierra seca en mis encías, y mi madre coloca agua helada en un tobo para hundirme unos segundos. Vendrá el doctor. Lo sé. No lo llamen. Que me va a inyectar. No lo llamen. Y esas manos amarillas, ese olor de yodo, esa voz carrasposa. No lo llames, Gianna, que el sapo está en la puerta, el sapo quiere entrar. Te lo juro, Gianna, las arañas cuelgan del techo, y caminan, caminan para lanzarse entre mis dientes y asfixiarme.

Así hasta que ponen una nueva película. Y un hombre coloca carteles en las paredes, luego avanza en su bicicleta, y coloca más carteles. Creo que cierro los ojos, creo que me duermo, pero alguien llega y le roba la bicicleta. El hombre corre, corre. El hombre corre desesperado.

No puedo, Gianna, no puedo calmarme. El hombre corre, corre muchísimo hasta que se da cuenta que es imposible alcanzar al ladrón. Y entonces entiendo que el hombre trabaja con su bicicleta, que sin ella pasará hambre, que sin ella él no puede hacer nada, no vale nada, que sin su bicicleta la vida es una mierda, y lloro un poco y mamá no entiende.

Las calles son opacas, la gente es una sombra. Los niños llevan los pantalones muy anchos, como Giuseppe cuando llegó a la vereda. Allí veo al hombre caminando con tu hermano. Allí está el hombre persiguiendo su bicicleta en medio de una ciudad blanco y negro, tristísima, poblada de rostros macilentos, huesudos. Pero la bicicleta no aparece y tu hermano que ahora se llama Bruno camina tomado de la mano con aquel hombre que tiene el miedo en los ojos.

No, Gianna, no es la fiebre, no me coloques la mano entre las cejas, tu hermano ese día se llamaba Bruno y estaba allí en el televisor, está allí caminando con aquellos pantalones inmensos que debe haber heredado de tu padre, y entonces aparezco yo y empiezo a patearlo: culo ancho, culo ancho, culo ancho. Pero me quedo paralizado unos segundos porque veo a ese hombre y a tu hermano caminando tristísimos, preguntando, corriendo por calles llenas de bicicletas ajenas. Entonces los sigo unas cuadras y ya después no vuelvo a gritar culo ancho, culo ancho, porque me parece que Giuseppe no entiende que ahora todos ustedes morirán de hambre.

Al final parece que tu padre descubre al ladrón de la bicicleta, lo captura, pero la gente lo defiende. Intentan linchar a tu papá, Gianna, lo van a matar. Entonces Giuseppe llama un policía, pero el mundo es esos rostros llenos de fiebre, esos ojos de yeso, esas mandíbulas afiladas, esas pieles de sudor y cebolla. Tu hermano Bruno se lleva a tu padre, Gianna. Sí, no insistas, Bruno, Bruno, Bruno en la vereda 12 huyendo de mis pedradas, y buscando que tu padre recupere su bicicleta.

Porque fui yo, ya te lo dije. Fui yo. Una semana antes esperé que todo el mundo durmiera y caminé hasta el Volkswagen, logré forzarlo y con mucho sigilo le vacié medio kilo de azúcar al motor. Entonces en la mañana me desperté con los gritos de mi papá: Hay gente coñoemadre en el mundo, envainar así al pobre italiano, rugía y cuando me asomé los vi a todos ustedes alrededor del Volskwagen, como mirando un cuerpo hinchado que se lleva el río. Allí estaba tu padre, sentado en la acera, con el rostro ausente y los ojos vidriosos. «No importa», decía, «no importa» y golpeaba el asfalto con una llave. ¿Te das cuenta? Bruno y tu papá desolados. Entonces en medio de la desesperación, a tu padre le llega una serenidad muy extraña; la serenidad de la agonía, y dice que la vida no puede ser tan mala, que hay que guardar alguna fe en que encontrarán la bicicleta, y los dos se detienen en un restaurante. Él pide algo de vino y Giuseppe come una mozarella en carroza. Pero tendrías que ver la cara de tu padre en la televisión: una cara blanco y negro, una especie de locura en blanco y negro, una placidez en blanco y negro, y afuera se ve el Volkswagen rojo, inutilizado, lleno de polvo, con el motor destruido, Gianna, porque fui yo, coño, fui yo.

Y desde entonces yo no recuerdo nada más triste, nada más devastador que la cara de tu padre junto a su Volkswagen, o a Giuseppe, pasándole un trapo a los vidrios, sin saber muy bien para qué. ¿No lo ves, Gianna? Por eso odio la mozarella en carroza, por eso no puedo comerla con ustedes, porque allí estaba Giuseppe, como quien se despide de algo, como quien asiste a un final, a un cierre. Coño, Gianna, y entonces eran tu padre y tu hermano Bruno caminando por Roma, derrotados para siempre, pequeños, muy pequeños.

Así que piensas que es la fiebre. Mamá me da una nueva pastilla, papá llama al médico, y tú crees que se trata de la fiebre. Me tomas la temperatura y te veo con los ojos entrecerrados adivinando la línea de mercurio en el termómetro. No lo llamen, no lo llamen, murmuro, y ya luego no sé muy bien qué pasa excepto que estoy llorando, lloro mucho, y ustedes se asustan, pero es que Giuseppe y tu padre caminan destruidos, tomados de la mano. ¿No lo ves? Jamás y nunca podré saborear la mozarella en carroza que tu hermano come esa tarde. Allí van los dos, parecen unas manchas de humedad flotando sobre el asfalto, con el carro rojo al fondo.

Y entonces cuando volvió la madrugada, mi mamá se quedó dormida y yo me pongo en pie. Me tiemblan las rodillas, me duelen. Mi cuerpo es una bolsa de aire, un ardor.

Abrigado con la cobija salgo a la vereda. Creo que nunca he visto tantas estrellas en el cielo. Un cielo limpio, como recién lavado. Y la brisa tibia se me clava en los huesos, Gianna. Pero sin pensarlo avanzo, avanzo y cuando llego frente a la casa de ustedes me detengo en la reja. Me falta el aire, Gianna. Me cuesta respirar, pero siento que la fiebre y el canto de los grillos me hunden en un sopor agradable. Me voy quedando dormido, luego abro los ojos, y entonces aparece mamá, quiere llevarme a casa y me levanta en brazos. Le grito que no, Gianna, que me deje, que por favor espere a que ustedes enciendan las luces, que Giuseppe salga a la ventana y se dé cuenta que le he dejado mi bicicleta en su jardín, que vea cómo brilla en medio de la noche, que vea la bicicleta, Gianna. Pero mamá me lleva en brazos, y mi padre aparece diciendo algo del médico. Entonces grito, el sapo me mira con sus ojos inmensos, pero nadie me escucha, grito varias veces y pido que dejen la bicicleta en el jardín de Bruno, que la dejes allí, Gianna. Y entonces mi padre, sin entender lo que ocurre, la coloca frente a tu casa. Y allí resplandece bajo la luna. Y llamo a tu hermano, y llamo a tu padre para que le vean y no sigan desolados caminando por Roma, pero nadie me oyó, amor, nadie escuchó, sólo persiste una araña caminando en mi garganta, tratando de ahogarme. Y es que soy la fiebre, amor, sólo soy la fiebre.

Claro que no conocía tu cuerpo de curvas tan peligrosas como las de la Loren, pero la bicicleta está bajo la luna y sé que Giuseppe la verá mañana. Allí estará la bicicleta para que no haya más Roma, ni pesadilla, ni blanco y negro, ni Volkswagen rojo, ni mozarella. Pero soy la fiebre, amor, sólo soy la fiebre, y la bicicleta está allí, y ustedes nunca entendieron, tú no comprendiste que es una señal, una disculpa, un signo incomprensible y fugaz, como la fiebre, Gianna, como esa fiebre.

Para que desaparezcan los sapos, amor.

Para que de una vez y para siempre se acaben las arañas.

**Propuesta de actividades**

*Este relato está incluido en* Tan nítido en el recuerdo, *VI Premio de Cuentos Ateneo de la Laguna, un libro de amor, de evocaciones de la infancia, de pesadillas, de historias que mezclan la crueldad con la ternura y todo con un lenguaje lírico y humoroso que se vierte en relatos inolvidables. Abre el libro el relato seleccionado, «La bicicleta de Bruno». Arrepentimiento, culpa, pecados que se purgan, amor , todo eso y más en una historia que es una lección para los que no hayan superado la barrera de la xenofobia y el racismo.*

1. El cuento se abre con una frase que se reitera a lo largo del mismo. ¿Qué simbolismo tiene y cómo se llama la figura que consiste en repetir varias frases que empiezan con las mismas palabras?

2. Reiteraciones, reduplicaciones, repeticiones. Localízalas. ¿Qué ritmo le dan al texto? ¿Incide la forma en la semántica del mismo?

3. Mostramos a los demás lo que queremos que vean de nosotros, nos ponemos la máscara cuando estamos en sociedad. Sería el momento de pararnos a reflexionar sobre esa afirmación del autor, «no eres tan limpio como te piensan». ¿Estás de acuerdo con sus palabras? ¿No será necesario para defendernos del mundo no mostrarnos como somos? ¿Eres como realmente te ven los demás?

4. En la segunda oración el autor emplea el presente histórico. Explica en qué consiste y su valor en la frase.

5. La culpa y el remordimiento son elementos temáticos capitales en este relato que podía servir de catarsis para muchos. ¿Son sentimientos que conoces? ¿Crees que puede servirnos para reflexionar y purificarnos de errores cometidos?

6. ¿Qué persona de la narración se emplea? ¿A quién se dirige el narrador?

7. Desde el primer momento sabemos que el protagonista ha hecho algo malo, se anticipa de algún modo el final. ¿Cómo lo sabemos? ¿De qué recurso se vale el escritor?

8. Hemos dicho que el autor emplea un lenguaje lleno de lirismo. Analiza y explica las metáforas del texto.

9. ¿Qué simboliza el sapo?

10. En un momento de la narración, el protagonista-narrador cambia de interlocutor. Señala donde esto sucede.

11. Como en otros relatos recogidos en este libro, el tema de la inmigración, de la crueldad del ser humano, se cuestionan. ¿Cuál es la actitud del protagonista? ¿Estás de acuerdo con ella?

12. La necesidad, la dureza de la vida para con los desheredados de la fortuna, lleva al aprendizaje. El pícaro y toda su tradición literaria está en la reacción de

Giuseppe, que logra burlar a sus perseguidores. Recuerda en qué consiste la novela picaresca y a sus personajes más famosos.

13. De nuevo, como otros autores recogidos en este libro, se repudia la importancia que hoy en día se da a las apariencias. ¿Por qué es rechazado Giuseppe? ¿Piensas que es bueno juzgar a los demás sólo por su aspecto? ¿Dónde se esconde la verdadera belleza?

14. Juzga al protagonista del cuento. Elegid un juez, un fiscal y un abogado defensor. El resto de la clase podéis constituiros en jurado. ¿Lo absolveríais? ¿Qué castigo le impondríais?

15. ¿Crees que hay un delincuente en potencia en el personaje? ¿Qué lo salva?

16. ¿Cuál es su castigo en el relato?

17. Emparejamientos, enumeraciones, neologismos. Busca y analiza.

18. Valor de esa construcción «pa ti pa mí pa ti pa mí». Explica su significado.

19. ¿A qué actores del cine italiano se alude? ¿Sabes de quiénes se trata?

20. La pesadilla que produce la fiebre lleva en ocasiones al surrealismo. Infórmate acerca del mismo, podías preguntárselo a tu profesor. Busca los momentos en los que se podría hablar de fluir de la conciencia.

21. El texto ofrece distintos niveles de lengua con la inclusión de vulgarismos.¿Cuándo aparecen? ¿Nos dicen algo de los personajes?

22. La emigración, el hambre, la miseria de los que tienen que peregrinar por el mundo buscando una vida mejor, en este relato de Méndez Guédez. Una realidad en tantos países de los que España es testigo cotidiano. ¿Cómo es la situación en el tuyo? ¿Crees que hay que ayudar y compartir con los que tienen menos? ¿A quién culparías de la desigualdad y la miseria?

# GLOSARIO

*Abotajado.* Abotargado.

*Acrocel.* Tipo de tela liviana que no se arruga y por lo tanto no se plancha (el nombre proviene originalmente de la marca).

*Anteojos.* Gafas.

*Bahsiá.* Expresión de incredulidad.

*Baladrón.* Fanfarrón.

*Barrial.* Relativo al barrio.

*Boleta.* Multa.

*Bolo.* (1)Mascada de coca (Perú, Bolivia). (2) Moneda nacional de Venezuela.

*Bombillos.* Bombillas.

*Brin.* Un tipo de tela gruesa, dura. Si es blanca, tiende a ponerse amarilla con el uso.

Burra. (1) Desayuno que se llevan los campesinos para el trabajo, y que se compone de tortillas de maíz, frijoles y queso; el término se emplea humorísticamente en las ciudades. (2) Caballete.

*Cobija.* Manta.

*Colectivo.* Autobús.

*Correntada.* Guatemaltequismo. Sería algo así como una gran corriente.

*Costalillos*. Costal pequeño.
*Creyón*. Lápiz, calco del francés.
*Chúcaro*. Retraído, hosco, que evita relacionarse con las personas, especialmente cuando estas se encuentran reunidas. Es una especie de timidez muy frecuente en personas que no tienen hábito de relacionarse con otras, especialmente en el campo.
*Chuzo*. Pelo.
*Darse (con alguien)*. Pegarse, darse uno/a, con otro u otros.
*Discar*. Marcar un número en el teléfono.
*Encomenda.*: En el relato de Leonardo Valencia, es encargar a alguien que le guarde o le lleve los libros al personaje del cuento.
*Frazada*. Manta.
*Guaraní*. (1) Dícese del individuo de una raza que, diversificada en numerosas tribus, se extiende desde el Orinoco al Río de la Plata. (2) Perteneciente a esta raza. (3) Lengua guaraní.
*Guarita*. Niña pequeña, en el español que se habla en la ciudad de Barquisimeto o en el estado (provincia) de Lara.
*Guaro*. Equivalente en Barquisimeto a la palabra «tío» que se utiliza en España para mencionar a una persona. También en ciertos contextos significa persona oriunda del Estado (provincia) de Lara. En el cuento de Méndez Guédez, hablar español con el acento y el léxico de Barquisimeto. También significa muchacho.
*Hacerse (problema)*. Crearse un problema.
*Jaló*. Ponerse en marcha, en acción o en actividad, actuar.
*Labiales*. Pintura de labios.
*Lechada*. Victoria o derrota por muchos puntos.
*Lote*. Solar.
*Maká*. Etnia paraguaya.

*Manga*. Por una razón o por otra.
*Mariposito*. Homosexual.
*Membretadas*. Membrete.
*Mesera*. Es el término que equivale a mesonera, es decir una mujer que toma la carta y pide la factura en un restaurante o en un bar.
*Mozarella en carroza*. Comida típica italiana. Consiste en un queso mozarella envuelto en pan de sandwich que se pasa por la sartén para freírlo con huevo batido y sal.
*Musiuita*. Viene de la palabra *musiú*, con la que se denomina en Venezuela a los extranjeros. En un principio tuvo carácter peyorativo y posteriormente adquirió un sentido afectuoso.
*Palabras atravesadas*. Se usa popularmente para denominar palabras o expresiones incorrectas, mal usadas de acuerdo al idioma castellano.
*Pegachento*. Pegajoso.
*Pendejo*. Tonto
*Pizarrón*. Pizarra.
*Plagueándose*. En Paraguay se usa mucho la palabra plagueo que es quejarse sobre algo, dar la lata como dirían los jóvenes.
*Prendido de fiebre*. Forma coloquial utilizada en Venezuela para decir que alguien tiene mucha fiebre.
*Recién*. Solamente, apenas.
*Retaste*. Aquí se usa la palabra retar como sinónimo de llamar la atención, advertir.
*Sacarse las botas*. Quitarse las botas.
*Tarrús*. Cornudo.
*Tés canastas*. Reunión donde se juega a la canasta y se toma el té.
*Tirantas*. Tirantes.
*Vaina*. Problema.

# BIBLIOGRAFÍA

ABAD, Mercedes, *Amigos y fantasmas,* Barcelona, Tusquets, 2004.

ACQUARONI, José Luis, *Liturgias del fracaso,* Introducción, selección y notas José Jurado Morales, Juan Carlos Palma, Félix J. Palma, Cádiz, Quorum, nº 4, 2001.

ANDERSON IMBERT, Enrique, *Teoría y técnica del cuento,* Barcelona, Ariel, 1996.

ANDRÉS SUÁREZ, Irene, «El cuento fantástico actual: la influencia de Julio Cortázar», Pamplona, *Lucanor* nº 14, mayo 1997, págs. 131-151.

A.A.V.V., *Antología crítica del cuento hispanoamericano del siglo XX,* tomos I y II, Madrid, Alianza, 1ª reimpresión, 2003

A.A.V.V., *Cuento al Sur* (1980-2000), ed. Pedro M. Domene, Almería, Batarro. Revista Literaria, 2ª época, 2000, números 35, 36, 37.

A.A.V.V., *Cuentos argentinos,* Madrid, Siruela, 2004

A.A.V.V., *Cuentos chilenos,* ed. de Danilo Manera, Madrid, Siruela, 2006.

A.A.V.V., *Cuentos contemporáneos,* ed. de Fernando Gómez Redondo, Zaragoza, Edelvives, 1992.

A.A.V.V., *Cuentos desde La Habana,* ed. Omar Felipe Mauri Sierra, Alicante, Aguaclara, 1996.

A.A.V.V., *Los andaluces cuentan,* ed. José Antonio Fortes, Granada, Aljibe, 1981.

A.A.V.V., *Narradores andaluces*, ed. Rafael de Cózar, Madrid, Legaza, 1981.

A.A.V.V., *Nuevos narradores cubanos*, ed. de Michi Strausfeld, Madrid, Siruela, 2000.

A.A.V.V., *Páginas amarillas*, ed. Sabas Martín, Madrid, Lengua de Trapo, 1997.

A.A.V.V., *Cien años de cuentos (1898-1998). Antología del cuento español en castellano*, ed. José María Merino, Madrid, Alfaguara, 1998.

A.A.V.V., *Pequeñas resistencias. Antología del nuevo cuento español*, edición y selección de Andrés Neuman, Madrid, Páginas de Espuma, 2002.

A.A.V.V., *Pequeñas resistencias* 2. *Antología del cuento centroamericano contemporáneo*, edición de Enrique Jaramillo Levi, Madrid, Páginas de Espuma, 2003.

A.A.V.V., *Pequeñas resistencias* 3. *Antología del nuevo cuento sudamericano*, edición al cuidado de J.C. Chirinos, C. Dávalos, M. Gayoso, A. Neuman, X. Oquendo, P. Padilla Osinaga, G. Peveroni, M. Valdés, J. G. Vásquez, Madrid, Páginas de Espuma, 2004.

A.A.V.V., *Relato español actual*, ed. Raúl Hernández Viveros, Madrid, Fondo de Cultura Económica de España, 2003.

BAQUERO GOYANES, Mariano, *Qué es la novela, qué es el cuento*, Murcia, Cátedra Baquero Goyanes, Universidad de Murcia, 1988.

BARRENECHEA, Ana María, «Ensayo de una tipología de la literatura fantástica (A propósito de la literatura hispanoamericana)», *Revista Iberoamericana*, nº 80, 1972.

BIOY CASARES, A., *Antología de la literatura fantástica*, Barcelona, Edhasa, 1981.

CAILLOIS, Roger, *Antologhie du fantastique*, Paris, Gallimard, 1966.

CALVINO, Italo, *El barón rampante*, Madrid, Siruela, 2ª ed., 2002.

– , *El caballero inexistente*, Madrid, Siruela, 4ª ed., 2001.

– , *El vizconde demediado*, Madrid, Siruela, 6ª ed., 2002.

–, *Seis propuestas para el próximo milenio*, Madrid, Siruela, 1980.

CASTÁN, Carlos, *Frío de vivir,* Barcelona, Emecé, 1997.

– , *Museo de la soledad,* Madrid, Espasa, 2000.

CORTÁZAR, Julio, *Cuentos completos,* Buenos Aires, Alfaguara, 12ª reimpresión, 2003.

DÍAZ NAVARRO, E. y González, J.R., *El cuento español en el siglo XX* Madrid, Alianza, 2002.

FERNÁNDEZ, Javier, «Ricardo Sumalavia: extraños lazos familiares» en *Literate World,* abril 2003. Entrevista: http//usuarioslycos.wemilere/nuevocuentohispano.htm

FORNET, Ambrosio, «La diáspora como tema», La Habana, *La Jiribilla,* 2001.

GAYOSO, Milia, *Las alas son para volar,* Asunción, Servilibro, 2004

GARCÍA MÁRQUEZ, Gabriel, *La bendita manía de contar,* Madrid, E.I.C.T.V. Ollero y Ramos, 1998.

– , *Cómo se cuenta un cuento,* Madrid, E.I.C.T.V. Ollero y Ramos, 1996.

GIRALDO, LucMary, «Cuento colombiano: un género renovado», *Cuentos de fin de siglo,* Bogotá, Seix Barral, 1999.

GONZÁLEZ, Henry, «El minicuento en la literatura colombiana» en *El cuento en red,* nº 5, Primavera 2002.

GUELBENZU, José María (ed.), *Cuentos populares españoles,* Madrid, Siruela, 1996.

HALPERIN DONGHI, Tulio, *Historia contemporánea de América latina,* Madrid, Alianza, 2005.

IWASAKI, Fernando, *Ajuar funerario,* Madrid, Páginas de Espuma, 2004.

– , *Helarte de amar,* Madrid, Páginas de Espuma, 2006.

JIMÉNEZ MADRID, Ramón, «Tres generaciones frente al cuento (1975-1990)», Pamplona, *Lucanor,* nº 6, octubre 1990, págs. 55-66.

JURADO MORALES, José Luis, «Las mil y una metáforas del cuento literario en la Crítica Hispánica», Cádiz, *Draco,* nº 7, Universidad de Cádiz, 1995, págs. 101-122.

LÓPEZ PARADA, Esperanza, «El cuento mexicano entre el libro vacío y el informe negro», *El cuento en red,* nº 4, otoño 2001, http://usuarios.lycos.es/wemilere/méxico.htm

LÓPEZ SACHA, Francisco, «Tres revoluciones en el cuento cubano y una reflexión conservadora», La Habana, *La letra del escriba,* mayo 2001, http://usuarios.lycos.es/wemilere/cuba.htm

LOVECRAFT, H. P., *El horror en literatura,* Madrid, Alianza, 1984.

LLOPIS, Rafael, *Historia natural de los cuentos de miedo,* Madrid, Júcar, 1974.

MANERA, Danilo, *Cuentos chilenos (una antología),* Madrid, Siruela, 2006.

MARKS, Camilo, http://www.quepasa.cl/revista

MARTÍN NOGALES, José Luis, «Evolución del cuento fantástico español», Pamplona, *Lucanor,* nº 14, 1997, págs. 11-21.

MAURI Sierra, O. F., *Cuentos desde La Habana,* Alicante, Aguaclara, 2002.

MÉNDEZ, Francisco Alejandro, *Reinventario de ficciones,* Guatemala, Letra Negra, 2004.

MÉNDEZ GUÉDEZ, Juan Carlos, *Tan nítido en el recuerdo,* Madrid, Lengua de trapo, 2002.

MORA, Carmen de, *En breve, estudios sobre el cuento hispanoamericano contemporáneo,* Universidad de Sevilla, Sevilla 1995, págs. 193-254.

MUÑOZ VALENZUELA, Diego, *Ángeles y verdugos,* Mosquito Comunicaciones, Chile, 2002.

NAVARRO, Hipólito G., *Los últimos percances,* Madrid, Seix Barral, 2005.

NEUMAN, Andrés, *El que espera,* Barcelona, Anagrama, 2000.

– , *El último minuto,* Madrid, Espasa Calpe, 2001.

– , *Alumbramiento,* Madrid, Páginas de Espuma, 2006.

PADILLA, Ignacio, *Las antípodas y el siglo,* Madrid, Espasa, 2001.

– , *La gruta del toscano,* Madrid, Alfaguara, 2006.

PÁEZ, Enrique, *Escribir. Manual de técnicas narrativas,* Madrid, SM, 2003.

PALMA, Félix, *Las interioridades,* Madrid, Castalia, 2002.

– , *El vigilante de la salamandra,* Valencia, Pre-textos, 1998.

– , *Métodos de supervivencia,* Cádiz, Fundación Municipal de Cultura, 1999.

PAZ SOLDÁN, Edmundo, *Imágenes del incendio*, Sevilla, Algaida, 2005.

PÉREC, George, *La vida instrucciones de uso*, Barcelona, Anagrama, 6ª ed., 2001.

PÉREZ, Helvecia, *Palpites*, Montevideo, Cauce, 2004.

QUENEAU, Raymond, *Ejercicios de estilo*, Madrid, Cátedra, 2004.

RISCO, Enrique del, *Lágrimas de cocodrilo*, Cádiz, Fundación municipal de Cultura, 1998.

RUEDAS, Ana, *Relatos desde el vacío*, Madrid, Orígenes, 1992, pág. 27.

SANZ VILLANUEVA, Santos, «El cuento, de ayer a hoy», Pamplona, *Lucanor* nº 6, 1991, págs. 13-25.

SAMPERIO, Guillermo, *Cuando el tacto toma la palabra*, México DF, Fondo de Cultura Económica, 1999.

–, *Después apareció una nave. Manual para nuevos cuentistas*, Madrid, Páginas de Espuma, 2005.

SHUA, Ana María, *Temporada de fantasmas*, Madrid, Páginas de Espuma, 2004.

STRAUSFELD, M. *Nuevos narradores cubanos*, Madrid, Siruela, 2000.

UNGAR, Antonio, *Trece circos comunes*, Bogotá, Norma, 1999.

TIZÓN, Eloy, *Velocidad de los jardines*, Barcelona, Anagrama, 1992.

VALENCIA, Leonardo, *La luna nómada*, Sevilla, Algaida, 2004.

–, *El libro flotante de Cautran Dölphin*, Madrid, Funambulista, 2006.

VALLE, Amir, «Narrativa cubana actual», México, *La Jornada Semanal*, nº 8.

VALLS, Fernando, *La realidad inventada*, Barcelona, Crítica, 2003.

–, *Son cuentos. Antología del relato breve español, 1975-1993*, Madrid, Espasa Calpe, 1995.

VAX, Luis, *La séduction de l'etrange*, Paris, Presses Universitaires de France, 1987 (1ª ed. 1965).

VILCHES, Amalia, «La princesa manca: Un estudio para el aula», Cádiz, *Tavira, Revista de Ciencias de la Educación*, nº 16, 1999, págs. 93-113.

–, «Tiburones literarios: Un camino para la enseñanza», Madrid, Secretaría General Técnica Ministerio de Educación Cultura y Deporte, 2003, págs. 206-212.

–, *Y se quedó en Al-Andalus*, Cádiz, Arambel, 2006.

ZAPATA, Ángel, *La práctica del relato. Manual de estilo literario para narradores*, Madrid, Ediciones y Talleres de Escritura Creativa Fuentetaja, 1998, 2ª ed., 2002.

–, *Las buenas intenciones y otros cuentos*, Córdoba, Diputación de Córdoba, 2001.

–, *El vacío y el centro*, Madrid, Ediciones y Talleres de Escritura Creativa Fuentetaja, 2002.

–, *La vida ausente*, Madrid, Páginas de Espuma, 2006.

ZAVALA, Lauro, «El cuento ultracorto: hacia un nuevo canon literario», http//usuarios.lycos.es/wemilere/ultracorto.htm

–, «La experimentación en el cuento mexicano actual», riie.com.mex/?=31170-25k-

–, «*Nouvelles* Cuentos *Short Histories*. El cuento mexicano contemporáneo», www.fl.ulaval.ca/cuentos/mexcontemplz.htm

# ÍNDICE

Este libro se terminó
de imprimir en noviembre de 2006